Schnell, einfach, lecker

Inspirationen für Genießer

ORIGINAL PHILADELPHIA

Schnell, einfach, lecker

Inspirationen für Genießer

südwest

Inhalt

Einstieg

Brot & Co.

Herzhafte Snacks

Torten & Süßes

Lass dich inspirieren!

Purer Genuss und Vielseitigkeit für deine Küche

Philadelphia ist ein Star – für jeden, immer und überall.
Entdecke für jede Situation die passende Inspiration:
In diesem Buch voller kleiner und großer Köstlichkeiten erwarten dich überraschende Ideen von einem schnellen Single-Frühstück bis zu einem genussvollen Abendbrot mit deinen Liebsten. Wir zeigen dir, wie du deine Gäste mit appetitlichen Häppchen begeisterst und wie du dir am Nachmittag kleine Glücksmomente zauberst.
Verwandle die klassische Torte in einen fruchtigen Hingucker und kreiere kleine Leckereien zum Naschen. Lass dich inspirieren!

Von süß bis herzhaft – einfach Philadelphia.

» Viel Spaß beim Entdecken & Ausprobieren!

Entdecke die Vielfalt

Philadelphia ist mehr als nur Frischkäse. Es gibt eine große Auswahl an verschiedenen Geschmacksrichtungen und Fettstufen, Snacks und Aufstrichen. Entdecke unser gesamtes Produktsortiment – Philadelphia bereichert jede Mahlzeit.

» Finde deinen Philadelphia Liebling!

Nicht alle Produkte sind in Österreich erhältlich.

Brot & Co.

Wir lieben Brot. In allen Variationen. Und weil's uns so gut schmeckt, gibt's hier tolle und kreative Ideen, die den Klassiker zu etwas ganz Besonderem machen. So lassen sich aus köstlich-frischem Brot im Handumdrehen kleine Leckerbissen zaubern, die Klein & Groß begeistern werden.

Frühstück

Brot und Brötchen sind für viele das Lieblingsfrühstück. Beide Varianten lassen sich ganz einfach und abwechslungsreich belegen. Damit ist das süße Schleckermäulchen genau so glücklich wie der herzhafte Frühstücker.

« Für den süßen Zahn!

Für Frühstücks-Gourmets!

Zwischendurch

Brot ist auch ein beliebter Snack für den Hunger zwischendurch. Es lässt sich schnell zubereiten, ist gesund und gibt ordentlich Energie für den Tag. Was ist dein Lieblingssnack?

Körnerbrot macht extra satt! »

Abends / Party

Ob zum Abendessen oder als Mitternachtssnack auf der Party: Mach doch mal was Besonderes und kreiere für deine Liebsten leckere Snacks in besonderen Formen. So wird der Abend zu einem echten Highlight!

Sei einfach kreativ!

Toast-Herzen

Mit einem Herz-Ausstecher die Brotscheiben in Form bringen und genießen

Zutaten für 4 Portionen

8 Scheiben Vollkorntoast
160 g Philadelphia Kräuter Balance

Zubereitung 10 Minuten

Toastscheiben toasten oder im Ofen rösten und noch warm mit Philadelphia bestreichen.

Pro Portion: ca. 845 kJ / 202 kcal, E 8 g, F 7 g, KH 27 g

Avocado-Schinken-Dip

Zutaten für 4 Portionen

1 Avocado
175 g Philadelphia Klassisch So Leicht
Salz
Pfeffer
1 Scheibe Schinken

Zubereitung 15 Minuten

Avocado halbieren, den Stein entfernen und das Fruchtfleisch mit einem Löffel herausheben. Zerdrücken und mit dem Philadelphia gut verrühren. Mit Salz und Pfeffer würzen.

Schinken in einer uneingefetteten Pfanne knusprig braten. In Stücke brechen und über den Dip streuen. Dazu passt z. B. frisches Baguette.

Pro Portion: ca. 1185 kJ / 283 kcal, E 8 g, F 16 g, KH 2 g

Räucherlachs-Fischchen

Zutaten für 4 Portionen

150 g Gurke (ca. 10 cm lang)
8 Scheiben Weizen- oder Toastbrot (am besten dünn geschnitten)
150 g Philadelphia Räucherlachs mit Dill
Pfefferkörner, frische Kräuter (z. B. Dill, Schnittlauch, Koriander oder Petersilie)

Zubereitung 15 Minuten

Gurke waschen und in dicke Scheiben schneiden. Brot- und Gurkenscheiben mit Philadelphia bestreichen.

Brotscheiben mit einem Ausstecher oder einem scharfen Messer in Fischform schneiden. Aus dem Brotrest kleine runde Bläschen schneiden. Gurkenscheiben halbieren und als Muscheln dekorieren. Pfefferkörner geben Fischen und Muscheln Augen.

Fische, Muscheln und Bläschen zusammen mit den frischen Kräutern als Unterwasserwelt anrichten.

Pro Portion: ca. 917 kJ / 219 kcal, E 5 g, F 10 g, KH 27 g

Gurken-Sterne

Zutaten für 4 Portionen

8 Scheiben Weizen- oder Toastbrot (am besten dünn geschnitten)
120 g Philadelphia Feta & Gurke
120 g Gurke

Zubereitung 20 Minuten

Brotscheiben mit Philadelphia bestreichen.

Gurke waschen und in hauchdünne Scheiben hobeln oder schneiden. Auf die Brotscheiben legen.

Mit einem Stern-Ausstecher die Brotscheiben in Form bringen. Nach Belieben noch jeweils einen Klecks Philadelphia daraufgeben.

Pro Portion: ca. 741 kJ / 177 kcal, E 7 g, F 5 g, KH 26 g

FRÜHSTÜCK
KAFFEE
ORANGEN-
SAFT
MARMELADE
FRISCHKÄSE-
BROTE

Frühstück für Fortgeschrittene

Für Hobbykünstler

Do it yourself!

Sei kreativ, nimm dir einen wasserfesten Marker und verschönere für deinen Besuch oder deine Liebsten das Frühstücksei.

Namen oder lustige Gesichter draufmalen

Rezept auf Seite 19

« Einfach zubereitet – doppelt so lecker

Sommerzeit ist Beerenzeit. Wer im eigenen Garten davon zu viele hat, kann sich daraus frische Marmelade kochen. Selbst gemachte Marmelade eignet sich auch toll zum Verschenken. Such dir hierzu einen hübschen Stoff aus und binde diesen mit einem dekorativen Band um den Deckel – fertig ist's.

Lass die Seele baumeln

Genieße dein Wochenende in vollen Zügen und bleib doch einfach mal wieder ganz lange in deinem kuschelweichen, warmen Bett liegen. Das Frühstück mit vielen Leckereien schnell auf ein Tablett gepackt – so ist's perfekt!

Sooo gemütlich! »

Schoko-Schnitte
mit Banane

Zutaten für 1 Portion

1 Scheibe Toastbrot
30 g Philadelphia mit Milka
½ Banane

Zubereitung 5 Minuten

Brot toasten oder kurz im Ofen anrösten. Mit Philadelphia mit Milka bestreichen. Die Banane schälen, in Scheiben schneiden und das Brot damit belegen.

Pro Portion: ca. 849 kJ / 203 kcal, E 5 g, F 5 g, KH 35 g

*für 25 g Erdbeermarmelade

Rosinenbrot
mit schneller Erdbeermarmelade

Zutaten für 1 Portion

250 g Erdbeeren (tiefgekühlt, aufgetaut und gut abgetropft oder frisch)
125 g Gelierzucker Fix & Fruchtig, ohne Kochen
1 Scheibe Rosinenbrot
30 g Philadelphia Joghurt

Zubereitung 5 Minuten

Erdbeeren und Gelierzucker mit dem Pürierstab nach Packungsanweisung gründlich mixen. Bis zum Servieren kalt stellen. In der Saison sind 125 Gramm frische Erdbeeren eine feine Ergänzung: einfach waschen, putzen, in kleine Stücke schneiden und unter den angelierten Aufstrich mischen.

Rosinenbrot nach Belieben toasten. Mit Philadelphia bestreichen und mit Erdbeeraufstrich toppen

Pro Portion: ca. 669 kJ / 160 kcal, E 5 g, F 4 g, KH 26 g*

Lebkuchen-Aufstrich

Nach Belieben ein paar Rosinen untermischen

Zutaten für 8 Portionen

85 g Puderzucker
1 Pck. Lebkuchengewürz
(oder 1 Teelöffel, leicht gehäuft)
175 g Philadelphia Klassisch
40 g weiche Butter

Zubereitung 5 Minuten

Puderzucker und Lebkuchengewürz vermischen. Mit Philadelphia und Butter zu einer glatten Creme verrühren. In ein Schälchen oder Glas füllen und auf Brot und Brötchen genießen.

Pro Portion: ca. 574 kJ / 137 kcal, E 1 g, F 10 g, KH 12 g

Tipp
Wer keine Cranberrys mag, probiert vielleicht einmal gehackte Nüsse, Rosinen oder etwas abgeriebene Zitronenschale – oder füllt die Croissants nur mit schokoladigem Philadelphia.

Cremige Schoko-Croissants

Zutaten für 6 Stück

1 Pck. Croissant-Teig (Kühlregal)
100 g Philadelphia mit Milka
50 g getrocknete Cranberrys

Zubereitung 5 Min. + Backen 15 Min.

Backofen auf 200 °C (Ober- und Unterhitze) vorheizen. Teig entrollen und in Dreiecke trennen.

Im unteren, breiten Teil mittig je 1 gehäuften Teelöffel Philadelphia auf die Teigdreiecke geben. Einige Cranberrys auf dem kompletten Dreieck verteilen. Dreiecke zur Spitze hin aufrollen. Im Ofen auf einem Backblech mit Backpapier 10 – 15 Minuten goldbraun backen.

Pro Stück: ca. 917 kJ / 219 kcal, E 5 g, F 10 g, KH 27 g

Räucherlachs-Meerrettich-Ecken

Zutaten für 4 Portionen

9 Scheiben Schwarzbrot
150 g Philadelphia Räucherlachs mit Dill
100 g Philadelphia Meerrettich

Zubereitung 10 Min. + Kühlen 30 Min.

Jeweils 3 Scheiben Schwarzbrot mit Philadelphia Räucherlachs mit Dill und mit Philadelphia Meerrettich bestreichen.

Jeweils 2 unterschiedlich bestrichene Scheiben aufeinanderlegen und mit einer unbestrichenen Scheibe Schwarzbrot abschließen.

Geschichtete Brote in Frischhaltefolie wickeln und für 30 Minuten im Gefrierfach kühlen, damit sie sich besser schneiden lassen. Herausnehmen und Türmchen in jeweils 4 Dreiecke schneiden.

Pro Portion: ca. 917 kJ / 219 kcal, E 5 g, F 10 g, KH 27 g

Garnelen-Toasties

Zutaten für 4 Portionen

4 Scheiben Vollkorntoast
120 g Philadelphia Balance
80 g Garnelen (verzehrfertig)
2 – 4 TL Chili-Sauce

Zubereitung 10 Minuten

Toastscheiben mit einem Glas oder Ausstecher in die runde Form bringen und kurz toasten oder im Ofen rösten. Mit Philadelphia bestreichen. Mit Garnelen belegen und mit Chili-Sauce – ganz nach gewünschtem Schärfegrad – beträufeln.

Pro Portion: ca. 552 kJ / 132 kcal, E 8 g, F 5 g, KH 13 g

Blühendes Knusper-Knäcke

Blüten zum Dekorieren & Essen:
Hornveilchen, Kapuzinerkresse oder Hibiskus

Zutaten für 4 Portionen

9 Scheiben Knäckebrot
120 g Philadelphia Kräuter Balance
essbare Blüten

Zubereitung 10 Minuten

Knäckebrot mit Philadelphia bestreichen. Auf einer passenden Platte oder einem großen Teller anrichten und mit essbaren Blüten dekorieren.

Pro Portion: ca. 461 kJ / 110 kcal, E 5 g, F 4 g, KH 15 g

Tipp
Wer es pikanter mag, nimmt Philadelphia Frühlingszwiebel & schwarzer Pfeffer.

Frisch-fruchtige
Aprikose-Basilikum-Häppchen

Zutaten für 4 Portionen

2 – 3 Aprikosen (frisch oder Konserve, abgetropft)
5 – 6 Basilikumblättchen
2 Scheiben Mischbrot
30 g Philadelphia Balance

Zubereitung 10 Minuten

Aprikosen vierteln oder achteln. Basilikum mit der Küchenschere in feine Streifen schneiden. Mischbrot mit dem Plätzchenausstecher in Sternform bringen. Mit Philadelphia bestreichen, mit Aprikosen belegen und mit Basilikum bestreuen. Nach Belieben mit Pfeffer würzen.

Pro Portion: ca. 1238 kJ / 296 kcal, E 11 g, F 5 g, KH 51 g

Für das Beste am Abend

Lass deinen Tag bewusst ganz entspannt ausklingen! So vergisst du schnell den Alltagsstress und tankst Energie für die nächsten Herausforderungen. Mit kleinen Tipps & Tricks schenkst du dir ganz besondere Momente ...

Zum Entspannen

Unterstreiche dein Dinner mit angenehmer Musik: leichte Pianoklänge oder leise Jazzmusik erlauben dir, zu träumen und abzuschalten. Wer es besonders stylish mag, kann sich auch ein kleines Retro-Radio auf den Tisch stellen. Die gibt's z. B. im Internet!

Das Motto macht´s

Gib deinem Abendessen einfach mal ein schönes Thema! Wie wäre es heute mit einem französischen Abend und leckeren Käse-Weintrauben-Spießen? Oder einem italienischen Dinner und köstlicher Bruschetta? Passende Deko sorgt für das besondere Flair!

Genieße die Vielfalt

hmmm... lecker!

Charmanter Philadelphia trifft auf elegante Frischkäse-Mousse – da geht einem das Herz auf! Genieße dein Abendbrot mit Cuore Cremoso und schenke auch deinen Freunden und deiner Familie einen ganz besonderen Moment!

Jäger-Stulle mit Champignons

Zutaten für 2 Portionen

200 g Champignons
1 Zwiebel
1 EL Butterschmalz (oder Öl)
Salz, Pfeffer
2 Scheiben Bauernbrot (oder Weizenbrot)
60 g Philadelphia Frühlingszwiebel & schwarzer Pfeffer
2 Zweige Thymian

Zubereitung 15 Minuten

Pilze putzen und je nach Größe in Viertel oder Achtel schneiden. Zwiebel schälen, fein würfeln und im heißen Bratfett glasig dünsten. Pilze zugeben und ca. 5 Minuten braten, mit Salz und Pfeffer würzen.

Brotscheiben mit Philadelphia bestreichen. Pilze daraufgeben und mit abgestreiften Thymianblättchen bestreuen.

Pro Portion: ca. 900 kJ / 215 kcal, E 10 g, F 9 g, KH 24 g

Tipp Schön scharf wird's, wenn du unter die Philadelphia Creme noch etwas rosenscharfes Paprikapulver mischst.

Strammer Max

Zutaten für 4 Portionen

1 kleine gelbe Paprika
175 g Philadelphia Schnittlauch
2 EL Schnittlauchröllchen
Salz, Pfeffer
4 Scheiben Krustenbrot
125 g Lachsschinken (dünn geschnitten)
4 kleine Eier
1 TL Butter

Zubereitung 10 Minuten

Paprika waschen, putzen und würfeln und mit Philadelphia und 1 Esslöffel Schnittlauch verrühren, salzen und pfeffern.

Brotscheiben mit der Philadelphia Creme bestreichen und mit dem Schinken belegen.

Eier in der erhitzten Butter bei mittlerer Hitze zu Spiegeleiern braten. Spiegeleier auf die Brote geben und mit dem restlichen Schnittlauch bestreut servieren.

Pro Portion: ca. 1205 kJ / 288 kcal, E 19 g, F 12 g, KH 25 g

Pikante Avocado-Dill-Bissen

Zutaten für 2 Portionen

½ Avocado (ca. 100 g ohne Kern und Schale)
2 Scheiben Körnerbrot
60 g Philadelphia Paprika Chili
3 – 4 Stängel Dill

Zubereitung 5 Minuten

Avocado in Spalten schneiden. Körnerbrot mit einem Glas oder Ausstecher in runde Scheiben verwandeln. Mit Philadelphia bestreichen. Mit Avocado belegen und mit frischem Dill bestreuen.

Pro Portion: ca. 916 kJ / 219 kcal, E 7 g, F 10 g, KH 25 g

Sommerliche Bruschetta mit gegrillter Paprika

Zutaten für 4 Portionen

3 kleine Paprika (rot, gelb, orange)
4 Scheiben Brot
2 EL Olivenöl
120 g Philadelphia Gegrillte Paprika
grob gemahlener Pfeffer
einige Thymianblättchen

Zubereitung 25 Min. + Backen 20 Min.

Paprika waschen, halbieren und entkernen. Mit der Hautseite nach unten auf eine heiße Grillplatte (alternativ in eine Grillpfanne oder in den auf Grilltemperatur geheizten Backofen) legen, mit Alufolie bedecken und etwa 5 Minuten garen. Wenden und erneut garen, bis die Paprika leicht angeröstet sind. Etwas abkühlen lassen und in Streifen schneiden.

Inzwischen Brotscheiben mit Olivenöl bepinseln und ebenfalls von beiden Seiten anrösten.

Geröstetes Brot mit Philadelphia bestreichen und mit gegrillter Paprika belegen. Mit grob gemahlenem Pfeffer und Thymian bestreuen und genießen.

Pro Portion: ca. 880 kJ / 210 kcal, E 7 g, F 9 g, KH 26 g

Frühlingsbrot

Zutaten für 1 Portion

1 – 2 Radieschen
1 Frühlingszwiebel
1 Scheibe Knäckebrot
30 g Philadelphia Kräuter So Leicht
Pfeffer

Zubereitung 5 Minuten

Radieschen und Frühlingszwiebel waschen, putzen und in Scheiben bzw. Ringe schneiden. Knäckebrot mit Philadelphia bestreichen. Mit Radieschen und Frühlingszwiebel dekorieren und mit etwas Pfeffer bestreuen.

Pro Portion: ca. 301 kJ / 72 kcal, E 5 g, F 1 g, KH 11 g

Chili-Philly-Sterne

Zutaten für 4 Portionen

8 Scheiben Weizen- oder Toastbrot (am besten dünn geschnitten)
120 g Philadelphia Sweet Chili
Chili-Flocken
75 ml Chili-Sauce
frischer Koriander

Zubereitung 10 Minuten

Brotscheiben mit Philadelphia bestreichen.

Mit einem Stern-Ausstecher die Brotscheiben in Form bringen. Mit Chili-Flocken bestreuen und mit Chili-Sauce zum Dippen und etwas frischem Koriander anrichten.

Pro Portion: ca. 850 kJ / 203 kcal, E 8 g, F 5 g, KH 31 g

Herzhafte Snacks

Auch wenn's mal wieder schnell gehen muss, brauchst du auf den Genuss nicht zu verzichten! Hier gibt es alles von der kleinen, feinen Beilage bis zur Sattmacher-Mahlzeit. Die sehen nicht nur unglaublich lecker aus, sondern schmecken auch noch richtig köstlich!

Was Gesundes

Mit frischem Gemüse lässt sich so einiges machen: Es passt hervorragend zu einer ausgewogenen Ernährung, hält dich fit und ist gut für Körper und Geist. Und bei so vielen Gemüsesorten findest du bestimmt tolle Ideen, in die du dich verlieben wirst.

Kartoffeln geben Energie

Häppchen

Ein bisschen Fingerfood für die nächste Party, etwas Kleines zum Naschen am Nachmittag – so wird dein Tag ein echter Genuss. Deine Freunde und (Überraschungs-)Gäste werden auf jeden Fall begeistert sein!

Ein Hit auf jeder Party: herzhafte Muffins

Schnelle Ideen

Es ist schon wieder Feierabend, und du weißt noch nicht, was heute Leckeres auf den Teller kommt? Oder du hast so richtig Hunger? Hier wirst du garantiert fündig!

» Leg einfach los!

Kräuter-Dip
mit buntem Knabbergemüse

Zutaten für 6 Portionen

200 g Philadelphia Kräuter So Leicht
3 EL Joghurt
1,2 kg Gemüse (z. B. Cocktailtomaten, Sellerie, Gurke, Paprika, Karotten, Radieschen, Chicorée, Radicchio)

Zubereitung 20 Minuten

Philadelphia und Joghurt cremig verrühren.

Gemüse waschen, putzen und gegebenenfalls in Spalten schneiden. Das Knabbergemüse rund um den Philadelphia zum Dippen anrichten.

Pro Portion: ca. 285 kJ / 68 kcal, E 6 g, F 2 g, KH 7 g

Mini-Kartoffeln

Zutaten für 4 Portionen

500 g kleine Kartoffeln
1 EL Olivenöl
2 Frühlingszwiebeln
150 g Philadelphia Feta & Gurke
75 g gemischte Blattsalate
schwarzer Pfeffer

Zubereitung 15 Minuten

Backofen auf 190 °C vorheizen. Kartoffeln waschen, einstechen und mit Öl einreiben oder bepinseln. Auf ein mit Backpapier belegtes Backblech legen und 45 – 50 Minuten backen, bis die Kartoffeln gar sind

Frühlingszwiebeln waschen, putzen und in feine Ringe schneiden. Unter den Philadelphia rühren, nach Belieben einige Ringe zur Deko beiseitelegen.

Salat waschen und trockenschleudern. Fertig gegarte Backkartoffeln der Länge nach einschneiden und jeweils mit 1 Teelöffel Philadelphia krönen. Mit dem Salat anrichten und mit schwarzem Pfeffer bestreuen.

Pro Portion: ca. 661 kJ / 158 kcal, E 5 g, F 7 g, KH 19 g

Cracker-Türmchen

Zutaten für 4 Portionen

120 g TUC Cracker
120 g Philadelphia Schnittlauch
1 Bund Radieschen

Zubereitung 10 Minuten

Cracker mit Philadelphia bestreichen und jeweils zu Dreiertürmchen stapeln. Radieschen waschen, putzen und mit den Türmchen anrichten.

Pro Portion: ca. 917 kJ / 219 kcal, E 5 g, F 10 g, KH 27 g

Zucchinisalat

Zutaten für 4 Portionen

500 g Zucchini (möglichst dünn)
20 g Mandelblättchen
½ unbehandelte Zitrone
2 EL Olivenöl
100 g Rucola
175 g Philadelphia Frühlingszwiebel & schwarzer Pfeffer

Zubereitung 20 Minuten

Zucchini waschen, Enden wegschneiden. Mit einem Sparschäler oder Gemüsehobel der Länge nach in dünne Streifen hobeln.

Mandelblättchen ohne Fett in einer Pfanne anrösten. Von der halben Zitrone die Schale fein abreiben. Zitronenabrieb mit dem Olivenöl mischen. Zucchinistreifen zugeben und untermischen. Rucola waschen, putzen, mundgerecht zerzupfen und ebenfalls untermischen. Zum Schluss die Mandelblättchen untermengen.

Zucchinisalat zusammen mit löffelgroßen Philadelphia Nocken anrichten.

Pro Portion: ca. 716 kJ / 171 kcal, E 8 g, F 9 g, KH 14 g

Deine unvergessliche Gartenparty

Fürs Auge

Wenn du bunte Blumen im Garten hast, pflück ein paar und stell sie in hübsche Glasflaschen.

Leuchtende Lampions für schöne Abendstunden

Zum Erfrischen

Nimm dir Zitronen und mach Limonade daraus!

Hol den Zinkeimer von Oma, füll Eis rein, stell Getränke kalt, und alle Freunde können sich bedienen!

Für Kreative

Do it yourself!

Einfach ein paar schöne Muster in Papiertüten schneiden, ein Glas mit einem Teelicht hineinstellen – und fertig ist ein tolles Windlicht.

Farbige Töpfe mit Kräutern auf dem Tisch wirken frisch. Kennzeichne sie mit kleinen Schiefertafeln.

Unter einer Glashaube bleiben die Muffins schön frisch!

Schinken-Pilz-Muffins

Zutaten für 12 Stück

1 Zwiebel
150 g Champignons
350 g Philadelphia Gegrillte Paprika
2 Eier
1 TL Salz
125 ml Milch
50 g zimmerwarme Butter
250 g Mehl
3 TL Backpulver
50 g geriebener Käse
(z. B. Emmentaler)
Fett und Mehl für die Muffinform

Zubereitung 20 Min. + Backen 35 Min.

Zwiebel schälen und fein würfeln. Pilze putzen und in kleine Stücke schneiden. Backofen auf 180 °C (Umluft) vorheizen.

175 Gramm Philadelphia, Eier, Salz, Milch und Butter mit dem elektrischen Handrührgerät glatt rühren. Mehl und Backpulver gut vermischen und unterrühren. Zwiebelwürfel, Pilze und geriebenen Käse unterheben.

Teig portionsweise in die gefetteten und gemehlten Mulden einer Muffinform füllen und ca. 35 Minuten im vorgeheizten Ofen backen. Muffins abkühlen lassen und mit dem übrigen Philadelphia bestreichen.

Tipp

Alternativ zur Muffinform je 2 Papierförmchen ineinandersetzen, auf ein Backblech stellen und die Teigmasse einfüllen.

Pro Stück: ca. 762 kJ / 182 kcal, E 7 g, F 9 g, KH 18 g

Sonnenschein-Salat

Zutaten für 4 Portionen

2 Orangen
300 g Gurke (ca. 20 cm lang)
5 g frische Minze
1 EL frischer Dill
1 EL Olivenöl
175 g Philadelphia Feta & Gurke
8 Scheiben Knäckebrot

Zubereitung 15 Minuten

Orangen dick schälen, sodass die weiße Haut komplett entfernt ist. Die Filets zwischen den Häutchen herausschneiden.

Gurke waschen und in Scheiben schneiden. Orangenfilets, Gurke, Minzblättchen und grob zerzupften Dill auf Teller verteilen.

Olivenöl über den Salat träufeln und auf jeden Teller eine löffelgroße Philadelphia Nocke geben. Restlichen Philadelphia auf die Knäckebrote streichen und diese zum Salat servieren.

Pro Portion: ca. 880 kJ / 210 kcal, E 7 g, F 8 g, KH 27 g

Knackige
Erdnuss-Cracker

Zutaten für 40 Stück

200 g Erdnüsse
175 g Philadelphia Klassisch
2 EL Milch
Pfeffer (z. B. Cayennepfeffer)
Currypulver
40 Cracker

Zubereitung 15 Minuten

Erdnüsse im Mixer zerkleinern und mit Philadelphia und Milch cremig rühren. Alternativ Erdnüsse, Philadelphia und Milch mit dem Stabmixer pürieren.

Philadelphia Erdnusscreme mit Pfeffer und Currypulver abschmecken. In einen Spritzbeutel mit großer Sterntülle füllen und die Cracker damit toppen.

Pro Stück: ca. 230 kJ / 55 kcal, E 2 g, F 4 g, KH 3 g

Blitz-Pizza mit Tomaten

Zutaten für 4 Portionen

250 g Cherrytomaten
4 – 5 Zweige Thymian
1 EL Olivenöl
1 Pizzateig (Kühlregal)
175 g Philadelphia Getrocknete Tomate
Pfeffer

Zubereitung 15 Min. + Backen 15 Min.

Backofen auf 220 °C (Heißluft) vorheizen. Tomaten waschen, halbieren und mit der Schnittfläche nach oben in eine Auflaufform legen. Mit Thymian bestreuen und mit Olivenöl beträufeln.

Pizzateig mit Backpapier auf einem Backblech entrollen. Blech in die Ofenmitte und Auflaufform darunter auf einem Rost in den Ofen schieben. Beides 10 – 15 Minuten backen, bis der Pizzaboden goldbraun ist.

Pizzaboden noch warm mit Philadelphia bestreichen und mit gerösteten Tomaten belegen. Vorsicht: Blech und Form sind heiß! Mit Pfeffer würzen und genießen.

Tipp
Alternativ zum Pizzateig flaches Brot wie z. B. Pita- oder Naan-Brot nehmen.

Pro Portion: ca. 1866 kJ / 466 kcal, E 14 g, F 13 g, KH 66 g

Gefüllte Tacos

Zutaten für 4 Portionen

300 g Rinderhack
4 – 5 EL Chili-Sauce
1 – 2 Fleischtomaten (ca. 300 g)
1 kleine Zwiebel
Salz
Pfeffer
150 g Eisbergsalat (oder 1 Römersalatherz)
120 g Philadelphia Kräuter Balance
12 Taco Shells

Zubereitung 15 Minuten

Rinderhack ohne Fett im Topf oder in der beschichteten Pfanne rundherum krümelig gar braten. Chili-Sauce unterrühren und kurz mit erhitzen. Abkühlen lassen.

Inzwischen Tomaten waschen, vierteln, entkernen und in Würfel schneiden. Zwiebel schälen und würfeln. Tomaten und Zwiebeln mischen und nach Belieben salzen und pfeffern. Salat waschen und in einzelne Blätter teilen oder in feine Streifen schneiden.

Philadelphia, Tomatenwürfel, Chili-Hack, Salat und Taco Shells bereitstellen; so kann sich jeder seinen Taco selbst füllen.

Pro Portion: ca. 967 kJ / 231 kcal, E 21 g, F 10 g, KH 13 g

Tipp
Back die Pizzen auf der untersten Schiene des Ofens, damit der Boden besonders knusprig wird.

Lachs-Pizzetten

Zutaten für 6 Portionen

100 g Philadelphia Klassisch
2 EL Schnittlauchröllchen
½ TL Schale einer unbehandelten Zitrone
Salz
Pfeffer
400 g Pizzateig (Kühlregal)
2 rote Zwiebeln
200 g Räucherlachs (in Scheiben)
etwas Basilikum

Zubereitung 15 Min. + Backen 20 Min.

Backofen auf 210 °C (Umluft) vorheizen. Philadelphia, Schnittlauch und fein abgeriebene Zitronenschale verrühren, salzen und pfeffern.

Pizzateig in 6 Stücke teilen. Die Ränder umklappen und dekorativ mit den Fingern zusammendrücken. Auf ein mit Backpapier ausgelegtes Blech geben. Philadelphia Creme auf die Teigstücke streichen. 10 Minuten backen.

Zwiebeln schälen, in Ringe schneiden und auf den vorgebackenen Pizzetten verteilen. Weitere 10 Minuten backen.

Mit dem Lachs belegen und sofort mit etwas Basilikum garniert servieren.

Pro Portion: ca. 1093 kJ / 261 kcal, E 13 g, F 10 g, KH 29 g

Super zum Teilen
mit Freunden

Paprika-Salami-Flammkuchen

Zutaten für 4 Portionen

2 Zwiebeln
2 EL Honig
650 g Tomatenpaprika (Glas)
1 Pizzateig (Kühlregal)
175 g Philadelphia Kräuter
60 g Salami (in hauchdünnen Scheiben)

Zubereitung 10 Min. + Backen 15 Min.

Backofen auf 200 °C (Ober- und Unterhitze) vorheizen. Zwiebeln schälen, in Ringe schneiden, mit Honig vermischen und einige Minuten marinieren. Tomatenpaprika abtropfen lassen und in feine Streifen schneiden.

Pizzateig halbieren und beide Hälften auf einem Stück Backpapier zu dünnen Rechtecken ausrollen. Jeweils mit Philadelphia bestreichen und auf 2 Backbleche legen.

Bestrichene Teigböden mit den marinierten Zwiebeln, Tomatenpaprika und Salami belegen. Im Ofen ca. 15 Minuten backen, bis der Boden knusprig goldbraun ist. Die Flammkuchen jeweils halbieren oder in 12 Stücke schneiden und gemeinschaftlich teilen.

Wusstest du's?

Einer Geschichte nach verdanken wir den Flammkuchen einer Bäuerin, die vor dem Brotbacken die Ofentemperatur prüfen wollte. Sie rollte ein Stück Brotteig hauchdünn aus und belegte diesen mit vorrätigen Zutaten. War der Flammkuchen nach wenigen Minuten durchgebacken, hatte der Ofen die richtige Temperatur für das Brot. Der heiße Flammkuchen ist eine willkommene Zwischenmahlzeit.

Pro Portion: ca. 1868 kJ / 446 kcal, E 16 g, F 16 g, KH 59 g

Sommer? Sonne?

Picknick!

Hoch die Gläser

Einmachgläser eignen sich nicht nur für selbst gekochte Marmelade – auch frisches Obst, Müsli oder Joghurt lassen sich darin ganz einfach und sicher transportieren.

Do it yourself!

Leckere Obstspieße

Super einfach, super schnell, super gesund: Frische Früchte lassen sich unterwegs ganz einfach verspeisen, wenn du sie auf einem Spieß mitnimmst. So bleiben die Finger sauber!

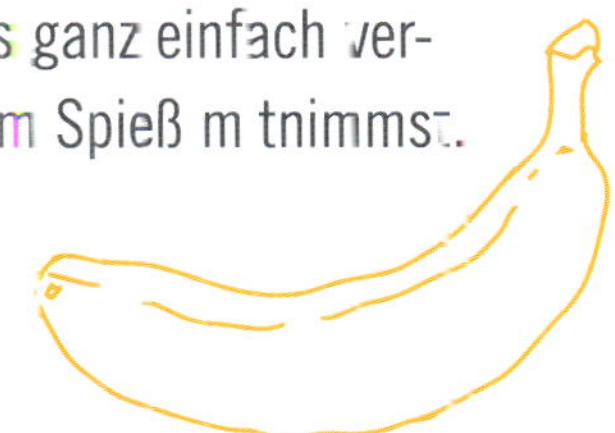

Für Sonnenhungrige

Nehmt ein paar gemütliche Kissen und einen kleinen Sonnenschirm mit und macht es euch richtig gemütlich. Im Schatten bleibt euer Essen viel länger frisch, und ihr seid vor der Sonne geschützt.

Große Regenschirme im Sommer zu Sonnenschirmen umfunktionieren

Tipp
Wer es schärfer mag, nimmt Frühlingszwiebeln anstelle eines Apfels.

Schneller Kartoffelsalat

Zutaten für 4 Portionen

600 g kleine Kartoffeln
(z. B. Drillinge)
Salz
1 Apfel
120 g Philadelphia Paprika Chili
3 – 4 EL Milch

Zubereitung 25 Minuten

Kartoffeln waschen, je nach Größe halbieren oder vierteln und mit Schale in stärker gesalzenem Wasser 10 – 20 Minuten gar kochen. Abgießen und etwas abkühlen lassen.

Inzwischen Apfel waschen, vierteln, entkernen und in Würfel schneiden. Philadelphia mit Milch glatt rühren und mit Kartoffeln und Äpfeln zum cremigen Kartoffelsalat vermengen.

Pro Portion: ca. 695 kJ / 166 kcal, E 5 g, F 3 g, KH 28 g

Bunte Antipasti

Zutaten für 4 Portionen

500 g Gemüse (z. B. kleine Tomaten, Mini-Paprika, Champignons, Zucchini)
120 g Philadelphia Frühlingszwiebel & schwarzer Pfeffer (oder Philadelphia Paprika Chili, Philadelphia Klassisch)

Zubereitung 15 Minuten

Gemüse waschen. Von Tomaten und Paprika einen kleinen Deckel abschneiden, Kerne und Gehäuse mit einem Löffel entfernen. Champignons vom Stiel befreien. Zucchini in breite Streifen hobeln. Gemüse mit verschiedenen Philadelphia Sorten füllen und auf einem Teller zum Wegnaschen anrichten.

Pro Portion: ca. 272 kJ / 65 kcal, E 4 g, F 4 g, KH 4 g

Vor dem Servieren
mit Kresse bestreuen

Herzhafte Torte mit Radieschen & Schinken

Zutaten für 16 Stücke

150 g TUC Cracker (oder anderes herzhaftes Gebäck)
125 g Butter
525 g Philadelphia Kräuter Balance
150 g Joghurt
1 Bund Radieschen (ca. 150 g)
1 Pck. gemahlene Gelatine
75 g Schinkenwürfel (mager)
Cayennepfeffer
1 Beet Kresse

Zubereitung 35 Min. + Kühlen 3 Std.

Cracker in einen Gefrierbeutel füllen, Beutel verschließen und den Inhalt mit einem Nudelholz oder den Händen vollständig zerbröseln. Butter schmelzen, mit den Bröseln vermischen und in eine mit Backpapier ausgelegte Springform drücken.

Philadelphia und Joghurt mit dem elektrischen Handrührgerät vermengen. Radieschen waschen, putzen und in Würfel schneiden.

Gelatine in 150 Milliliter kaltem Wasser 10 Minuten quellen lassen. Unter Rühren erwärmen, bis sich die Gelatine gelöst hat. Zügig unter die Philadelphia Creme rühren. Radieschen- und Schinkenwürfel unterrühren, nach Belieben mit etwas Cayennepfeffer würzen. Creme in die Springform füllen und die Torte für mindestens 3 Stunden kühlen. Vor dem Servieren mit Kresse bestreuen.

Pro Stück: ca. 704 kJ / 168 kcal, E 5 g, F 13 g, KH 8 g

Torten & Süßes

Ob für die Geburtstagsfeier, einen gemütlichen Sonntagskaffee oder das perfekte Dinner: Mit unseren tollen Inspirationen findest du alles, was das Leben noch süßer macht! Lass dich von fruchtig-frischen Torten, soften Muffins und cremigen Desserts verzaubern. Das Leben kann so süß sein!

Süße Ideen

Wer hat nicht zwischendurch Lust auf einen süßen kleinen Snack? Nimm deine Lieblingsobstsorten oder deine favourite Cookies und finde heraus, was sich daraus alles machen lässt.

Ein süßer Snack zwischendurch

Tolle Torten

Werde auch du zum Meister-Pâtissier und verwöhne deine Lieben mit echten Torten-Highlights, die ganz schnell gemacht sind und mit neuen Toppings immer wieder anders aussehen.

Lecker, frisch & fruchtig!

Kleine Kreationen

Manchmal braucht man das: etwas Kleines zum Naschen für zwischendurch. Dafür sind Muffins & Co. gemacht – und das auch noch ganz fix! Und sie eignen sich natürlich auch hervorragend zum Mitnehmen und Genießen!

» Auf die Torten, fertig, los!

Zum Anbeißen!

Nach Belieben mit
Früchten dekorieren!

Das klassische

Tortenprinzip

Zutaten für 16 Stücke

150 g Butterkekse
125 g Butter
525 g Philadelphia Klassisch
300 g Joghurt
3 EL Zitronensaft
1 Pck. gemahlene Gelatine
75 g Zucker
Früchte und Fruchtsauce zum Garnieren

Zubereitung 30 Min. + Kühlen 3 Std.

Butterkekse in einen Gefrierbeutel füllen, Beutel verschließen und Inhalt zerbröseln. Butter schmelzen, mit Bröseln vermischen und in eine mit Backpapier ausgelegte Springform (Ø 26 – 28 cm) drücken.

Philadelphia, Joghurt und Zitronensaft mit dem elektrischen Handrührgerät vermischen. Gelatine im Topf mit 150 Milliliter kaltem Wasser 10 Minuten einweichen. Zucker dazugeben und erwärmen, bis sich Gelatine und Zucker gelöst haben. Zügig unter die Philadelphia Creme rühren.

Philadelphia Creme in die Springform geben und die Torte für mindestens 3 Stunden kühlen. Vor dem Servieren nach Belieben mit Früchten und Fruchtsauce dekorieren.

Pro Stück: ca. 871 kJ / 208 kcal, E 4 g, F 15 g, KH 15 g

Philadelphia® Schoko-Herz

Zutaten für 16 Stücke

150 g Löffelbiskuits
125 g Butter
525 g Philadelphia mit Milka
300 g Schoko- oder Nussjoghurt
1 Pck. gemahlene Gelatine
25 g Zucker
Dekoration nach Belieben (z. B. frische Früchte, Minze oder Nüsse)

Zubereitung 30 Min. + Kühlen 3 Std.

Löffelbiskuits in einen Gefrierbeutel füllen, Beutel verschließen und den Inhalt vollständig zerbröseln. Butter schmelzen, mit den Bröseln vermischen und in eine mit Backpapier ausgelegte Springform – in Herzform oder klassisch rund – drücken.

Philadelphia mit Milka und Joghurt mit dem elektrischen Handrührgerät vermengen.

Gelatine im Topf mit 150 Milliliter kaltem Wasser 10 Minuten einweichen. Zucker hinzufügen und alles unter Rühren erwärmen, bis sich die Gelatine und der Zucker gelöst haben. Zügig unter die Philadelphia Creme rühren. Creme in die Springform füllen und die Torte 3 Stunden kühlen. Vor dem Servieren nach Belieben mit frischen Erdbeeren und Minze oder mit Nüssen dekorieren.

Tipp

Jedem Gast die Deko selbst überlassen und Früchte, Nüsse oder Streusel zur Torte auf den Tisch stellen.

Pro Stück: ca. 900 kJ / 215 kcal, E 4 g, F 12 g, KH 22 g

Inspirierende Ideen für besondere Anlässe

Manche Feste sind etwas ganz Besonderes! Mit ein paar einfachen Tricks sorgst du im Handumdrehen für außergewöhnliche Hingucker, die alle begeistern werden. Hier gibt's Inspirationen!

Kännchen mal anders ...

Wenn du mal keine Lust auf deine Blumenvase hast, schnapp dir ein schickes Kännchen und stell dort Blumen hinein.

Frische Schnittblumen aus dem Garten nehmen!

Auf Flohmärkten findet sich immer ein Schmuckstück!

Echte Hingucker

Sorg für Abwechslung und dekoriere mit verschiedenen Tellern, Tassen und Gläsern deinen Tisch. Bunt zusammengestelltes Service braucht keine zusätzliche Deko mehr!

Pompons für gute Laune

Do it yourself!

Und so geht´s:

1. Eine Serviette auffalten, dann zu einem Fächer formen und zusammendrücken.
2. Die Enden rund oder spitz zurechtschneiden.
3. Den entstandenen Fächer in der Mitte fest zusammenbinden und anschließend auseinanderfallen lassen.
4. Die zusammenhängenden Lagen der Serviette vorsichtig voneinander trennen, sodass eine Blüte entsteht.

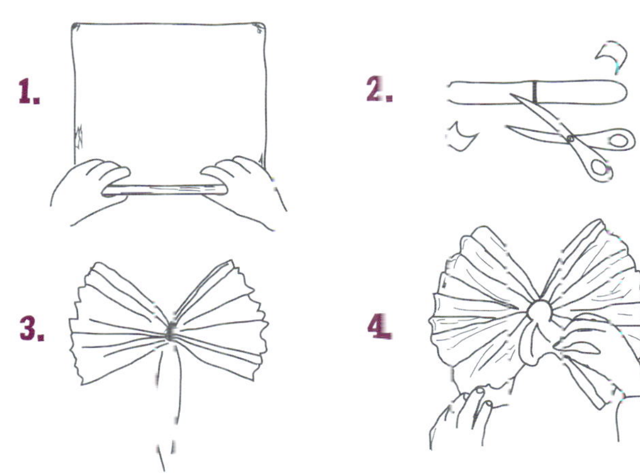

Anstelle des Herzens können auch
andere Formen verwendet werden

Philadelphia® Torte mit Heidelbeer-Zitrone und Lemon-Curd-Herz

Zutaten für 16 Stücke

150 g Löffelbiskuits
125 g Butter
1 unbehandelte Zitrone
525 g Philadelphia Klassisch
300 g Joghurt
1 Pck. gemahlene Gelatine
75 g Zucker
125 g Heidelbeeren
4 EL Lemon Curd (Konfitürenregal)

Zubereitung 35 Min. + Kühlen 3 Std.

Löffelbiskuits in einen Gefrierbeutel füllen, Beutel verschließen und den Inhalt vollständig zerbröseln. Butter schmelzen, mit den Bröseln vermischen und in eine mit Backpapier ausgelegte Springform drücken.

Von der Zitrone die Schale fein abreiben und 3 Esslöffel Saft auspressen. Philadelphia, Joghurt, Zitronensaft und -abrieb mit dem elektrischen Handrührgerät vermengen.

Gelatine im Topf mit 150 Milliliter kaltem Wasser 10 Minuten einweichen. Zucker hinzufügen und alles unter Rühren erwärmen, bis sich die Gelatine und der Zucker gelöst haben. Zügig unter die Philadelphia Creme rühren. Creme in die Springform füllen und die Torte für 3 Stunden kühlen. Heidelbeeren waschen und nach ca. 1 Stunde die Torte damit dekorieren. Vor dem Servieren mit einem Messer oder Löffel ein Herz auf der Torte »vorzeichnen«, ein klein wenig aushöhlen und mit Lemon Curd füllen.

Pro Stück: ca. 917 kJ / 219 kcal, E 4 g, F 15 g, KH 17 g

Winterliche Philadelphia® Torte

Zutaten für 16 Stücke

150 g Butterkekse
125 g Butter
525 g Philadelphia Klassisch
300 g Joghurt
3 EL Zitronensaft
1 Pck. gemahlene Gelatine
75 g Zucker
Äpfel und Nüsse zum Garnieren

Zubereitung 30 Min. + Kühlen 3 Std.

Butterkekse in einen Gefrierbeutel füllen, Beutel verschließen und Inhalt zerbröseln. Butter schmelzen, mit Bröseln vermischen und in eine mit Backpapier ausgelegte Springform drücken.

Philadelphia, Joghurt und Zitronensaft mit dem elektrischen Handrührgerät verrühren. Gelatine im Topf mit 150 Milliliter kaltem Wasser 10 Minuten einweichen. Zucker dazugeben und erwärmen, bis sich Gelatine und Zucker gelöst haben. Zügig unter die Philadelphia Creme rühren.

Philadelphia Creme in die Springform geben und die Torte für mindestens 3 Stunden kühlen. Vor dem Servieren nach Belieben mit Apfelscheiben (siehe Tipp) und Nüssen dekorieren.

Tipp

Für karamellisierte Apfelscheiben 1 Apfel waschen, entkernen und in hauchdünne Scheiben schneiden. In einer beschichteten Pfanne 1 Esslöffel Butter mit 40 Gramm Zucker bei mittlerer Hitze karamellisieren. Sobald er goldbraun wird, Hitze reduzieren. Apfelscheiben zugeben (Vorsicht, der Zucker ist heiß und spritzt) und ca. 5 Minuten bei kleiner Hitze dünsten. Abkühlen lassen.

Pro Stück: ca. 871 kJ / 208 kcal, E 4 g, F 15 g, KH 15 g

Schnelle Philadelphia® Torte

Zutaten für 8 Stücke

350 g Philadelphia Klassisch
50 g Zucker
2 EL Zitronensaft
150 g Sahne
1 Tortenboden (fertig, Biskuit- oder Rührteig)
125 g Heidelbeeren

Zubereitung 15 Min. + Kühlen 30 Min.

Philadelphia, Zucker und Zitronensaft mit dem elektrischen Handrührgerät glatt rühren.

Sahne steif schlagen und mit dem Schneebesen unter die Philadelphia Creme heben; erste Portion kräftiger unterrühren, Rest behutsam unterheben.

Creme auf den Tortenboden geben und mit dem Löffelrücken verteilen. Heidelbeeren waschen und die Torte damit bestreuen. Die Torte 30 Minuten kühlen.

Einfach lecker!

Pro Stück: ca. 745 kJ / 178 kcal, E 3 g, F 12 g, KH 14 g

Himbeertörtchen

Zutaten für 8 Stück

1 Wiener Boden (Fertigkuchenregal)
8 TL Himbeermarmelade
525 g Philadelphia Klassisch
300 g Joghurt
3 EL Zitronensaft
1 Pck. gemahlene Gelatine
75 g Zucker
600 g Himbeeren

Tipp

Natürlich kannst du anstatt 8 Mini-Torten mit den gleichen Zutaten auch eine große Torte in der Springform zubereiten.

Zubereitung 35 Min. + Kühlen 3 Std.

Mit 8 Tortenringen (Ø ca. 9 cm) je 1 Mini-Boden aus dem Wiener Boden ausstechen. Jeweils mit Tortenring auf eine geeignete Platte stellen. Die Böden mit Himbeermarmelade bestreichen.

Philadelphia, Joghurt und Zitronensaft mit dem elektrischen Handrührgerät vermengen.

Gelatine im Topf mit 150 Milliliter kaltem Wasser 10 Minuten einweichen. Zucker hinzufügen und alles unter Rühren erwärmen, bis sich die Gelatine und der Zucker gelöst haben. Zügig unter die Philadelphia Creme rühren. Creme in die Tortenringe füllen.

400 Gramm Himbeeren waschen und auf die Creme in die Tortenringe setzen. Die Törtchen 3 Stunden kühlen (ist die Creme zu flüssig, die Himbeeren erst nach 1 Stunde Kühlzeit aufsetzen).

Vor dem Servieren die Törtchen vorsichtig aus den Tortenringen lösen. Restliche Himbeeren waschen, pürieren und nach Belieben durch ein Sieb passieren. Himbeermark auf den Törtchen verteilen. Jedes Törtchen teilen und gemeinschaftlich genießen.

Pro Stück: ca. 863 kJ / 206 kcal, E 5 g, F 10 g, KH 24 g

Schoko-Muffins mit Philadelphia® Creme

Zutaten für 12 Stück

175 g Philadelphia Balance
25 g Puderzucker
250 g Erdbeeren
12 Schoko-Muffins (fertig gekauft oder nach Lieblingsrezept gebacken)

Zubereitung 15 Minuten

Philadelphia und Puderzucker glatt rühren. Erdbeeren waschen, putzen und vierteln oder in Scheiben schneiden.

Muffins quer halbieren. Auf die Unterseiten je 1 Löffel Philadelphia Creme geben. Mit einigen Erdbeerstückchen belegen. Oberseiten wieder aufsetzen.

Pro Stück: ca. 1121 kJ / 268 kcal, E 8 g, F 10 g, KH 35 g

Cookie-Sandwich

Zutaten für 6 Stück

125 g Früchte (z. B. Erdbeeren, Aprikosen, Heidelbeeren)
175 g Philadelphia Balance
12 Cookies (z. B. 1 Pck. Milka Choco Cookies)

Zubereitung 10 Minuten

Früchte waschen, putzen und in kleine Stücke oder Würfel schneiden. Unter den Philadelphia rühren. Creme nach Belieben etwas süßen. Auf 6 Cookie-Unterseiten je 1 Löffel Creme geben und mit einem zweiten Cookie ein Sandwich daraus machen.

Pro Stück: ca. 795 kJ / 190 kcal, E 4 g, F 10 g, KH 20 g

Tolle Tipps für den süßen Kaffeeklatsch

Du lädst deine Freundinnen gerne zu einer gemütlichen Tasse Kaffee ein? Dann schau doch mal, wie du mit einfachen Mitteln eine besonders hübsche Kaffeetafel zauberst. So werden alle begeistert sein!

Süße Idee

Gieß flüssige Schokolade in schöne Löffel und dekoriere sie mit bunten Streuseln. Die kannst du dann z. B. an die Tassen legen.

Einfach und lecker!

Zeig deine Schönschrift

Namenskärtchen für deine Gäste

Kuchen-Etagere basteln

Du brauchst:

- 3 Teller in unterschiedlichen Größen und Designs
- 1 Tasse, 2 Eierbecher
- Porzellankleber

Do it yourself!

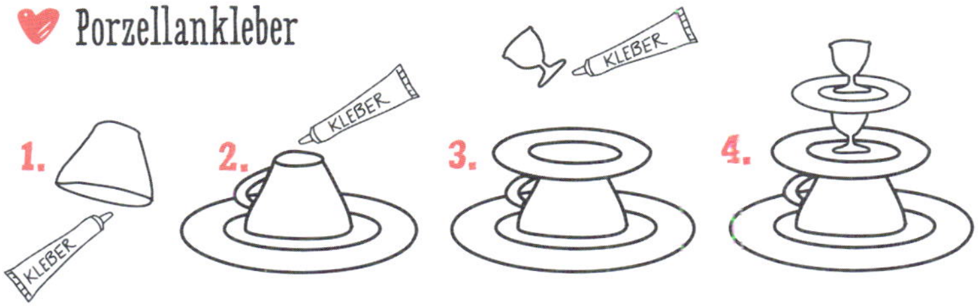

Klebe die Teile in immer kleiner werdender Reihenfolge zusammen, bis du eine schöne Etagere für Muffins & Cupcakes hast.

Eis, Eis, Baby!

Fruchtige Eistörtchen

Zutaten für 8 Stück

1 unbehandelte Limette
350 g Philadelphia Klassisch
50 g Puderzucker
90 g flüssiger Honig
175 g Sahne
200 g Rote Grütze

Zubereitung 35 Min. + Kühlen 3 Std.

Muffinblech mit Papierförmchen auslegen. Limette heiß abspülen. Schale fein abreiben und den Saft auspressen.

Philadelphia mit Limettensaft und -abrieb, Puderzucker und Honig glatt rühren. Sahne ungeschlagen unterrühren. Masse in die Muffinförmchen verteilen. Rote Grütze daraufgeben und die Törtchen 3 Stunden ins Gefrierfach stellen. Vor dem Anrichten Papierförmchen behutsam von den Eistörtchen abziehen.

Diese Törtchen »backt« das Gefrierfach!

Pro Stück: ca. 863 kJ / 206 kcal, E 5 g, F 10 g, KH 24 g

Fast zu schön zum Reinbeißen

Schmetterlingswiese

Zutaten für 16 Stück

240 g Löffelbiskuits
200 g Butter
525 g Philadelphia Klassisch
300 g Joghurt
3 EL Zitronensaft
1 Pck. gemahlene Gelatine
75 g Zucker
6 Tortenringe (z. B. je
2 x 8, 12 und 15 cm Ø)
Apfelspalten, Himbeeren,
Cranberrys, Fruchtsauce,
Minze und gehackte Nüsse
zum Dekorieren

Zubereitung 45 Min. + Kühlen 3 Std.

Löffelbiskuits in einen Gefrierbeutel füllen, Beutel verschließen und den Inhalt vollständig zerbröseln. Butter schmelzen und mit den Bröseln vermischen. Brösel als Böden in 6 Tortenringe verschiedener Größe (s. Zutatenliste) drücken.

Philadelphia, Joghurt und Zitronensaft mit dem elektrischen Handrührgerät vermengen.

Gelatine im Topf mit 150 Milliliter kaltem Wasser 10 Minuten einweichen. Zucker hinzufügen und alles unter Rühren erwärmen, bis sich die Gelatine und der Zucker gelöst haben. Zügig unter die Philadelphia Creme rühren. Creme in die Tortenringe füllen und die Törtchen für 3 Stunden kühlen.

Vor dem Servieren die Törtchen halbieren und als Schmetterlinge auf 2 großen Tellern oder Kuchenplatten aneinanderlegen. Mit Früchten, Nüssen und Minze die Schmetterlinge und die Blumenwiese dekorieren.

Pro Stück: ca. 1105 kJ / 264 kcal, E 4 g, F 19 g, KH 19 g

Cheesecake im Glas

Zutaten für 6 Portionen

100 g Löffelbiskuits
50 g Butter
300 g Joghurt (1,5 % Fett)
1 Beutel Gelatine fix (oder ½ Pck. Sofort-Gelatine)
350 g Philadelphia Balance
3 TL Zitronensaft
50 g Puderzucker
1 TL Vanillezucker
125 ml Kirschsauce (Eisregal)
Minze zum Dekorieren

Zubereitung 20 Min. + Kühlen 45 Min.

Löffelbiskuits in einen Gefrierbeutel füllen, Beutel verschließen und den Inhalt vollständig zerbröseln. Butter schmelzen, mit den Bröseln vermischen und auf 6 Gläser aufteilen, dabei mit dem Löffel leicht andrücken.

Joghurt mit dem elektrischen Handrührgerät oder Schneebesen glatt rühren. Gelatine unter Rühren einrieseln lassen und 1 Minute weiterrühren. Dann Philadelphia, Zitronensaft, Puderzucker und Vanillezucker unterrühren.

Philadelphia Creme und Kirschsauce abwechselnd auf den Boden in die Gläser schichten, dann 45 Minuten kühlen. Nach Belieben mit frischen Kirschen (oder Kirschen aus dem Glas) sowie mit Minze dekorieren.

Pro Portion: ca. 1423 kJ / 340 kcal, E 8 g, F 15 g, KH 42 g

Rübli-Cupcakes mit Frosting

Zutaten für 12 Stück

175 g Möhren
40 g Nüsse (z. B. Wal- oder Pekannüsse)
150 g Mehl
1 TL Backpulver
1 TL Zimt
75 g brauner Zucker
3 Eier
125 ml Sonnenblumenöl
1 unbehandelte Zitrone
175 g Philadelphia Klassisch
75 g Puderzucker

Zubereitung 25 Min. + Backen 20 Min.

Backofen auf 180 °C (Umluft) vorheizen. Muffinform mit Papierförmchen auslegen. Möhren mit dem Sparschäler schälen und grob raspeln. Nüsse grob hacken.

Mehl, Backpulver, Zimt und braunen Zucker gut vermischen. Eier und Öl zugeben und unterrühren. Möhren und Nüsse untermischen. Teig in die Muffinförmchen füllen und im vorgeheizten Ofen ca. 20 Minuten backen. Abkühlen lassen.

Von der Zitrone 1 Teelöffel Schale fein abreiben und 1 Esslöffel Saft auspressen. Beides mit Philadelphia und Puderzucker glatt rühren. Frosting auf die Muffins streichen oder spritzen.

Pro Stück: ca. 1151 kJ / 275 kcal, E 4 g, F 18 g, KH 24 g

Cremige Philadelphia® Tartelettes

Zutaten für 6 Stück

6 Tarteletteförmchen (ca. 12 cm Ø oder 8 Tarteletteförmchen mit ca. 8 cm Ø)
Fett für die Förmchen
300 g Mürbeteig (Kühlregal)
350 g Philadelphia Balance
30 g Zucker
1 Pck. Vanillezucker
250 g Früchte (z. B. Beeren)

Zubereitung 10 Min. + Backen 12 Min.

Backofen auf 180 °C (Umluft) vorheizen. Tarteletteförmchen fetten und mit Teig auslegen, dabei einen Rand formen. Den Teigboden mehrfach mit einer Gabel einstechen. Mini-Tartes im vorgeheizten Ofen ca. 12 Minuten backen. Abkühlen lassen.

Philadelphia, Zucker und Vanillezucker glatt rühren. Mini-Tartes mit der Philadelphia Creme füllen. Früchte waschen, putzen und die Törtchen damit belegen.

Pro Stück: ca. 1393 kJ / 333 kcal, E 8 g, F 19 g, KH 31 g

Tipp

Wenn Kinder mitessen, schmeckt die Creme auch ohne Kaffeepulver oder kann durch einen Fruchtjoghurt ersetzt werden.

Himbeer-Müsli-Trifle mit Kaffee-Kick

Zutaten für 1 Portion

1 TL Jacobs Krönung Kaffeepulver
1 Pck. Vanillezucker
100 g Philadelphia Klassisch So Leicht
Milch
50 g Himbeeren
4 EL Knuspermüsli

Zubereitung 10 Minuten

Jacobs Krönung Kaffeepulver, Vanillezucker und Philadelphia glatt rühren, nach Belieben etwas Milch dazugeben.

Himbeeren waschen und mit Kaffeecreme sowie Knuspermüsli in ein Glas oder Schälchen schichten.

Pro Portion: ca. 1235 kJ / 295 kcal, E 15 g, F 10 g, KH 35 g

Super gesund
und lecker!

Bunt geschichteter Obstsalat

Zutaten für 4 Portionen

1 Dose Mandarinen (abgetropft ca. 175 g)
8 EL Müsli
175 g Philadelphia Laktosefrei
350 g Obst (z. B. Banane, Apfel, Weintrauben)

Zubereitung 15 Minuten

Mandarinen in ein Sieb geben, den Saft auffangen. Müsli in einer beschichteten Pfanne leicht rösten und anschließend abkühlen lassen.

Philadelphia und 3–4 Esslöffel Mandarinensaft mit dem Schneebesen zu einer glatten Creme verrühren.

Obst waschen, in mundgerechte Stücke schneiden und mit den Mandarinen zum Obstsalat mischen. Müsli, Obstsalat und Philadelphia Creme in 4 Gläser schichten.

Tipp

Nüsse runden den Geschmack ab und liefern zusätzliche Energie und Nährstoffe.

Pro Portion: ca. 1273 kJ / 304 kcal E 6 g, F 13 g, KH 41 g

Mini-Törtchen aus der Plätzchenform

Zutaten für 16 Stück

1 Pck. Wiener Böden
(3 fertige Biskuitböden, Kuchenregal)
525 g Philadelphia mit Milka
300 g Joghurt
1 Pck. gemahlene Gelatine
Früchte und Nüsse zum Dekorieren

Zubereitung 35 Min. + Kühlen 3 Std.

Wiener Böden auf passende Platte oder ein Backblech legen (muss in den Kühlschrank passen) und beliebige Plätzchenformen dicht an dicht auf dem Biskuitboden platzieren; dabei ganz leicht ein-, aber nicht durchdrücken.

Philadelphia mit Milka und Joghurt mit dem elektrischen Handrührgerät vermengen.

Gelatine im Topf mit 150 Milliliter kaltem Wasser 10 Minuten einweichen. Unter Rühren erwärmen, bis sich die Gelatine gelöst hat. Zügig unter die Philadelphia Creme rühren. Creme in die Plätzchenformen füllen und 3 Stunden kühlen

Plätzchenformen komplett durch den Biskuit drücken und die Törtchen so vom Boden lösen. Törtchen durch Drücken gegen den Boden vorsichtig von unten durch die Formen schieben. Nach Belieben mit Früchten und Nüssen dekorieren.

Pro Stück: ca. 916 kJ / 219 kcal, E 6 g, F 7 g, KH 33 g

Heißkalt genießen!

Eissterne mit heißen Pflaumen

Zutaten für 4 Portionen

300 g Philadelphia Balance
150 g Joghurt
3 TL Zitronensaft
90 g Zucker
1 Pck. Vanillezucker
500 g Pflaumen
1 Msp. Zimt
1 TL Speisestärke

Zubereitung 25 Min. + Kühlen 3 Std.

Für die Eissterne Philadelphia, Joghurt, Zitronensaft, 1 Esslöffel Zucker (ca. 15 Gramm) und Vanillezucker mit dem elektrischen Handrührgerät vermengen. Ausstechförmchen auf einen Teller oder ein Tablett legen (muss ins Gefrierfach passen). Mit der Creme füllen und 3 Stunden gefrieren.

Pflaumen halbieren, entsteinen und in Spalten schneiden. Mit 3 Esslöffel Wasser, dem restlichen Zucker und Zimt 2–3 Minuten kochen; anschließend die Sauce mit der Speisestärke etwas andicken.

Eis aus den Förmchen lösen und mit den heißen Pflaumen anrichten.

Tipp
Mit Backpapier darunter friert das Eis nicht am Porzellan fest.

Pro Portion: ca. 1280 kJ / 306 kcal, E 8 g, F 10 g, KH 45 g

Weihnachtsmännchen

Zutaten für 8 Stück

250 g Erdbeeren
(möglichst große Früchte)
175 g Philadelphia Klassisch
25 g Puderzucker
1 Tube braune Zuckerschrift
(Backregal)

Zubereitung 20 Minuten

Erdbeeren waschen, die Spitze abschneiden. Erdbeeren auf einer Platte oder einem Teller aufstellen, eventuell die Standfläche etwas begradigen.

Philadelphia und Puderzucker glatt rühren. Creme in einen Spritzbeutel mit kleiner Lochtülle oder einen Gefrierbeutel mit kleiner abgeschnittener Ecke füllen und »Kopf mit Bart« sowie »Knöpfe« auf die aufgestellten Erdbeeren spritzen. Auf die Erdbeerspitzen bzw. -hütchen einen kleinen »Bommel« spritzen. Die Erdbeerhütchen aufsetzen und mit Zuckerschrift zwei »Augen« auftupfen.

Pro Stück: ca. 314 kJ / 75 kcal, E 1 g, F 5 g, KH 6 g

Winterlicher Waffeltraum

Zutaten für 4 Stück

4 Herzwaffeln (fertig aus dem Kuchenregal oder nach Lieblingsrezept gebacken)
1 Orange
120 g Philadelphia mit Milka
20 g Mandelblättchen
20 g getrocknete Cranberrys

Zubereitung 10 Minuten

Waffeln wie gewohnt nach Lieblingsrezept backen.

Orange dick schälen, sodass auch die weiße Haut entfernt wird, Saft dabei auffangen. Orange in Scheiben und dann in Viertel schneiden.

Jeweils 1 Löffel Philadelphia mit Milka auf den Waffeln verteilen. Orangen daraufgeben, mit etwas Orangensaft beträufeln und den Waffeltraum mit Mandeln und Cranberrys bestreuen.

Pro Stück: ca. 1389 kJ / 332 kcal, E 6 g, F 17 g, KH 39 g

Impressum

1. Auflage

Das vorliegende Buch ist sorgfältig erarbeitet worden. Dennoch erfolgen alle Angaben ohne Gewähr. Weder der Verlag noch Philadelphia und seine Mitarbeiter können für eventuelle Nachteile oder Schäden, die aus den im Buch gegebenen Hinweisen resultieren, eine Haftung übernehmen.

Der Verlag weist ausdrücklich darauf hin, dass im Text enthaltene externe Links vom Verlag nur bis zum Zeitpunkt der Buchveröffentlichung eingesehen werden konnten. Auf spätere Veränderungen hat der Verlag keinerlei Einfluss. Eine Haftung des Verlags für externe Links ist stets ausgeschlossen.

Für Mondelez Deutschland Services GmbH & Co. KG

Projektleitung: Mondelez Deutschland Services GmbH & Co. KG, Lena Fischer
Layout und Gestaltung: mock&more advertising®, Simone Stahr, Kathrin Ulfig
Illustrationen: mock&more advertising®, Münster
Text: Mondelez Deutschland Services GmbH & Co. KG, mock&more advertising®, Münster
DTP Satz, Producing: mock&more advertising®, Münster

Bildnachweis:
Tara Fisher, UK: Cover, 2, 4, 6, 8, 10, 11, 12, 14, 15, 23, 24, 31, 33, 34, 35, 36, 37, 38, 39, 44, 46, Rückseite
Kai Schwabe, Bremen: 5, 11, 20, 22, 25, 28, 29, 30, 35, 42, 45, 48, 49, 50, 54, 55, 56, 59, 60, 61, 62, 64, 68, 70, 72, 74, 75, 76, 78, 80, 82, 84, 86, 90, 92, 94, 95, Rückseite
Frank von Wieding, Hamburg: 11, 18, 19, 21, 32, 58, 59, 66, 87, 88
David Cook: 13
Fotolia: 41 (Claudia Paulussen), 41, 64 (emmi)
Getty Images: 26 (photographer and designer)
iStockphoto: 65 (floto_photography), 67 (RedHelga), 83 (VMJones)
mock&more advertising®, Münster: 76, 77
Shutterstock: 16 (Ramon L. Farinos), 17, 77 (Africa Studio), 17 (Elena Schweitzer), 17 (ffolas), 27 (viki2win), 27 (BrAt82), 40 (Andrelix), 41 (Ivonne Wierink), 41 (Bogdan Shahanski), 43 (lithian), 47 (stockcreations), 53 (KS Kalibri), 57 (Olha Afanasieva), 65 (mykeyruna), 69 (Sergey Peterman), 85 (Dionisvera)
Stockfood: 17 (Veronika Studer), 17 (Rua Castilho), 40 (Oliver Brachat), 40 (Ruth Küng), 41 (Great Stock!), 52 (ETSA), 53 (Studio Lipov), 53 (Annette & Christian), 64, 65, 77 (Bauer Syndication), 76 (Gräfe & Unzer Verlag / Thorsten Suedfels)

Für den Südwest Verlag

Redaktionsleitung: Silke Kirsch
Projektleitung: Dr. Margit Roth
Korrektur: Dr. Ulrike Kretschmer, München
Herstellung: Elke Cramer
Reproduktion: mock&more advertising®, Münster
Druck und Verarbeitung:
Mohn Media Mohndruck GmbH, Gütersloh
Printed in Germany

MIX
Papier aus verantwortungsvollen Quellen
FSC® C011124

Verlagsgruppe Random House FSC® N001967
Das für dieses Buch verwendete Papier *Profisilk* wurde produziert von Sappi Stockstadt

ISBN 978-3-517-09378-9

FENG SHUI
LEBENSPLANER

LILLIAN TOO

FENG SHUI

LEBENSPLANER

südwest

Der Text dieses Buches entspricht den Regeln der neuen deutschen Rechtschreibung.

ISBN-10: 3-517-06972-8
ISBN-13: 978-3-517-06972-2

Erstveröffentlichung 2003 unter dem Titel »Feng Shui Life Planner«
bei Hamlyn, einem Verlag der Octopus Publishing Group Ltd
2–4 Heron Quays, Docklands, London E14 4JP

Originaltitel: Feng Shui Life Planner

Umschlaggestaltung und Konzeption: R. M. E. Eschlbeck/Kreuzer/Botzenhardt
Übersetzung: Berliner Buchwerkstatt, Martin Rometsch
Redaktion: Berliner Buchwerkstatt, Vera Olbricht
Gestaltung und Satz: Berliner Buchwerkstatt, Britta Dieterle/Claudia Maas

Printed and bound in China

817 2635 4453 6271

Inhalt

Einführung

OBEN
Symbolik ist ein wesentlicher Teil des Feng Shui. Bestimmte Bilder und Gegenstände – z. B. der Wasser speiende Drache – besitzen magische Kräfte, die Glück bringen und Unglück verhindern.

Wörtlich übersetzt bedeutet Feng Shui »Wind und Wasser«. Diese Wörter beschreiben eine wertvolle Lebenskunst, die die Chinesen seit tausenden von Jahren kennen und anwenden. Feng Shui sorgt für eine persönliche Umwelt, die Glück bringt und immer positiv ist.

Gutes Feng Shui spiegelt ausgewogene Yin- und Yang-Energie wider und harmonisiert die fünf Elemente Erde, Feuer, Luft, Wasser und Metall, aus denen unser Universum besteht.

Gutes Feng Shui entsteht, wenn wir den Energiestrom in unserer Umgebung so steuern, dass er Glück, Gesundheit und Wohlstand anzieht. Wir brauchen nur wenige Grundsätze zu befolgen, um unsere Räume und unsere Zeitzyklen zu verbessern.

Wenn wir die Prinzipien des Feng Shui richtig anwenden, haben wir außergewöhnliches Glück in allen Lebensbereichen – Liebe, Familie, Finanzen und Beruf. Wir sind vor Unglück, Krankheit und Geldmangel geschützt.

Feng Shui basiert auf dem Grundsatz, dass das Leben auf der materiellen Welt so angenehm wie möglich sein sollte. Um das zu erreichen, müssen wir in Harmonie mit der Chi-Energie leben, die unseren Raum durchdringt und sich im Laufe der Zeit verändert.

Dieser leicht verständliche Leitfaden hilft Ihnen, im Einklang mit der Energie Ihres Heimes zu leben und sich den wechselnden Chi-Mustern anzupassen. Dann sind Sie jederzeit vor schlechtem Feng Shui geschützt und können gutes Feng Shui erzeugen und Ihre Wohnung und Ihr Leben so planen, dass die Energie ungehindert fließen kann. Sie können Feng Shui in jedem Alter nutzen, denn in der Jugend unterstützt es Ihre Ausbildung und später fördert es Ihre berufliche Karriere. Außerdem ist Feng Shui sehr nützlich, wenn Sie den richtigen Partner suchen und durch einen sinnvollen Beruf oder ein eigenes Geschäft Wohlstand aufbauen wollen. Mit Feng Shui können Sie eine gesunde Umwelt schaffen, in der Ihre Familie blüht und gedeiht. Wir Menschen haben noch viele andere Wünsche, und Feng Shui kann uns helfen, sie alle zu erfüllen.

Der *Feng-Shui-Lebensplaner* macht Sie mit ihrer Kua-Zahl vertraut, mit der Sie anhand der Acht Lebensbereiche Ihre persönlichen günstigen und ungünstigen Richtungen ermitteln können. Wenn Sie diese hochwirksame und einfache Methode anwenden, spüren Sie die Wirkung sofort. Sie werden nie wieder so sitzen, schlafen

und arbeiten wie bisher und sogar die Türen und Zimmer neu planen. Dies ist die einfachste und wirksamste Feng-Shui-Methode, die ich in meinem 1997 veröffentlichten ersten Buch über Feng Shui im Westen einführte.

Sobald Sie die Acht-Häuser-Diagramme beherrschen, können Sie sich mit den Zyklen des Feng Shui befassen, zu denen das Haus-Trigramm und der Fliegende Stern gehören. Damit erstellen Sie einen genauen Glücksplan für Ihr Haus und identifizieren die Stellen des Wohlstandes und die Ecken der guten Beziehungen sowie jene Teile des Hauses, die zu Krankheiten und Unglück neigen. Dieses Glücksdiagramm hilft Ihnen, die Orte zu aktivieren, die Reichtum und positive Beziehungen und dadurch Ihr Glück fördern. Feng Shui heilt jene Bereiche Ihres Hauses, die schlechtes Chi erzeugen und daher Krankheiten und Unglück begünstigen.

Sie werden überrascht sein, wie schnell das Glück sich einstellt – oft auf Wegen, mit denen Sie am wenigsten gerechnet haben!

OBEN
Mit Feng Shui sehen Sie Ihr Heim aus einem neuen Blickwinkel. Dieses Wohnzimmer sieht apart aus, und das eindringende Sonnenlicht bringt positives Yang-Chi mit. Aber es gibt auch Probleme, vor allem die von der Trennwand erzeugten spitzen Winkel, die den Chi-Fluss unterbrechen.

Sobald Sie die Prinzipien des Feng Shui verstanden haben, ist es sehr einfach, sie anzuwenden – sie werden bald zu einem natürlichen Bestandteil Ihres Lebens. Anfangs wirken die vielen Ratschläge vielleicht entmutigend; gehen Sie also langsam voran. Wenn Sie in Ihrem Heim ein paar Änderungen vorgenommen haben und die dadurch erzeugte Harmonie genießen dürfen, werden Sie mutiger, und Feng Shui wird zu einer wertvollen Lebenskunst. Sie werden angenehm überrascht sein, wie schnell Sie die Empfehlungen umsetzen und wie vertraut Ihnen vieles vorkommt. Feng Shui basiert eben weitgehend auf dem gesunden Menschenverstand.

Natürlich hängt ein harmonisches Leben von allen Bewohnern eines Hauses ab. Was tun Sie, wenn Ihre Familie vier Mitglieder hat – Eltern und zwei Kinder – und die Kua-Zahlen darauf hindeuten, dass drei von ihnen im südwestlichen Teil des Gebäudes schlafen sollten? Sie nutzen die Flexibilität des Feng Shui und ordnen die Schlafzimmer so an, dass jedes Familienmitglied sein Zimmer nach seinen Vorstellungen gestalten kann. Gemeinsam benutzte Räume, zum Beispiel das Wohnzimmer, das Esszimmer und die Küche, lassen sich so verbessern, dass alle davon profitieren.

Dieses Buch gibt Ihnen alles an die Hand, was Sie brauchen, um Feng Shui erfolgreich anzuwenden. Von den einfachsten bis zu den fortgeschrittenen Methoden wird alles genau erklärt, und die meisten Zeichnungen und Tabellen wurden vereinfacht, ohne dass ihr Gehalt verloren ging. Sogar der tausend Jahre alte chinesische Kalender lässt sich in Form von übersichtlichen Tabellen darstellen, die zu den wichtigsten in diesem Buch gehören. Sie werden sie lieben, sobald Sie damit umgehen können!

UNTEN
Der lachende Buddha, der Gold in der Hand hält und ein rotes Gewand trägt, ist ein Glück verheißendes Feng-Shui-Symbol. Aber Feng Shui ist flexibel, und ein Bild des Weihnachtsmannes ist ebenso wirksam, weil er ebenfalls lächelt und rot gekleidet ist.

Selbstverständlich finden Sie in diesem Buch auch viele praktische Ideen zur Gestaltung der Wohnung. Wenn Sie Feng Shui gut beherrschen, spricht nichts dagegen, seine Grundsätze Ihrer Kultur und Tradition anzupassen.

Der erste Teil dieses Buches behandelt die Grundsätze des Feng Shui und erklärt die drei Methoden, die es Ihnen ermöglichen, Horoskope für Ihr Heim zu erstellen. Der letzte Teil des Buches, beginnend mit »Feng Shui in der Praxis«, zeigt Ihnen, wie Sie dem Glück Ihres Heimes auf die Sprünge helfen. Jedes einzelne Zimmer kann Glück anziehen und Unglück abweisen. Im letzten Kapitel – über das taoistische Feng Shui – lernen Sie, Symbole zu nutzen und mystische Zeichen zu deuten, um mit Feng Shui noch mehr zu erreichen.

Tabellen und Diagramme erleichtern das Verständnis der einzelnen Techniken, und beispielhafte Wohnungen illustrieren, wie Sie diese Techniken in Häusern und Räumen mit unterschiedlichen Formen und Ausrichtungen anwenden – auch in Ihrem eigenen Heim.

Da jeder Teil des Buches auf dem Wissen des vorangegangenen Teils aufbaut, ist es am besten, das Buch von vorne bis hinten durchzuarbeiten, damit Sie alles lernen, was Sie brauchen.

LINKS
Feng Shui zeigt Ihnen, wie Sie ein Zimmer so einrichten, dass es Glück bringt. Von Blumen profitieren beispielsweise alle Menschen, aber manchen tun sie besonders gut.

Was ist Feng Shui?

Wenn Sie noch nie von Feng Shui gehört haben oder nur wenig darüber wissen, lernen Sie in diesem Kapitel die Grundlagen kennen – vom Chi, einem wesentlichen Bestandteil des ganzen Systems, bis zum Kreislauf der fünf Elemente Metall, Wasser, Holz, Feuer und Erde.

Sie werden Ihr Zeichen im chinesischen Tierkreis entdecken, die Symbolik des Feng Shui kennen lernen und sich und Ihr Heim mit praktischen Maßnahmen auf Feng Shui vorbereiten.

Sobald Sie die Prinzipien verstanden haben, können Sie sie auf jede einzelne Technik anwenden, von der einfachsten Pa-Kua-Methode bis zum fortgeschrittenen Fliegenden Stern. Es lohnt sich also, ein wenig Zeit zu opfern und sich mit diesem Teil vertraut zu machen, ehe Sie weiterlesen.

Es ist nicht schwierig – Sie brauchen nur diese Prinzipien, um aufregende und positive Veränderungen in Ihrem Heim vorzunehmen. Wie bei allen praktischen Methoden sind die richtigen Werkzeuge auch hier entscheidend für den Erfolg!

Eine Energie namens Chi

Wenn Sie ein Haus betreten, spüren Sie meist, ob seine Bewohner glücklich sind oder nicht. Sie spüren eine unsichtbare Energie, die in der Umgebung, in Gebäuden und im menschlichen Körper fließt. Die Chinesen nennen diesen »kosmischen Atem des Drachens« Chi. Nur wer diese Idee verstanden hat, kann Feng Shui verstehen.

Wenn Sie ein Haus betreten, spüren Sie meist, ob seine Bewohner glücklich sind oder nicht. Sie spüren eine unsichtbare Energie, die in der Umgebung, in Gebäuden und im menschlichen Körper fließt.

Die Chinesen nennen diesen »kosmischen Atem des Drachens« Chi. Nur wer diese Idee verstanden hat, kann letztlich Feng Shui verstehen.

Wir alle können diese Energie spüren. Zwar sind manche Menschen empfindsamer als andere, aber jeder hat einen Sinn für die Qualität der Energie in seiner Umgebung. Wir alle strahlen auch Energie aus, und andere nehmen sie als positiv oder negativ wahr.

RECHTS Dieses Yin-Yang-Symbol wird in China »Tai Chi« genannt. Sie können sich ein Zimmer als kleines und ein Haus als großes Tai Chi vorstellen.

Wohnungen mit starker, erfrischender Energie gehören meist starken, erfolgreichen Menschen, und in Wohnungen, die bedrückende oder müde Energie ausstrahlen, finden wir in der Regel erschöpfte, antriebslose Leute. Ein Heim kann warm und freundlich oder kalt, zornig und feindselig sein. Es gibt gütige und aggressive, glückliche und unglückliche Häuser. Je intensiver die Energie ist, desto deutlicher spüren wir sie.

Manchmal ist die Energie eines Raumes stärker als die gesamte Energie der Bewohner, und manchmal dominiert die Persönlichkeit der Menschen. Aber eine Wohnung oder ein Büro spiegelt fast immer die Einstellungen, die Stimmungen und den Zustand seiner Benutzer wider. Nur wenn wir uns auf diese Energie einstimmen, können wir sie verändern. Sie müssen sich also der Energie ihres Heimes bewusst werden, um sie mit Feng Shui zu verbessern.

Es ist sehr wichtig, dass das Chi ständig erneuert wird und frei fließen kann (siehe Seite 14–15). Es darf nie stagnieren. Energie ist entweder »yang« oder »yin«. Yang ist der weiße Teil des links abgebildeten Symbols, und Yin ist der schwarze Teil;

LINKS In diesem Zimmer sind Yin und Yang ausgewogen und sorgen für harmonisches Tai Chi. Das Gleichgewicht spiegelt sich in den Farben und in der Position der Möbel wider. Das Sofa wirkt stabil und solide.

aber beide enthalten einen »Samen« des anderen, weil alle Dinge sich in ihr Gegenteil verwandeln können. Yin und Yang tauschen unablässig Chi aus: Der Tag weicht der Nacht, der Sommer dem Winter, das Gute dem Bösen, der Himmel der Erde und umgekehrt.

Yang gilt als männliche Kraft im Kosmos und wird mit Süden, Sommer, Tag, Wärme, Kraft und positiven Eigenschaften assoziiert. Yin ist dagegen weiblich und wird mit Norden, Winter, Nacht, Kälte, Nässe, Passivität und negativen Eigenschaften verbunden. Im Almanach der chinesischen Bauern sind der Himmel und der Hochsommer sehr yang, die Erde und die Mitte des Winters sehr yin.

Yang-Energie bringt einem Haus Glück. Aber die taoistischen Meister weisen auch darauf hin, dass wir Yin und Yang nach ihrer Stärke einschätzen müssen. Yang-Energie ist entweder jung oder alt. Alte, erschöpfte Yang-Energie zerstreut sich leicht und wird zu Yin, wenn man sie nicht auffrischt. Wenn Ihr Heim Glück bringen soll, braucht es junge, starke, vitale Yang-Energie.

Das Chi muss sich ständig bewegen. Wenn es ruht, stagniert es und zieht »Yin-Geistformen« an, das heißt, es ist dumpf und schwach und kann wenig Glück anlocken. Materielles Glück setzt eine Fülle von Yang-Energie voraus, die unaufhörlich fließt.

Der Chi-Fluss

RECHTS Der Chi-Fluss bestimmt die Qualität einer Wohnung. Das Chi sollte nicht einer Geraden folgen, sondern sich durch die Räume schlängeln. Achten Sie immer darauf, wie die Zimmer zu beiden Seiten einer Trennwand genutzt werden.

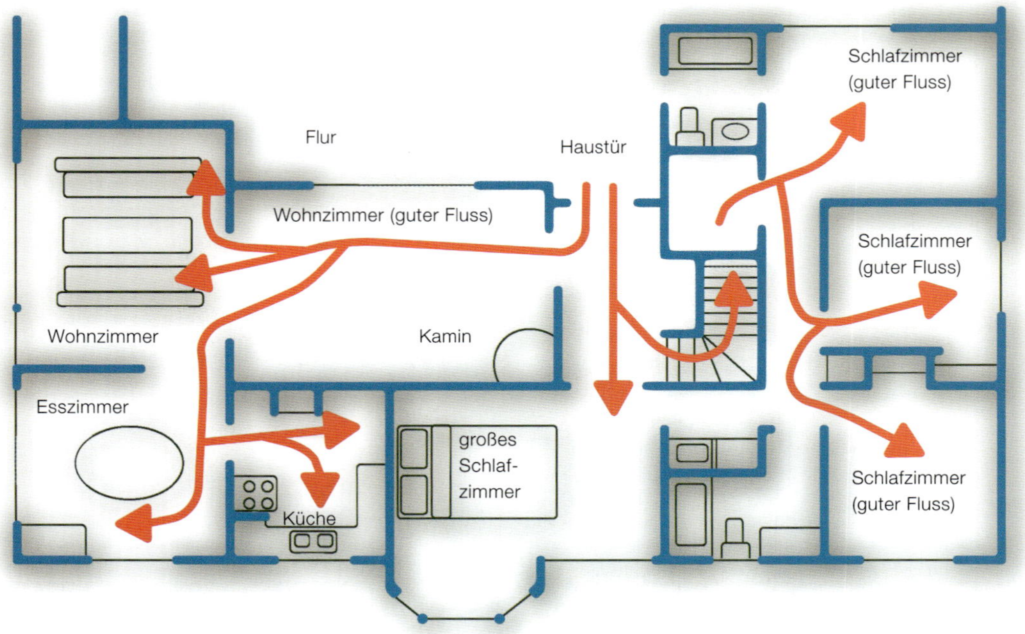

Geschwindigkeit und Richtung des Chi sind ebenfalls wichtig. Räume und Türen sollten so geplant werden, dass das Chi sich durchs ganze Haus schlängelt. Wenn es einer Geraden folgt, wird es zu schnell und kann den Bewohnern schaden.

Eine Schlangenlinie lässt sich mit Blumentöpfen, niedrigen Möbeln, Sideboards und Trennwänden erreichen, die das Chi verlangsamen. Darum wird Feng Shui bisweilen »Kunst der Platzierung« genannt. Im oben abgebildeten Plan sollte das Chi verbessert werden.

Das Chi strömt von der Haustür schnurgerade ins große Schlafzimmer. Wer dort schläft, leidet unter dieser geraden, starken und feindseligen Energie. Die beste Lösung wären Bilder an den Flurwänden.

Ungünstig ist auch, dass Küche und großes Schlafzimmer sich eine Wand teilen, denn das Feuer-Chi aus der Küche stört den Schlaf. Allerdings steht der Herd an der fernen Wand, so dass das Feuer-Chi nicht so stark ist.

Der Kamin im Wohnzimmer befindet sich vor einer Wand, die er mit dem Schlafzimmer teilt. Auch das ist unvorteilhaft, weil derart nahes Feuer-Chi Yang-Störungen auslöst und den Schlaf beeinträchtigt.

Damit das Chi frei fließen kann, sollten Sie Möbel – Sofas, Betten und kleine Sideboards – wegrücken, um darunter zu putzen. Das ist eine gute Feng-Shui-Medizin für ein Haus, weil nicht nur Schmutz entfernt, sondern auch Chi bewegt wird.

Tipps für einen positiven Chi-Fluss

- Öffnen Sie jeden Morgen Türen und Fenster, damit frische Luft und Wind eindringen können. Sie brauchen dafür mindestens zwei offene Fenster oder Türen.
- Putzen Sie regelmäßig unter den Teppichen, um Chi zu bewegen.
- Rücken Sie große Schränke beiseite, um den Schmutz hinter ihnen zu beseitigen.
- Saugen Sie auch die Unterseite der Betten ab, um eine saubere Schlafstätte zu haben.
- Machen Sie mindestens einmal im Jahr einen Frühjahrsputz.
- Streichen Sie das Haus alle zwei oder drei Jahre neu.
- Revitalisieren Sie das Haus durch kleine Renovierungen.
- Stellen Sie die Möbel gelegentlich um, oder kaufen Sie neue, um die Wohnung zu beleben.

So erzeugen Sie frische Energie

Wenn die Räume vitaler werden, verändert sich die Energie wie durch Zauberei. Junge, frische, vitale Energie vertreibt negative Energie und sorgt für robustes Chi in der Wohnung.

Ich vitalisiere mein Haus in den zwei Wochen vor dem lunaren Neujahr, aber Sie können auch jeden anderen Zeitpunkt wählen und den Hausputz durch Reinigungsrituale, Glocken, Klangschalen und Räucherwerk (siehe Seite 146–147) ergänzen. Auch solche Rituale sorgen für positive Energie im Haus und beseitigen negatives Chi, das von Nachbarn oder früheren Bewohnern stammt oder durch Krankheit und Tod entsteht.

Aber es gibt nur wenige Methoden, die schnelleren Erfolg bringen als Feng Shui. Betrachten Sie Feng Shui als ständigen Prozess. Jedes Mal, wenn Sie etwas verändern, bewegen Sie das Chi und erneuern die Energie.

Nach einer gut geplanten Feng-Shui-Renovierung fühlt sich jedes Haus gut an, weil frisches Chi mit seinem belebenden Yang einströmt. Das Chi stagniert nie, und die Energie des Hauses bleibt vital und wird nie lethargisch.

UNTEN Eine tibetische Klangschale aus sieben Metallen erzeugt frische Energie im Haus. Sie absorbiert und transformiert negatives Chi.

So erzeugen Sie ein Energiefeld

Sie können Ihr Haus mithilfe Ihrer Vorstellungskraft mit einem Schirm aus schützendem Chi versehen. Diese Fähigkeit besitzt jeder Mensch, wenn er sich auf mächtige innere Bilder konzentriert. Solche geistigen Bilder haben eine mysteriöse Kraft, die Sie nutzen können, um ein Energiefeld aufzubauen, das Ihr Heim schützt.

Dieses Kraftfeld hindert feindseliges Chi daran, in das Haus einzudringen; es kann Menschen schon an der Tür abschrecken, wenn sie böse Absichten haben; und es ist eine unsichtbare Barriere gegen wandernde Geister, die mit uns zusammen leben, wenn auch auf einer anderen Ebene. Wie stark Ihr Kraftfeld ist, hängt davon ab, wie intensiv Sie sich konzentrieren.

Je besser Sie auf die Energie in Ihrem Heim eingestimmt sind, desto stärker wird Ihr Kraftfeld. Allerdings können Sie mit diesem Feld niemals anderen schaden, und es ist am wirksamsten, wenn Ihre Motive rein sind. Geistige Bilder von Eltern, die ihre Kinder schützen wollen, sind beispielsweise sehr stark, weil sie von bedingungsloser Liebe gespeist werden. Wenn Sie mit Meditation oder kreativer Imagination vertraut sind, fällt es Ihnen leicht, ein Kraftfeld zu erzeugen.

Es ist hilfreich, wenn Sie Ihr Heim vor dem geistigen Auge in schützendes blaues Licht eingehüllt sehen. Wenn Sie in einem Apartment wohnen, visualisieren Sie, wie das Licht das ganze Haus erfüllt, damit alle Bewohner davon profitieren.

Wenn Sie diese Übung regelmäßig machen, befindet sich Ihr Heim im Einklang mit dem Kosmos, denn Sie leiten Lebensenergie aus dem Universum in Ihre Wohnung und füllen sie mit dynamischem, starkem Yin-Yang-Chi.

Visualisierungsübung

1 Sie stehen mitten im Zimmer und strecken beide Arme nach vorne. Die Handflächen zeigen nach oben. Beim Heben der Arme tief einatmen, dann die Hände sanft einige Zentimeter senken. Ausatmen. Diese Übung zwei Mal wiederholen, um das Chi zu wecken.

Visualisieren Sie, wie Sie Chi als goldenes Licht aus dem Kosmos empfangen.

LINKS UND UNTEN
Machen Sie diese Übung regelmäßig und konzentriert, aber entspannt. Das Erfolgsgeheimnis der Imagination ist die Fähigkeit, einen Zustand entspannter Achtsamkeit zu erreichen.

2 Die offenen Hände nach oben strecken und zum Himmel schauen, um die Energie des Kosmos aufzunehmen. Spüren Sie das Chi in den Handflächen. Einige Minuten so stehen bleiben. Wenn die Hände prickeln, die Handflächen drehen, bis sie einander zugewandt sind. Die Hände bleiben oben.

3 Die Hände langsam senken und eine durchsichtige Kugel aus schützendem bläulichen Licht zwischen den Handflächen visualisieren. Diese Kugel aus heller, starker Energie festhalten. Dann die Handflächen sehr langsam voneinander entfernen und dabei die Lichtkugel größer werden lassen.

4 Nun wird die Lichtkugel heller und größer – größer als das Zimmer, das Apartment, das Haus. Bald hüllt sie das ganze Gebäude in ihrem schützenden Licht ein. Nichts Negatives kann dieses Kraftfeld durchdringen.

Konzentrieren Sie sich auf diese schützende Aura, glauben Sie an ihre Wirkung. Dann die Augen schließen und visualisieren, wie das blaue Licht das Haus, Apartment oder Zimmer ganz einhüllt. Denken Sie: »Dies ist das Energiefeld meines Hauses/Apartments/Zimmers. Nichts Negatives kann es durchdringen.«

Die acht Lebensbereiche

Dies ist die einfachste Feng-Shui-Methode. Sie verbindet Symbolik mit den Bagua-Richtungen und den Attributen jedes Zimmers und aktiviert das Glück von acht Zielen: Erfolg im Beruf, Wohlstand, Gesundheit und gutes Familienleben, Anerkennung und Ruhm, gute Kinder, eine gute Ehe und Romantik, eine gute Ausbildung und starke, einflussreiche Verbündete.

Feng Shui basiert auf acht Arten von »Glück«, die wir Menschen anstreben. Jeder dieser Bereiche wird mit einer Himmelsrichtung verbunden, und wenn Sie das Feng Shui in diesem Teil des Hauses verbessern, aktivieren Sie dort auch das Glück – manchmal auf Wegen, mit denen Sie am wenigsten gerechnet haben.

Eine der wirksamsten Methoden, Energie im Haus zu aktivieren, ist das Bagua (siehe Seite 43–55), eine achtseitige Schablone mit Trigrammen. Diese Symbole aus drei ganzen oder unterbrochenen Linien oder einer Mischung daraus (je nach ihrer Bedeutung im Chinesischen) befinden sich auf jeder Seite des Ba Gua und werden je nach Anordnung als »Frühhimmel« oder »Späthimmel« bezeichnet. Feng Shui entziffert diese Trigramme in unterschiedlichen Situationen.

Die acht Lebensbereiche des Bagua benutzen den späten Himmel, der ein Tai-Chi-Symbol umgibt. Die Trigramme weisen jeder Seite des Bagua Elemente und andere Assoziationen zu. Die Position der Trigramme zeigt, welche Teile des Hauses sich für die Familienmitglieder eignen.

Wenn Sie eine Ecke geschickt aktivieren, bringt sie Glück. Diese Feng-Shui-Methode ist einfach und doch ebenso wirksam wie die komplexeren Verfahren.

Die acht Lebensbereiche und die ihnen zugeordneten Richtungen

Beruf	Norden
Ausbildung	Nordosten
Gesundheit	Osten
Wohlstand	Südosten
Anerkennung	Süden
Romantik	Südwesten
Kinder	Westen
Mentoren	Nordwesten

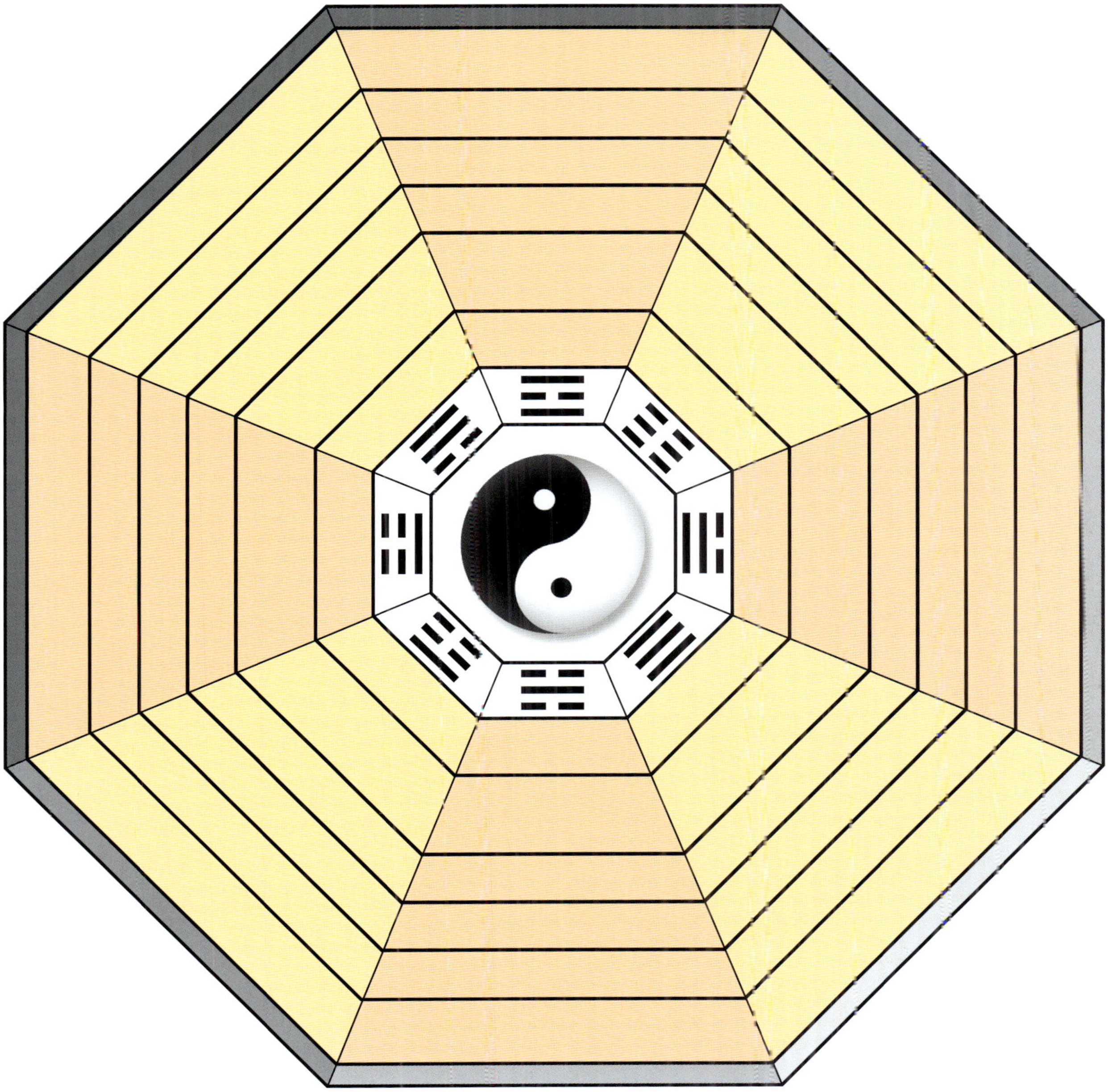

OBEN
Diese Abbildung zeigt ein Bagua. Jeder Himmelsrichtung ist ein Element (z. B. Feuer), ein Familienmitglied und eine Farbe zugeordnet. Das Bagua verrät auch, welche Gegenstände (etwa Pflanzen oder Teiche) das Glück einer Richtung aktivieren. Es ist eine der einfachsten Methoden des Feng Shui.

Die Fünf-Elemente-Theorie

Ein Kernprinzip des Feng Shui ist die Theorie der fünf Elemente (im Chinesischen Wu Xing). Wenn Sie es verstanden haben, sind Sie ein Adept des Feng Shui und verfügen über eine gute Grundlage in der chinesischen Philosophie. In China gründet vieles auf Wu Xing – vom Wahrsagen über die Medizin und die gesunde Lebensweise bis zum Qigong und zu den Kampfkünsten.

UNTEN Das Element Feuer in der Südecke des Hauses aktiviert das Glück, das Anerkennung bringt. Am besten eignen sich dafür helles Licht, Lampen oder Laternen.

Die Fünf-Elemente-Theorie ist das Fundament all dieser esoterischen Künste. Im Feng Shui liefert sie mit ihren drei Zyklen – produktiv, erschöpfend und destruktiv – wertvolle Einsichten in die Heilverfahren der Feng-Shui-Meister.

Darum ist es sehr zu empfehlen, sich die drei Zyklen einzuprägen.

Um die Theorie im Feng Shui anwenden zu können, müssen Sie die Beziehungen zwischen den Elementen – Feuer, Holz, Wasser, Metall und Erde – verstehen. Es gibt drei Beziehungen, aus denen die drei Zyklen hervorgehen (siehe Diagramm).

Die fünf Elemente und ihre Assoziationen

	Holz	Wasser	Feuer	Metall	Erde
Jahreszeit	Frühling	Winter	Sommer	Herbst	Zwischenphase
Richtung	Osten, Südosten	Norden	Süden	Westen, Nordwesten	Südwesten, Nordosten
Farbe	Grün	Schwarz	Rot	Weiß	Ocker
Form	Rechteck	Welle	Dreieck	Kreis	Quadrat
Energie	nach außen	absteigend	aufwärts	einwärts	seitwärts
Zahlen	3, 4	1	9	6, 7	2, 5, 8

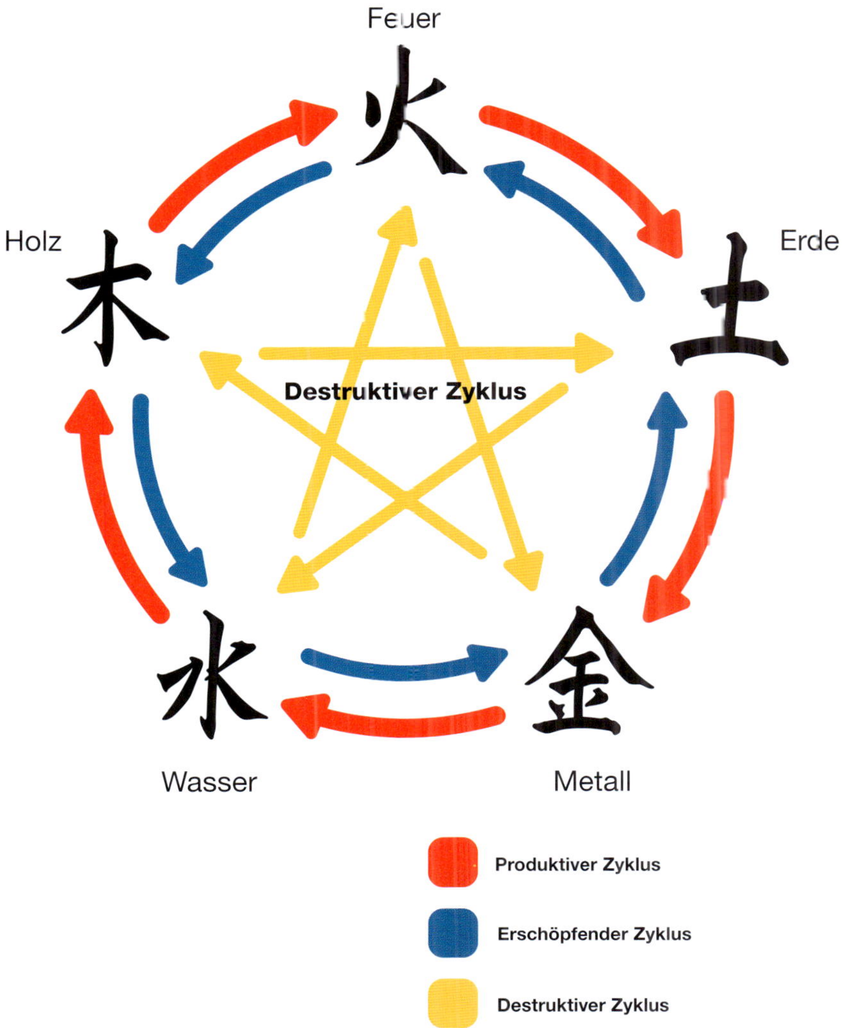

LINKS Dieses Diagramm zeigt die drei Zyklen der fünf Elemente und ihre Beziehungen zueinander. Im destruktiven Zyklus wird beispielsweise Holz von Metall zerstört, während das Holz die Erde zerstört; aber im produktiven Zyklus wird Feuer vom Holz, Holz vom Wasser usw. erzeugt.

- Um die Ecken des Bagua zu aktivieren, nutzen Sie den produktiven Zyklus der fünf Elemente.

- Um schlechtes Chi in den Ecken des Bagua zu heilen, verwenden Sie den erschöpfenden Zyklus.

- Um tötendes Chi vollständig zu beseitigen, nutzen Sie den destruktiven Zyklus.

Wie wichtig die fünf Elemente bei der Lebensplanung sind, wird Ihnen zunehmend klar werden, wenn Sie dieses Buch durcharbeiten. Wichtig ist das Element jeder Richtung, wie die Abbildung auf Seite 19 es zeigt. Das ist die Basis, auf der alle Methoden des Feng Shui beruhen. Achten Sie darauf, dem Element jeder Ecke nicht zu schaden. Wasser im Süden löscht zum Beispiel das Feuer, während Holz es anfacht. Eine Lampe stärkt die Erd-Ecke, während Pflanzen sie schwächen.

Symbole der Elemente

Jedes der fünf Elemente lässt sich durch Symbole darstellen, welche die Schönheit und Harmonie Ihres Heimes steigern und die Glücksbereiche aktivieren.

Wasser-Symbole für Wasser-Energie

Wasser eignet sich am besten dafür, den Norden zu stärken und Glück in den Osten und Südosten zu ziehen. Es muss nichts Großes oder Kunstvolles sein, und auch teure Fische sind nicht notwendig. Feng Shui unterscheidet zwischen Yin-Wasser, das ruhig ist und weder Fische noch Pflanzen beherbergt, und Yang-Wasser, das sich bewegt und lebendiges Chi enthält, in der Regel also mit Sauerstoff versorgt wird und Fische oder Pflanzen ernährt.

Um Wohlstand zu fördern, sollten Sie nur Yang-Wasser verwenden. Seit einigen Jahren gibt es Wasserspiele aller Art zu

kaufen, weil immer mehr Menschen den großen Nutzen des Feng Shui erkennen.

Kristalle für Erd-Energie

Erd-Energie stärken Sie am besten mit Kristallen, die aus der Erde kommen und ihre stärkste Manifestation sind. Sie passen besonders gut in den Südwesten (Romantik). Zwei schöne große Rosenquarzkristalle (oder zwei Rosenquarzherzen) sind vorzüglich geeignet, denn dieser Kristall ist mit bedingungsloser Liebe und mit dem Herzchakra verbunden. Der Nordosten ist ebenfalls ein Erdbereich. Hier fördert ein klarer Quarzkristall die Gelehrsamkeit und die Ausbildung der Kinder.

Pflanzen für Holz-Energie

Pflanzen sind hervorragende Symbole des Elements Holz im Osten und Südosten. Sie aktivieren auch das Feuer im Süden. Lebende junge Pflanzen stehen für Wachstum nach oben und außen.

Es ist sehr wichtig, dass sie üppig und gesund aussehen. Sorgen Sie also für genügend Wasser und Nährstoffe. Tote oder sterbende Pflanzen erzeugen kein gutes Chi. Junge Pflanzen mit breiten Blättern

LINKS UND GEGENÜBER
Dies sind Beispiele für Gegenstände, die Elemente symbolisieren. Im Feng Shui können Sie die Elemente kreativ nutzen, sofern Sie nicht übertreiben. Zu viel Feuer verbrennt Sie, und in zu viel Wasser können Sie ertrinken. Ausgewogenheit und Harmonie sind bei der Gestaltung von Räumen unabdingbar.

sind ideal, blühende Pflanzen symbolisieren das Blühen Ihrer Pläne.

Licht für Feuer-Energie

Licht ist eines der wirksamsten Feng-Shui-Werkzeuge; nur wenige andere kommen ihm gleich. Es lohnt sich, das Licht in den Ecken, die von Feuer-Energie profitieren (Süden, Nordosten und Südwesten), Tag und Nacht brennen zu lassen.

- Helles Licht im Süden bringt Ruhm und Anerkennung.

- Helles Licht im Südwesten bringt Liebe, Romantik und fröhliche Familienfeste.

- Helles Licht im Nordosten fördert die Bildung.

- Kerzen sind ebenfalls sehr gute Feuer-Symbole.

Windspiele für Metall-Energie

Münzen sind vorzügliche Symbole für die Metall-Energie im Westen und Nordwesten. Sie aktivieren auch das Element Wasser im Norden. Drei goldene chinesische Münzen, mit rotem Zwirn oder Band zusammengebunden, symbolisieren die belebende Feuer-Energie perfekt. Kleine Windspiele (Klangspiele), Vasen und Schalen aus Metall und sogar metallene Stereoanlagen aktivieren die Metall-Energie ebenfalls.

Chinesische Astrologie

Die chinesische Astrologie bestimmt das Schicksal eines Menschen anhand seines Geburtszeitpunktes (Stunde, Tag, Monat und Jahr). Das Jahr wird auch im Feng Shui benutzt; es legt das Tierkreiszeichen fest, das jedem Menschen ein Element und eine Kua-Zahl vermittelt. Damit kann man gute und schlechte Orte ermitteln.

Der chinesische Tierkreis wird in 12 Zeitphasen eingeteilt; aber im Gegensatz zum westlichen Zodiakus, dessen Perioden rund einen Monat umfassen, regiert jedes der 12 Tiere im chinesischen Tierkreis ein ganzes Jahr, und zwar vom lunaren Neujahr Ende Januar oder Anfang Februar an. Diese Tiere sind Ratte, Ochse, Tiger, Hase, Drache, Schlange, Pferd, Ziege, Affe, Hahn, Hund und Schwein.

Jahr der Ratte (Wasser)

1924, 1936, 1948, 1960, 1972, 1984, 1996, 2008

Jahr des Ochsen (Erde)

1925, 1937, 1949, 1961, 1973, 1985, 1997, 2009

Jahr des Tigers (Holz)

1926, 1938, 1950, 1962, 1974, 1986, 1998, 2010

Jahr des Hasen (Holz)

1927, 1939, 1951, 1963, 1975, 1987, 1999, 2011

Jahr des Drachens (Erde)

1928, 1940, 1952, 1964, 1976, 1988, 2000, 2012

Jahr der Schlange (Feuer)

1929, 1941, 1953, 1965, 1977, 1989, 2001, 2013

Die Tabelle unten zeigt, welches Tier Ihrem Geburtsjahr zugeordnet ist. Wenn Sie vor dem lunaren Neujahr geboren wurden, ist Ihnen das Tier des vorangegangenen Jahres zugeordnet. Angenommen, Sie wurden am 2. Januar 1946 geboren. Dann ist der Hahn Ihr astrologisches Zeichen. Jedes Tier wird außerdem mit einem Element verbunden. Wenn Sie Ihr Feng Shui planen, können Sie mit Ihrem Tierkreiszeichen und Element arbeiten, um das günstigste Chi zu erzeugen.

Mit dem Zodiakus können Sie außerdem Kua-Zahlen berechnen (siehe Seite 59–60), die Ihre günstigen und ungünstigen Richtungen enthüllen. Dank der Kua-Zahl können Sie Elemente, Richtungen und Symbole nutzen, um in Harmonie mit Ihrer Umwelt zu leben und Feng Shui auf Sie zuzuschneiden.

Die Kua-Zahl verrät Ihnen darüber hinaus auch, welche Richtungen Ihnen Wohlstand, Romantik, Gesundheit und Erfolg im Beruf bringen, ob Ihr Heim auf Ihre persönliche Energie abgestimmt ist und welche Richtungen Ihnen schaden oder Unglück bringen und Feinde oder große Verluste anziehen.

Dieses System wird auch »Acht-Häuser-Feng-Shui« genannt (siehe Seite 56–65). Damit können Sie sofort positive Veränderungen in Ihrem Leben bewirken.

Jahr des Pferdes (Feuer)

1930, 1942, 1954, 1966, 1978, 1990, 2002, 2014

Jahr des Schafes (Erde)

1931, 1943, 1955, 1967, 1979, 1991, 2003, 2015

Jahr des Affen (Metall)

1932, 1944, 1956, 1968, 1980, 1992, 2004, 2016

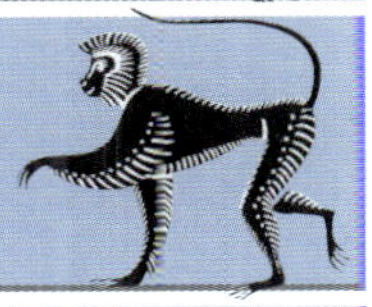

Jahr des Hahnes (Metall)

1933, 1945, 1957, 1969, 1981, 1993, 2005, 2017

Jahr des Hundes (Erde)

1934, 1946, 1958, 1970, 1982, 1994, 2006, 2018

Jahr des Schweines (Wasser)

1935, 1947, 1959, 1971, 1983, 1995, 2007, 2019

Feng-Shui-Symbolik

Feng Shui basiert auf einer defensiven Strategie. Sie schützt Ihr Heim und Ihr Büro vor »tödlichem Chi«, das schlechtes Feng Shui erzeugt und alle Ihre Bemühungen, gutes Feng Shui zu aktivieren und zu stärken, zunichte machen kann.

Feng Shui kennt viele Methoden, die ein Heim schützen. Sie reichen vom Aufstellen einer schützenden Figur bis zu komplexen Symbolen, kombiniert mit anderen Techniken. Es gibt mehrere Arten von tödlichem Chi, die unterschiedliche Maßnahmen erfordern. Schlechtes Chi wird von feindseligen Gebäuden und von unsichtbaren, ungreifbaren Kräften verursacht. Ein Yin-Yang-Ungleichgewicht ruft schlechtes Feng Shui hervor. Feng Shui zeigt Ihnen, wann es Zeit ist, Maßnahmen gegen Unglück und negative Energie zu ergreifen.

Die Symbolik spielt im Feng Shui eine große Rolle, und viele Symbole werden als Arzneimittel für mehrere Feng-Shui-Krankheiten benutzt. Die Chinesen kennen eine Reihe von Symbolen und Gottheiten, die sie »himmlische Wächter« nennen.

■ **Zhonk Kui** (oder Chong Kuei) schützt vor bösen Geistern. Er wird meist mit einem Schwert in der rechten und einem Weinbecher in der linken dargestellt. Obwohl er grimmig aussieht und gerne trinkt, ist er wachsam und weiß, welche Energie ihn umgibt. Als Figur in der Wohnung oder im Büro vertreibt er Menschen mit bösen Absichten.

■ **Kuan Kong**, vor allem Kuan Kong mit fünf Drachen, ist ein zorniger Gott, der Sie körperlich und spirituell schützt und darüber hinaus vor finanziellen Verlusten bewahrt.

RECHTS Kuan Kong, der chinesische Kriegsgott, gilt im Feng Shui als mächtiger Hüter des Hauses.

■ **Drachen, Schildkröten, Phönixe und Tiger**, die vier himmlischen Hüter eines Yin- oder Yang-Hauses, werden im Feng Shui hoch geschätzt. In der Natur symbolisieren sie die Hügel und Berge, die ein Gebäude umgeben; im Inneren sind sie mächtige, hilfreiche Symbole – abgesehen vom weißen Tiger, dem man sich fern halten sollte. Am beliebtesten und wichtigsten ist der Drache, eines der günstigsten Symbole. Sein Bild zieht gute Yang-Energie an.

Die schützende Wirkung von Schildkrötenfiguren schätzen viele Leute noch höher ein. Stellen Sie die Figuren in den Norden, am besten in die hintere Hälfte des Hauses, aber nicht in die Küche. Drachenschildkröten sind eine mächtige Verbindung beider Geschöpfe, denn sie erzeugen das mutige Chi des Drachens und das schützende Chi der Schildkröte.

■ Andere schützende Symbole sind z. B. ein Paar Fu-Hunde oder Chi Lin (mythische Kreaturen mit Drachenkopf, dem Körper eines Pferdes und Fischschuppen), sonstige grimmige Tiere und die mächtigen Türgötter.

LINKS Die Drachenschildkröte auf einem Münzenbett symbolisiert Schutz und Wohlstand. Die kleine Schildkröte auf der großen verheißt auch der nächsten Generation gutes Feng Shui.

Der richtige Platz

Schützende Symbole gehören an den richtigen Platz, am besten an die Haustür oder in deren Nähe, denn sie ist der Mund des Hauses, durch den Chi einströmt. Eine Kuan-Kong-Figur können Sie vor die Tür in den Flur stellen; dann fixiert sie jeden, der eintritt, mit ihrem zornigen Blick und schreckt selbst verstockte Geister und Diebe ab. Ein stehender oder sitzender Kuan Kong mit fünf Drachen aus Metall beseitigt viele Störungen, die mit dem Element Erde zu tun haben, denn Metall hält Erde im Zaum (siehe Seite 93–95).

In die Nähe der Haustür können Sie ein Bild von Zhong Kuei oder von Türgöttern hängen. Dort sind auch Fu-Hunde und Chi Lin am wirksamsten. Man stellt sie an beide Seiten der Hautür (auf den Boden oder etwas erhöht), damit sie das Haus vor bösen Menschen, Betrügern und Einbrechern schützen. Wenn Sie in einer Wohnung wohnen, stellen Sie die Figuren außen an die Tür. Das ist besonders wichtig, wenn die Tür sich gegenüber einem Aufzug befindet, der aggressives Chi von sich gibt. Wenn Ihr Grundstück ein Tor hat, stellen Sie die Fu-Hunde hoch auf das Tor mit Blick nach draußen, auch um Glück anzuziehen.

Verwenden Sie nicht zu viele Schutzsymbole, es sei denn, Ihr Haus ist sehr groß. Die Zahl der Symbole sollte zur Größe des Raumes passen, denn Ausgewogenheit ist wichtig.

UNTEN Fu-Hunde stellt man am besten an beide Seiten der Haustür. Die Hündin (mit Welpe) steht rechts, der Rüde (mit der Kugel) links, und beide blicken nach draußen.

Feng Shui mit dem Kompass

Das echte chinesische Feng Shui benutzt immer einen Kompass. Fortgeschrittene verwenden den Lo Pan (einen Feng-Shui-Kompass), aber bei uns im Westen ist für Anfänger auch ein normaler Kompass geeignet.

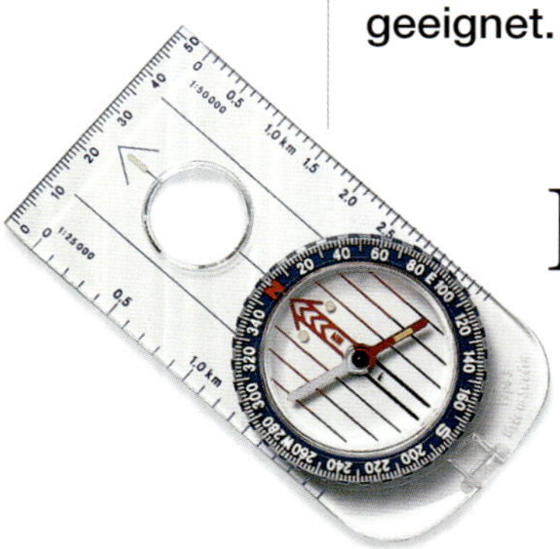

OBEN Bestimmen Sie Richtungen mit einem guten Kompass. Genauigkeit ist im Feng Shui unerlässlich.

Das Acht-Häuser-Feng-Shui (siehe Seite 65) benutzt Schablonen, aus denen man ablesen kann, wie das Glück sich in einem Haus verteilt und wie es sich mit der Richtung der Haustür verändert. Verwechseln Sie diese Schablonen nicht mit den Trigrammen und den Diagrammen des Fliegenden Sterns (bei dem es auf die Ausrichtung des ganzen Hauses ankommt).

Um zu bestimmen, wie Ihr Haus ausgerichtet ist, brauchen Sie einen Kompass. Die Ausgabe für einen guten Kompass lohnt sich; denn er muss zuverlässig und präzise sein und eine gut lesbare Gradeinteilung haben. Beim Feng Shui sollte man zur Sicherheit drei Mal genau messen.

Meist wird die Ausrichtung eines Hauses an der Eingangstür bestimmt. Dabei stehen Sie innen und schauen geradewegs hinaus, denn in dieser Richtung liegt gewöhnlich die Hauptstraße, die Quelle maximaler Yang-Energie.

Manchmal zeigt die Haustür jedoch in eine andere Richtung als das Haus. In diesem Fall müssen Sie die Ausrichtung nach mehreren möglichen Kriterien bestimmen.

- Die Richtung des Hauses ist möglicherweise die Richtung der Hauptstraße, wenn die Haustür sich an der Seite des Hauses gegenüber einer Garage oder Wand befindet;
- die Richtung, in der sich ein großes Fenster befindet, von dem aus die Sicht am besten ist;
- die Richtung einer Veranda vor dem Erdgeschoss;
- die Richtung der Einfahrt zum Haus.

In der Regel ist es kein Problem, die Ausrichtung eines Hauses oder Bungalows zu bestimmen. Nur bei Wohnhäusern mit mehreren Eingängen kann es schwieriger sein. Sehen Sie nach, welche Seite des Hauses zur Hauptstraße oder zur besten Aussicht geht, und nehmen Sie diese Seite als Richtung des Gebäudes. Im Zweifel sehen Sie sich mehrere Grundrisse an und stellen fest, welcher am besten zum Haus passt.

Sobald Sie wissen, in welche Richtung die Tür und das Haus zeigen, können Sie die Sitzrichtung bestimmen, die der Blickrichtung entgegengesetzt ist. Wenn das Haus also nach Norden »schaut«, sitzt es im Süden, wenn es nach Osten »schaut«, sitzt es im Westen usw. Jetzt sind Sie bereit, mit dem Kompass zu arbeiten.

Günstige Richtungen im Acht-Häuser Feng Shui

Die Diagramme des Acht-Häuser-Feng-Shui zeigen, wie das Glück in einem Gebäude verteilt ist. Dies ist ein Teil der Kua-Methode, die günstige und ungünstige Richtungen für Individuen bestimmt.

Die Blick- und die Sitzrichtung sind sehr wichtig, wenn Sie die Kua-Methode für Ihr persönliches Feng Shui nutzen wollen (siehe Seite 59–61).

Das gilt vor allem für die Aufstellung der Möbel. Jeder Bewohner des Hauses sollte seine günstige Richtung kennen und davon profitieren.

Wenn wir von günstigen Richtungen sprechen, meinen wir sowohl die Blick-, als auch die Sitzrichtung. Es ist wichtig, sich darüber im Klaren zu sein, um welche Richtung es geht, wenn Sie Ihr Heim umgestalten.

Manchmal ist sowohl die Blick- als auch die Sitzrichtung günstig für Sie. Wenn Sie zum Beispiel im Süden sitzen, blicken Sie nach Norden; darum sind beide Richtungen vorteilhaft, sofern Sie ein Ost-Typ sind (mehr darüber erfahren Sie auf Seite 61). Wenn Sie ein West-Typ sind, im Nordosten sitzen und nach Südwesten schauen, sind ebenfalls beide Richtungen günstig für Sie.

Es kommt jedoch vor, dass nur die Sitz- oder nur die Blickrichtung gut für Sie ist. Wenn Sie beispielsweise nach Westen blicken, sitzen Sie im Osten, und wenn Sie nach Nordwesten schauen, sitzen Sie im Südosten. Diese Richtungen liegen miteinander im Konflikt, weil sie unterschiedliche Typen ansprechen. In solchen Fällen ist die Blickrichtung wichtiger.

LINKS Schauen Sie beim Sitzen in Ihre günstigste Richtung, um Glück anzuziehen.

Das Lo-Shu-Quadrat

Das Lo-Shu-Quadrat ist eines der wirksamsten Feng-Shui-Symbole, die in den letzten Jahren im Westen bekannt wurden. Dieses Quadrat – ein Raster aus drei mal drei Zahlen – hilft Ihnen, die Geheimnisse des Pa Kua und des Kompasses zu lüften.

UNTEN
Dieses Lo-Shu-Quadrat der neun Zahlen mit der 5 in der Mitte ist der Schlüssel zu vielen komplexen Feng-Shui-Methoden. Es zeigt auch die Himmelsrichtungen und die Farben, die den Zahlen zugeordnet sind. Das Diagramm daneben veranschaulicht den »Flug der Zahlen« (siehe Seite 31).

Betrachten Sie die Abbildungen unten, und studieren Sie die Anordnung der Zahlen in den neun Feldern. Die Zahl in der Mitte ist 5, eine Erd-Zahl, welche die unteren von den oberen Zahlen trennt. Jede Dreierreihe – waagerecht, senkrecht und diagonal – ergibt als Summe 15.

Lo-Shu-Zahlen und Richtungen

Das Lo-Shu-Quadrat gibt jeder der acht Richtungen des Pa Kua eine Zahl. Die 9 ist zum Beispiel die Zahl des Südens, die 1 ist die Zahl des Nordens.

Die Zahlen aller acht Kompassrichtungen sind: 9 Süden, 1 Norden, 3 Osten, 7 Westen, 2 Südwesten, 8 Nordosten, 4 Südosten, 6 Nordwesten (siehe unten links). Da die 5 im Zentrum liegt, ist ihr keine Richtung zugeordnet.

Die Zahl, die einer Himmelsrichtung entspricht, wird ermittelt, indem man das Lo-Shu-Quadrat mit seinen Zahlen auf das Pa Kua legt. Diese Zahlen symbolisieren die numerische Energie der Felder.

Kombiniert man sie mit den fünf Elementen, folgt daraus:

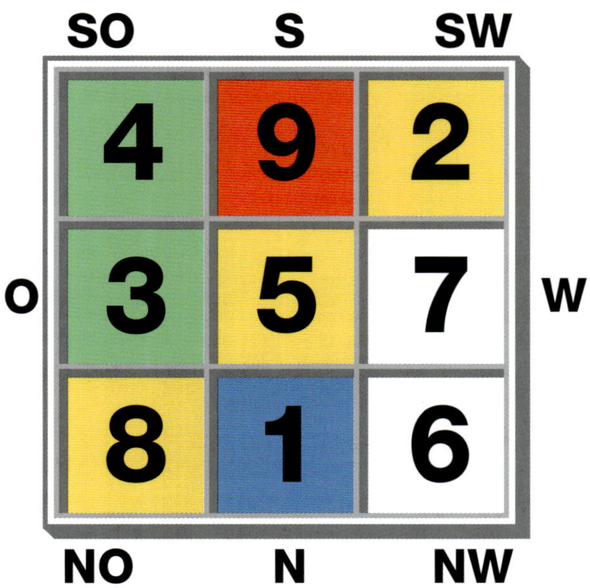

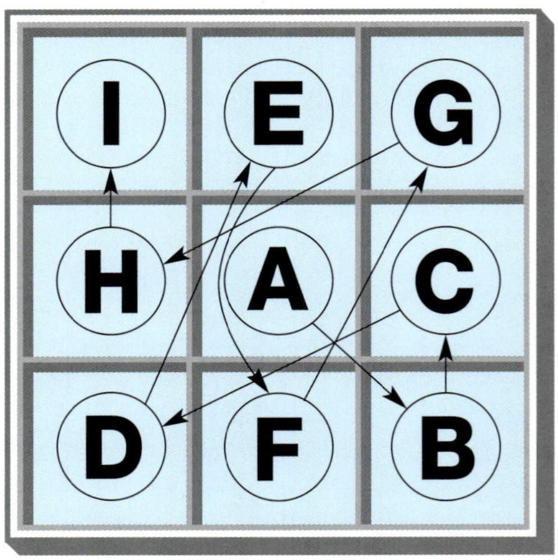

■ Bringen Sie im Norden ein Wasserobjekt unter, weil dort die 1 steht und Wasser das Element des Nordens ist.

■ Hängen Sie ein Windspiel mit 6 Röhren im Nordwesten auf, weil dort die 6 steht und Metall das Element des Nordwestens ist.

■ Stellen Sie ein Paar Kristall-Enten in den Südwesten, weil dort die 2 steht und die Erde (daher Kristalle) das Element des Südwestens ist.

■ Legen Sie acht Kristalle in den Nordosten, weil dort die 8 steht und Erde auch das Element des Nordostens ist.

■ Legen Sie sieben Münzen in den Westen, weil dort die 7 steht und Metall das Element des Westens ist.

■ Bringen Sie neun Laternen im Süden an, weil dort die 9 steht und Feuer das Element des Südens ist.

■ Stellen Sie vier Pflanzen in den Südosten, weil dort die 4 steht und Holz das Element des Südostens ist.

■ Stellen Sie drei Pflanzen in den Osten, weil dort die 3 steht und Holz das Element des Ostens ist.

Lo-Shu-Zahlen und Farben

Auch zwischen Zahlen und Farben besteht eine Beziehung. Darum ist die 1 blau und die 9 rot. Die 3 und die 4 sind grün, die 6 und die 7 weiß, die 2 und die 8 gelb.

LINKS Bei der Bewegung der Zahlen entstehen zwei aufeinander liegende Symbole mit je einer Spitze, gekreuzt von einer diagonalen Geraden. Das gesamte Symbol heißt »Siegel des Saturns« und wird im sehr fortgeschrittenen taoistischen Feng Shui als mächtiges Amulett benutzt, um totes Chi im Haus abzuwehren.

Lo-Shu-Zahlen und Symbole

Neben der Zahlensymbolik und ihren Beziehungen zu Richtungen, Elementen und Farben ist es auch wichtig, der Bewegung der Zahlen vom Zentrum in die Felder zu folgen, wobei die aufsteigenden Zahlen als Führer dienen. Dabei bilden sich ebenfalls Symbole (siehe Abbildung oben). Betrachten Sie die 5 in der Mitte: Sie wird 6 im Nordwesten, dann 7 im Westen; dann springt sie als 8 in den Nordosten, als 9 in den Süden, als 1 in den Norden, als 2 in den Südwesten, als 3 in den Osten und als 4 in den Südosten. Die linke Abbildung auf Seite 30 zeigt dies als Bewegung von A nach B und nach C und so weiter.

Diese Bewegung wird als »Flug der Zahlen« genannt, weil die Zahlen von einem Feld zum anderen fliegen. Daraus können Sie eine Karte des Glücks für jedes Gebäude und jeden Zeitraum erstellen, sofern Sie die zentrale Lo-Shu-Zahl für ein Jahr, einen Monat oder einen Tag kennen.

Die wirksamsten Feng-Shui-Methoden

Wenn Sie mit dem Pa Kua (Seite 42–55) vertraut sind, können Sie auch wirksamere Methoden anwenden, um Ihr Leben in den Griff zu bekommen. Dabei arbeiten Sie mit Ihren persönlichen Richtungen und Elementen. Drei dieser Techniken möchte ich hier kurz vorstellen.

1. Die Acht Häuser (siehe Seite 56–65)

Mit dieser Methode teilen Sie Menschen in West- und Ost-Typen ein. Beide Gruppen haben ihre eigenen günstigen und ungünstigen Richtungen, Zahlen, Trigramme und Häuser.

Anhand Ihres lunaren Geburtsjahres und Ihres Geschlechts können Sie Ihre Kua-Zahl ermitteln.

UNTEN Dies ist ein Beispiel für eine Acht-Häuser-Schablone. Der schwarze Pfeil zeigt, wie das Haus ausgerichtet ist. Die blauen Felder nennen die vier guten Richtungen, die roten die vier schlechten.

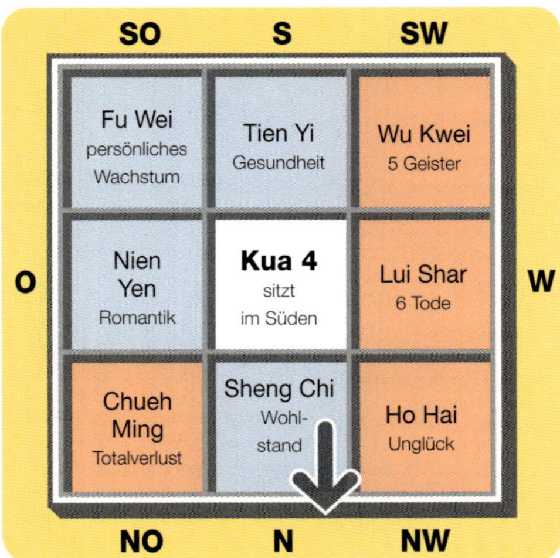

Dann wissen Sie:

- ob Sie zur Ost- oder zur Westgruppe gehören,
- welches Ihre günstigen und ungünstigen Richtungen sind,
- wie Ihr Glücks-Trigramm aussieht,
- welches Ihre Glückszahl ist.

Mit den Acht Häusern können Sie Feng Shui individuell anwenden. Sie brauchen nur einen Kompass und die oben erwähnten Informationen, um Häuser, Räume, Richtungen und Ecken auszuwählen, die Ihnen maximales Glück bringen, und Sie können verhindern, dass Sie in ungeeigneten Häusern oder ungünstigen Zimmern wohnen oder sich ungünstigen Richtungen zuwenden.

2. Die Häuser-Trigramme (Seite 66–81)

Die Häuser-Trigramme teilen Gebäude in acht Typen ein, wobei jeder Typ nach einem der acht Trigramme benannt wird.

Die kleinen Zahlen oben links stehen für Berg-Sterne. Sie enthüllen, welche Ecken günstig für gute Beziehungen sind.

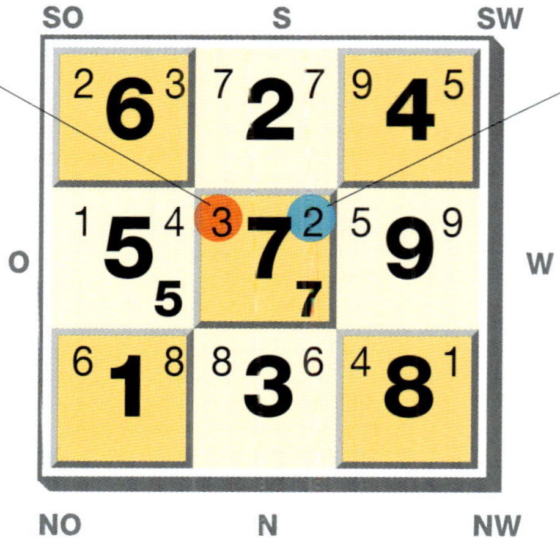

Die kleinen Zahlen oben rechts sind Wasser-Sterne. Sie enthüllen, welche Ecken Wohlstand anziehen.

LINKS Das ist eine typische Fliegender-Stern-Schablone für ein Haus. Lassen Sie sich davon nicht einschüchtern! Sie brauchen sich nur neun Zahlen zu merken. Sobald Sie diese Schablone lesen können, erlangen Sie enormes neues Wissen.

Diese Methode basiert auf der Sitzrichtung des Hauses (siehe Seite 28). Das Haus-Trigramm legt auch die Schablone fest, die dann in Verbindung mit dem Fliegenden Stern benutzt wird, um schlechte Sternkombinationen aufzuspüren, welche Krankheit und Verlust bringen. Mit dieser Methode entdecken Sie tödliches Chi, das sich mit der Zeit von selbst bildet.

Das Haus-Trigramm wird zusammen mit der Acht-Häuser-Schablone verwendet, um herauszufinden, ob ein Haus zu den Bewohnern und ihren Kua-Zahlen passt.

3. Der fliegende Stern (siehe Seite 82–109)

Diese hochwirksame Methode enthüllt, wie sich das Glück in einem Haus im Laufe der Zeit verändert, so dass Sie Ihr Leben entsprechend planen können. Damit entdecken Sie Glück und Unglück in den Neun Palästen des Hauses, darunter Sterne der Krankheit und des Verlustes.

Die Neun Paläste werden nach den Himmelsrichtungen bestimmt. Diese Methode basiert auf den Zahlen des Lo-Shu-Quadrats und verbindet Feng Shui mit Numerologie. Entscheidend ist, was die Zahlen 1 bis 9 und ihre Kombinationen bedeuten. Wenn Sie ein Geburtshoroskop mit dem Fliegenden Stern lesen, sehen Sie, wie wirksam Feng Shui sein kann, und wenn Sie Ihr Haus danach planen, sind Sie zumindest vor schlechtem Feng Shui geschützt.

Diese Methode ist besonders nützlich in Verbindung mit den Acht Häusern und dem symbolischen (taoistischen) Feng Shui.

Urteilen Sie selbst

Oft weichen die Empfehlungen der verschiedenen Methoden voneinander ab. In diesem Fall müssen Sie sich selbst ein Urteil bilden.
Wenn es nicht möglich ist, allen Kriterien zu genügen, wählen Sie den Rat, den Sie am einfachsten befolgen können.

Der Einfluss der Zeit auf das Feng Shui

Früher war das Feng-Shui des Fliegenden Sterns wenig bekannt, da die Meister es geheim hielten und weil man dafür den tausendjährigen Kalender und die Formel für die Erstellung der Schablonen brauchte. Heute wird der Fliegende Stern immer häufiger benutzt.

In den letzten Jahren wurde eine Menge Feng-Shui-Wissen enthüllt, darunter Informationen über die Jahres- und Monatsdiagramme, die Auskunft über das Glück verschiedener Häuser geben.

Auf Seite 36–37 finden Sie einen vereinfachten tausendjährigen Kalender (auch als HSIA-Kalender bekannt). Die beiden Tabellen ermöglichen es jedem, der ein wenig über den Fliegenden Stern weiß, die Lo-Shu-Zahlen für jedes Jahr und jeden Monat zu ermitteln und dann Horoskope zu erstellen. Das ist ein echter Durchbruch!

Die Jahres- und Monatsschablonen sehen immer wie ein Lo-Shu-Raster aus. Eine Jahresschablone zeigt einfach, welche neun Zahlen die acht Richtungen eines Jahres oder Monats regieren. Wenn Sie die Zahlen und ihre Bedeutung kennen, wissen Sie, ob sie einem Feld Glück oder Unglück bringen.

Das ist ein Frühwarnsystem, das auf Krankheiten, Einbrecher oder Unglücksfälle hinweist, so dass Sie geeignete Gegenmaßnahmen ergreifen und vorsichtig sein können.

Dies ist der aufregendste und gleichermaßen wertvollste Teil des zeitlichen Feng Shui. Sie brauchen nur Schablonen für einen Monat oder ein Jahr zu erstellen, um zu erfahren, ob zum Beispiel das Schlafzimmer oder das Büro gutes Chi oder eher krankmachendes Chi haben. Die Tabellen der Bedeutungen auf den Seiten 72 bis 80 helfen Ihnen dabei.

Genau das Gleiche gilt für die Tages- oder gar Stundenschablonen. Mithilfe der Lo-Shu-Zahlen einer Stunde oder eines Tages ermitteln Sie weitere Zahlen, die über das Glück der Stunde Auskunft geben. Natürlich wäre es aufwändig, jede einzelne Stunde zu analysieren; aber Sie haben jetzt eine Vorstellung davon, wie die alten Hofastrologen arbeiteten, um den Kaiser, den Sohn des Himmels, zu schützen.

Die Jahres- und Monatshoroskope basieren auf der herrschenden Lo-Shu-Zahl des jeweiligen Jahres oder Monats. Diese herrschenden Zahlen findet man im chinesischen Almanach verzeichnet. Daraus berechnet man Horoskope, indem man die herrschende Zahl in die Mitte des Quadrats setzt und dann mithilfe der fliegenden Zahlen des ursprünglichen Lo-Shu-Quadrats (siehe Seite 30) die anderen Felder mit Zahlen füllt.

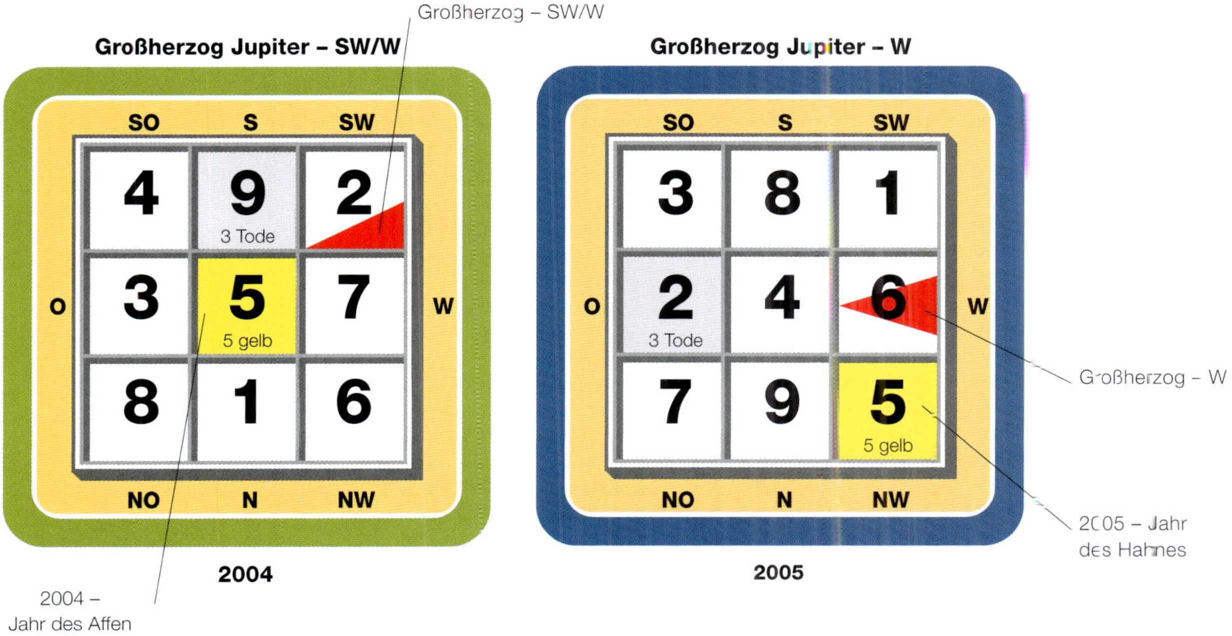

OBEN Die Jahresquadrate zeigen, dass der beste Teil im Jahr 2004 im Nordosten und im Jahr 2005 im Süden liegt, weil diese Bereiche von der 8, der günstigsten Zahl, besetzt werden.

Entscheidend ist also die zentrale Zahl des Jahres oder Monats.

Damit Sie verstehen, wie das Glück eines Raumes sich mit der Zeit ändern kann, habe ich oben die Lo-Shu-Quadrate für 2004 und 2005 abgedruckt. Die ungünstigen Felder sind markiert. Die Zahl 5 ist die herrschende Zahl für 2004 und steht daher in der Mitte. Das Quadrat für 2004 zeigt, dass der günstige Teil des Hauses in diesem Jahr im Nordosten liegt, der Gelehrsamkeit fördert.

Wenn die Haustür oder das Schlafzimmer im Nordosten liegen, haben Sie in diesem Jahr Erfolg. Leider ist die 5, die »tödliche gelbe 5« genannt wird (siehe Seite 102), ins Zentrum geflogen und bringt Menschen mit schwachem Glückszyklus in diesem Jahr Unglück. Es ist wichtig, Metall-Energie (z. B. Windspiele aus Metall) in der Mitte des Hauses unterzubringen. Da der Krankheitsstern 2 im Jahr 2004 den Südwesten besetzt, sollte man dort das ganze Jahr lang metallene Windspiele aufhängen.

Es ist auch nicht ratsam, mit Blick nach Südwesten zu sitzen, da der Großherzog Jupiter dort residiert (siehe Seite 101). Renovierungen im Südwesten sind ebenfalls nachteilig.

Im Jahr 2005 ist der Krankheitsstern in den Osten geflogen, also ins Feld der drei Tode (siehe Seite 103). Der Osten ist jetzt ungünstig, und wenn Ihre Haustür oder das Schlafzimmer sich dort befinden, droht Unglück. Metall-Energie (kein Windspiel, weil es die drei Tode aktiviert) wäre hilfreich. Die tödliche gelbe 5 fliegt nach Nordwesten und bringt dort Unglück. Davon ist auch der Patriarch der Familie betroffen.

Im Jahr 2005 ist der Süden der Glücksbereich. Wenn Ihr Schlafzimmer oder die Haustür sich dort befindet, steht Ihnen ein sehr gutes Jahr bevor, weil die 8 von 2004 bis 2024 eine sehr gute Zahl ist.

Das Feng-Shui-Horoskop

Mit der Tabelle links können Sie die herrschende Lo-Shu-Zahl eines Jahres bestimmen und dann ein Horoskop für dieses Jahr erstellen. Dies ist die »Glückskarte« für jedes Haus oder Gebäude.

Lo Shu Zahlen für die Jahre 2001 bis 2023

Jahr	regierende Zahl
2001	8
2002	7
2003	6
2004	5
2005	4
2006	3
2007	2
2008	1
2009	9
2010	8
2011	7
2012	6
2013	5
2014	4
2015	3
2016	2
2017	1
2018	9
2019	8
2020	7
2021	6
2022	5
2023	4

Bis vor kurzem wussten nur sehr wenige Menschen, wie leicht es ist, das Lo-Shu-Jahreshoroskop zu erstellen. Die Lo-Shu-Zahl (»regierende Zahl«) für jedes Jahr steht im chinesischen Almanach, dem die Tabelle entnommen ist. Sie können jetzt also Ihre Jahreshoroskope immer selbst berechnen.

Wenn Sie die regierende Zahl mit den Trigrammen auf Seite 70 verbinden, sehen Sie, wie die Lo-Shu-Zahlen (auch »fliegende Sterne« genannt) jeden Raum Ihres Hauses beeinflussen. Mit den Tabellen der Bedeutungen (siehe Seite 72–80) können Sie die Wirkungen dieser Zahlen analysieren, und die Berg- und Wassersterne (siehe Seite 82–109) geben weitere Auskünfte über Glück und Unglück im Haus. Diese Kombinationen gelten auch für die Monatszahlen jedes Feldes; damit können Sie jeden Monat feststellen, wie viel Glück Ihr Haus, Ihr Geschäft oder Ihr Büro haben wird. Probieren Sie es – Sie werden überrascht sein, wie genau das System letzlich ist. Wenn zum Beispiel die monatliche und die jährliche 8 in dem Feld zusammenfließen, in dem sich der Eingang Ihres Geschäftes befindet, schnellt der Umsatz in die Höhe. Liegt dort jedoch die 5, sinkt der Umsatz gewiss – es sei denn, Sie unternehmen etwas dagegen! Diese Möglichkeit ist der große Vorteil des Feng-Shui-Horoskops.

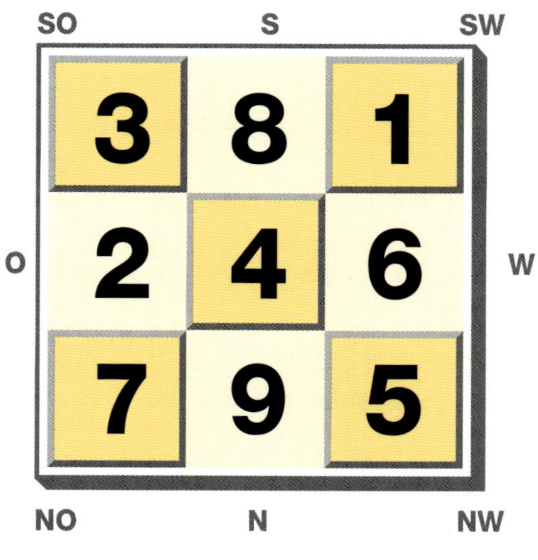

RECHTS Dieses Quadrat ist das Lo-Shu-Quadrat für das Jahr 2005. Die 4 steht in der Mitte. Die Zahlen bewegen sich jährlich um das Quadrat herum, und zwar in einem Muster, das »Zahlenflug« heißt.

Im Beispiel unten links ist die 4 die herrschende Zahl des Jahres 2005. Das Lo-Shu-Quadrat für dieses Jahr basiert also auf der 4 als zentraler Zahl. Versuchen Sie nun herauszufinden, wie das Horoskop für 2005 erstellt wird. Die nächste Zahl, die 5, liegt im Nordwesten, dann folgt die 6 im Westen usw. Die Reihenfolge der Zahlen richtet sich nach der Reihenfolge der Richtungen, genau wie beim ursprünglichen Lo-Shu-Quadrat (Seite 30) mit der 5 in der Mitte.

Man spricht hier vom »Zahlenflug« im Lo-Shu-Quadrat. Das Flugmuster ist sehr einfach, und wenn Sie es verstanden haben, kennen Sie die Basis der Feng-Shui-Astrologie und können den Kompass besser nutzen.

Das Feng-Shui-Monatshoroskop

Wenn Sie mit den Sternzahlen des Jahres umgehen und Jahreshoroskope erstellen können, sind Sie bereit für die Monatshoroskope.

Auch dafür brauchen Sie die regierenden Zahlen, diesmal aus dem HSIA-Kalender, der sich vom Mondkalender unterscheidet, so dass der erste Monat jedes Jahres am 4. Februar beginnt. Dieser Tag heißt »Lap Chun, »erster Frühlingstag«. Manchmal ist es der 5. Februar, aber die Daten für die einzelnen HSIA-Kalendermonate sind ziemlich genau. Mit der wertvollen Tabelle (unten) können Sie das Horoskop für jeden Monat der nächsten tausend Jahre berechnen!

Sobald Sie die Monatszahlen jedes Feldes auf dem Raster – dem Symbol Ihres Hauses – kennen, beherrschen Sie die komplexeren Feng-Shui-Methoden.

Bleiben Sie beharrlich, selbst wenn Ihnen das alles am Anfang schwer fällt. Es ist nicht schwierig, aber Sie müssen sich konzentrieren. Für diesen Aspekt des Feng Shui benötigen Sie einen Kompass und den Lo Pan. Es ist eine sehr wirksame Technik, um das Feng Shui eines Gebäudes detailliert zu planen und um herauszufinden, warum Sie in manchen Monaten Glück und in anderen Unglück hatten. Wichtig sind auch die Maßnahmen gegen ungünstige Zahlen in einzelnen Feldern.

Lo-Shu-Monatszahlen für verschiedene Jahre

Monat	Monatsbeginn	Lo-Shu-Zahl im Jahr der Ratte, des Hasen, des Pferdes und des Hahns	Lo-Shu-Zahl im Jahr des Hundes, des Schafes, des Drachens und des Ochsen	Lo-Shu-Zahl im Jahr des Tigers, der Schlange, des Schweins und des Affen
1	4. Februar	8	5	2
2	6. März	7	4	1
3	5. April	6	3	9
4	6. Mai	5	2	8
5	6. Juni	4	1	7
6	7. Juli	3	9	6
7	8. August	2	8	5
8	8. September	1	7	4
9	8. Oktober	9	6	3
10	7. November	8	5	2
11	7. Dezember	7	4	1
12	6. Januar	6	3	9

Anmerkung:
Die Daten können um einen Tag mehr oder weniger variieren. Die Tabelle ist eine Zusammenfassung des tausendjährigen Kalenders, der genauere Auskunft über günstige Monate und Jahre gibt.

Bevor Sie anfangen

Der beste Beginn einer Feng-Shui-Analyse ist das »große Bild«. Achten Sie auf den Gesamteindruck, und untersuchen Sie die äußere Umgebung, ehe Sie sich mit Details befassen. Machen Sie Fotos, die das Gebäude aus allen Winkeln zeigen.

Die Kamera fängt erstaunlich viele Aspekte ein, die dem bloßen Auge entgehen. Wenn Sie beispielsweise an der Haustür stehen und fotografieren, was direkt vor Ihnen liegt, können Sie Hindernisse und ungünstige Einflüsse sofort identifizieren. Am besten ist es, wenn Sie auf freies Feld oder einen offenen Platz schauen. Sollten Sie draußen in den einsehbaren Bereichen schädliche Objekte entdecken, müssen Sie die Eingangstür schützen. Dies geschieht, indem Sie die Sicht auf die Tür versperren oder ungünstige Energie durch andere Objekte ablenken.

Um herauszufinden, wie das Chi im Haus fließt, brauchen Sie sich nur zu konzentrieren. Wenn Sie in der Haustür stehen und nach draußen schauen, sollten Sie spüren, ob die einfließende Energie gut oder schlecht ist. Gute Energie oder Sheng Chi ist der kosmische Atem des Drachens. Schlechtes oder tödliches Chi heißt Shar Chi. Gutes Chi kann auch Wang Chi – reifendes Chi – sein, schlechtes Chi kann auch negatives oder totes Chi sein. Sobald Sie sich dieser Energien bewusst sind, können Sie das Innere Ihres Hauses optimal gestalten.

RECHTS Dies ist eine moderne Küche ohne Gerümpel und mit wundervoll fließendem Chi. Wenn Ihre Küche gutes Feng Shui hat, bleibt die ganze Familie gesund.

Zeichnen Sie einen Grundriss

Der Grundriss einer Wohnung zeigt Ihnen die Lage jedes Zimmers in Bezug auf die anderen Räume. Außerdem können Sie daraus ablesen, wie die Energie im Haus fließt. Achten Sie bei der Analyse eines Hauses auf Formen, Farben, Linien, Abmessungen und die Positionen von Gegenständen und Möbeln. Fühlen Sie sich in einem Zimmer wohl oder unwohl? Sie werden überrascht sein, wie viele Aspekte Sie normalerweise übersehen.

Entrümpeln Sie

Feng-Shui-Experten sind sich darüber einig, dass Gerümpel kein gutes Feng Shui anzieht und darüberhinaus sogar Glück und Erfolg blockiert. Bevor Sie die einzelnen Feng-Shui-Methoden lernen und dann anwenden, sollten Sie also zuerst das Haus entrümpeln. Ein Haus muss nicht klinisch sauber sein; aber wenn Sie im Wohnzimmer und im Schlafzimmer alte Zeitungen und Zeitschriften, schmutzige Kleider und andere Dinge stapeln, kann das Chi mit Sicherheit nicht frei fließen. So wie ein gestörter Chi-Fluss im Körper uns krank macht, schadet uns auch stagnierende Energie im Haus.

Das Entrümpeln hat großen therapeutischen Wert. Versuchen Sie es einmal, wenn Sie träge sind. Räumen Sie den Schreibtisch auf, heften Sie alle Briefe ab, und werfen Sie das viele Zeug weg, das sich mit der Zeit ansammelt. Sie werden sich bald deutlich wohler fühlen! Im Schlafzimmer erzeugen Gerümpel unter dem Bett und ein mit Kleidern überfüllter Schrank schlechtes Feng Shui, das den Schlaf stört. Werfen Sie alte und unmoderne Kleider weg, denn solange Sie keinen Platz für neue Kleider schaffen, stagniert Ihre Energie.

Locken Sie kein Ungeziefer an, denn es bringt negative Energie mit. Nichts schadet dem Feng Shui so sehr wie abgestandenes Essen und schmutziges Geschirr. Die links abgebildete Küche ist sauber und sieht ansprechend aus. Hier kann man in einer reinen und positiven Umgebung kochen. Jeder Raum in Ihrem Haus sollte einladend wirken und frei von Gerümpel sein.

OBEN In dieser Küche befindet sich ziemlich viel Gerümpel, das die Chi-Energie stört. Hier sollte man nicht nur aufräumen, sondern auch die Teller entfernen, die knapp unter der Decke angebracht sind.

Kein Grund zur Verwirrung

Die verschiedenen Feng-Shui-Systeme haben ein wenig Verwirrung gestiftet, vor allem weil das zunehmende Interesse am Feng Shui in den letzten Jahren eine wahre Bücherflut ausgelöst hat.

Verwirrung löst meist die Frage aus, welche Methoden man anwenden soll, wie Richtungen bestimmt werden, welche Symbole an welchen Stellen hilfreich sind und wie man mit unterschiedlichen Ratschlägen umgeht. Denken Sie immer daran, dass Feng Shui sowohl eine Wissenschaft als auch eine Kunst ist.

Manchmal sind technische Analysen und komplizierte Berechnungen notwendig, ein andermal müssen Sie fast instinktiv unter mehreren Möglichkeiten wählen. Feng Shui ist im Wesentlichen ein Diagnoseverfahren, das kritisches Urteil, Erfahrung und eine ordentliche Dosis Vernunft und gesunden Menschenverstand erfordert.

Wer heute Feng Shui anwendet, muss ein altes, traditionelles System einer modernen Umwelt anpassen. Das betrifft nicht allein die Theorie. Nur wenn Feng Shui mit einem Auge für moderne städtische Landschaften interpretiert wird, sind gute Ergebnisse möglich. Wir müssen die Richtlinien des Feng Shui also im Lichte der heutigen Lebens- und Arbeitsbedingungen anwenden.

Zu den Problemen, die Verwirrung stiften, gehören unter anderem die Folgenden:

1. Richtungen bestimmen

Wenn in Feng-Shui-Texten von Richtungen die Rede ist, sind immer die Richtungen gemeint, die vom Kompass abgelesen werden, nicht der Blick aus der Haustür und nicht der Sonnenaufgang oder -untergang. Es kommt auch nicht darauf an, ob Sie auf der nördlichen oder südlichen Hemisphäre leben. Yang-Gebäude wie Häuser und Büros (siehe Seite 12–13) kann man mit jedem guten westlichen Kompass vermessen. Denken Sie daran, dass der Süden bei Feng-Shui-Diagrammen immer oben ist.

2. Welche Richtung ist wichtig?

Beim Acht-Häuser-Feng-Shui sollte die Richtung jeder häufig benutzten Tür günstig im Sinne der Kua-Zahl sein (siehe Seite 59–60). Beim Fliegenden Stern müssen Sie jedoch selbst spüren, ob Sie die Richtung der Haustür oder die des ganzen Hauses verwenden.

3. Das Auflegen des Lo-Shu-Rasters

Wenn Sie Richtungen im Haus oder Büro bestimmen, müssen Sie das Lo-Shu-Quadrat auf einen Grundriss legen, um die Kompassrichtungen jeder Ecke ermitteln zu können. Das gilt auch für unregelmäßige Grundrisse; obwohl es in diesem Fall natürlich fehlende und vorstehende Ecken gibt, die einzeln analysiert werden.

4. Der richtige Platz für Symbole

Wenn Sie dekorative Symbole aufstellen, die eine günstige, schützende oder heilende Wirkung haben, müssen Sie zuerst den Zweck des Symbols kennen.
Der Platz ist in der Regel wichtiger als die Richtung.

5. Raum und Zeit

Beide Dimensionen sind wichtig. Darum müssen Sie das Feng Shui jährlich analysieren, um sicherzustellen, dass es nicht von ungünstigen zeitlichen Einflüssen gestört wird.

LINKS Das traditionelle landschaftliche Feng Shui muss unserem modernen Leben angepasst werden. Gebäude gelten daher als Berge und Straßen als Flüsse. Wie ein Gebäude ein anderes beeinflusst, hängt ebenso von den Richtungen wie von den Formen, Höhen und Farben ab.

Die Pa-Kua-Methode

Jetzt sollten Sie genügend Selbstvertrauen haben, um Ihr Wissen über Feng Shui in die Tat umzusetzen. Das Pa Kua ist eine einfache Methode für Anfänger, um die Ecken einer Wohnung zu aktivieren. Sie können damit in jedem regelmäßig benutzten Raum des Hauses das Feng Shui verbessern, um eine der acht Arten von Glück anzulocken.

Wenn Sie ein Zimmer nach dieser Methode umgestaltet haben, spüren Sie die Wirkung nur, wenn Sie sich häufig in diesem Zimmer aufhalten. Lüften Sie alle Räume gut, und lassen Sie ein wenig Sonne herein. Im links abgebildeten Wintergarten erzeugen die üppigen Pflanzen, das Sonnenlicht und der saubere, entrümpelte Raum dynamisches Yang-Chi. Wer hier wohnt, kann mit Sicherheit vom Pa Kua profitieren. Energie spendende Symbole in jeder Ecke würden das Feng Shui dieses Raumes erheblich verbessern.

Die Pa-Kua-Methode

Um mit dem Pa Kua eine Wirkung zu erzielen, sollten Sie es in einem Zimmer anwenden, das Sie oft benutzen; sonst haben Sie nicht viel vom besseren Feng Shui. Wenn Sie Räume und Ecken mithilfe der Elemente umgestalten, ist das Ergebnis meist eine angenehme Überraschung.

Um das Pa Kua in Räumen und Wohnungen anwenden zu können, müssen Sie etwas über kleines und großes Tai Chi wissen.

Das große Tai Chi des Hauses

Den chinesischen Texten zufolge symbolisieren Yin und Yang das ganze Universum: Himmel, Erde und Menschen. Im Feng Shui ist das Prinzip des Tai Chi überall im Mikro- und Makrokosmos anwendbar. Das große Tai Chi liefert ein großes Bild. Das kann bedeuten, dass ein Symbol die ganze Welt, einen Kontinent, ein Land, einen Bezirk, eine Stadt oder ein Haus repräsentiert. Die Begriffe »groß« und »klein« sind also relativ – was in diesem Kontext klein ist, kann in einem anderen groß sein. Daher können wir das Feng Shui eines ganzen Hauses, eines Bürogebäudes oder eines Apartmentblocks als großes Tai Chi bezeichnen. Feng-Shui-

RECHTS Wenn Sie das Pa Kua wie hier auf den Grundriss eines Hauses legen, können Sie das große Tai Chi aktivieren.

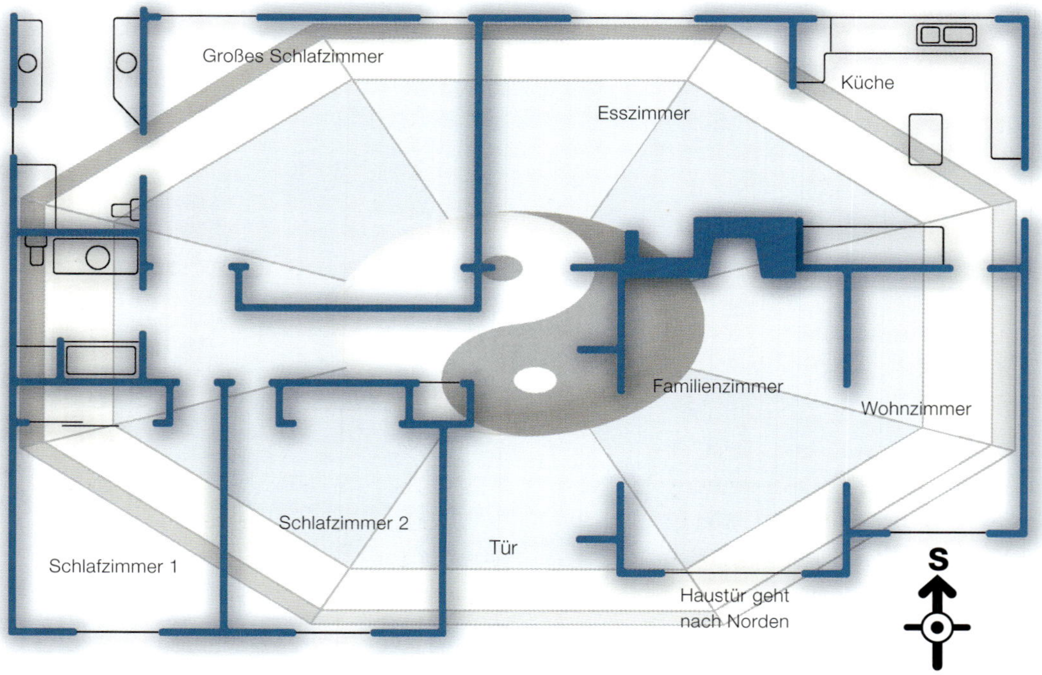

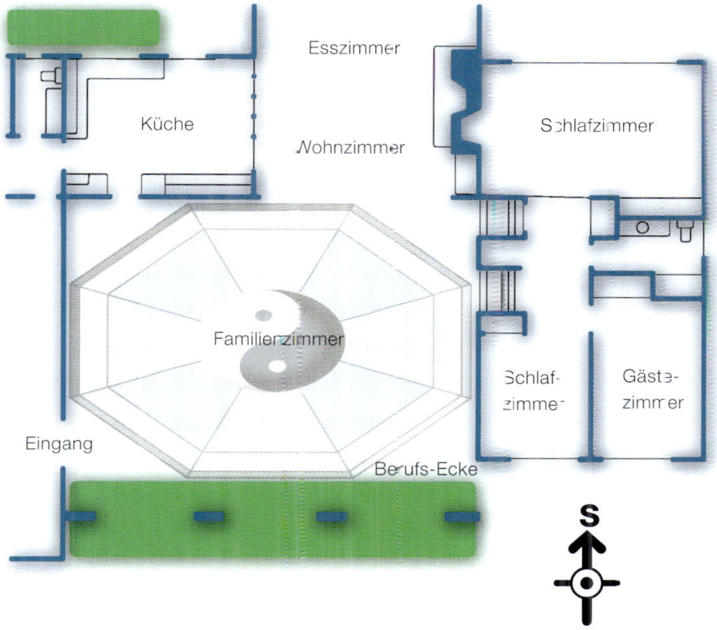

OBEN Hier wurde das Pa Kua gemäß dem Prinzip des kleinen Tai Chi auf einen einzigen Raum gelegt. Jetzt können wir jede Ecke nach Bedarf aktivieren.

Meister beginnen in der Regel mit dem großen Tai Chi, um die Umgebung des Raumes kennen zu lernen, in dem sie arbeiten.

Das große Tai Chi verlangt, dass Sie das ganze Haus als Einheit betrachten und das Pa Kua der Acht Lebensbereiche auf den Grundriss legen, nachdem Sie vorher die Richtungen mit einem Kompass bestimmt haben. Alle denkbaren Verbesserungen müssen dann im Lichte des großen Tai Chi geprüft werden.

Im Beispiel links geht die Tür nach Norden; also liegt dort die Nordseite des Pa Kua.

Das Pa Kua zeigt, dass das größere Schlafzimmer für den Wohlstand des Hauses entscheidend ist, während Liebe und Beziehungen nahe der Küche residieren. Der Beruf liegt neben der Haustür, die Mentoren finden wir im Nordwesten, also im Wohnzimmer. Dieser Grundriss erleichtert die Anwendung von Feng-Shui-Methoden.

Das Pa Kua wird der Länge nach aufgelegt, weil das Haus ein Rechteck ist. Tai Chi ist nicht statisch, sondern so flexibel, dass man seine vielen Vorzüge überall nutzen kann.

Das kleine Tai Chi der Räume

Eine Wohnung besteht aus mehreren kleinen oder größeren Räumen, deren Symbol das kleine Tai Chi ist. Alle Wohnungen enthalten immer Energie, und darum können Sie das Pa Kua mit seinen acht Lebensbereichen auch in einzelnen Zimmern anwenden.

Im obigen Beispiel wurden die Acht Bereiche auf den Grundriss des Wohnzimmers gelegt. Der Eingang zu diesem Haus zeigt nach Nordosten, darum liegt die Nordostseite des Pa Kua neben der Eingangstür.

Jetzt können wir die einzelnen Bereiche auch im Wohnzimmer ermitteln, indem wir einfach nachsehen, wo sie sich auf dem Pa Kua befinden. Anschließend können wir das kleine Tai Chi des Raumes mit den richtigen Elementen in jedem Bereich verbessern.

Nutzen Sie das große und kleine Tai Chi auch an Ihrem Arbeitsplatz. Es ist sehr hilfreich, weil es für alle Feng-Shui-Methoden gilt, die mit Richtungen zu tun haben. Sie können beispielsweise den Südosten des Wohn- oder Schlafzimmers aktivieren, um mehr Glück in der Liebe zu haben, falls der Südwesten des Hauses stagniert oder eine Toilette im Südwesten stört.

Die Raumaufteilung

UNTEN Hier sind die beiden Methoden der Raumaufteilung dargestellt. Beide nutzen den Kompass, aber die eine verwendet ein rundes Raster und die andere das Lo-Shu-Raster.

Es gibt zwei Möglichkeiten, Räume nach dem Prinzip der Acht Lebensbereiche aufzuteilen. Um die Ecke des Raumes oder Hauses zu bestimmen, in der wir einen der Bereiche aktivieren wollen, können wir also ein rundes Raster oder das Lo-Shu-Raster verwenden. Es bleibt Ihnen überlassen, welche Methode Sie bevorzugen.

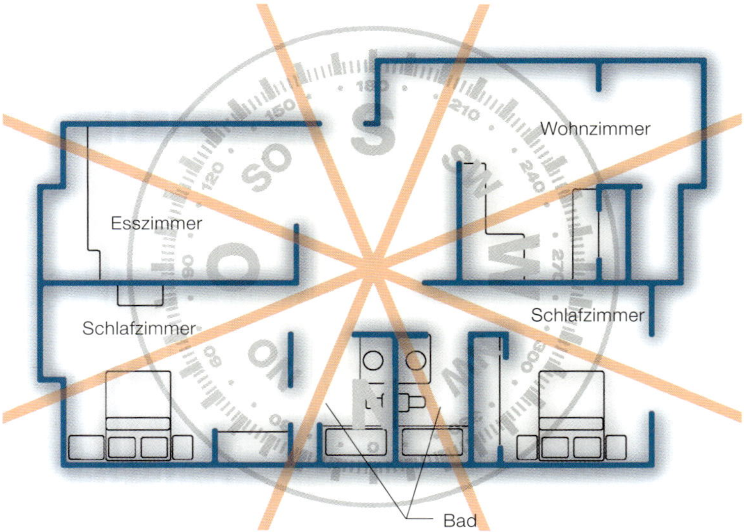

Das runde Raster

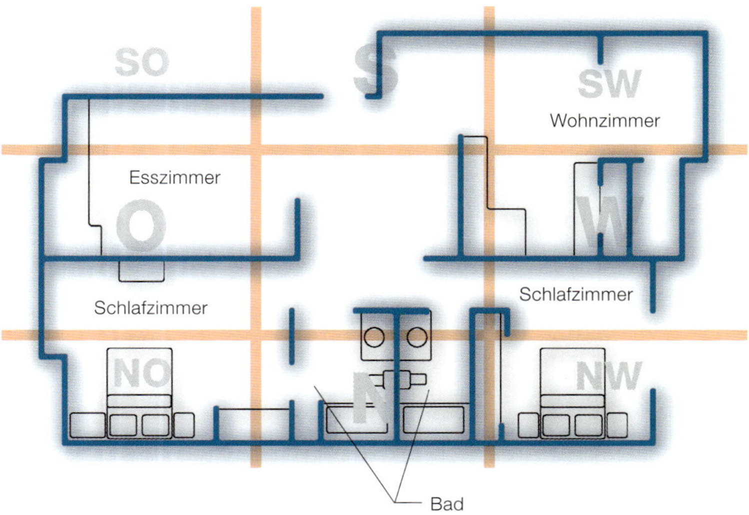

Das Lo-Shu-Raster

Das runde Raster

Hier legen wir ein »Tortenraster« auf einen Raum und teilen ihn nach dem Chi ein, das vom Zentrum her nach außen strahlt und sich dann im Zimmer oder im Haus verteilt.

Jeder Sektor sieht wie ein dreieckiges Stück Kuchen aus. Diese Aufteilungsmethode wird von den kantonesischen Feng-Shui-Meistern in Hongkong häufig benutzt, weil sie glauben, dass das Chi um den Kompass herum fließt und man es deshalb innerhalb jedes Raumes mit dem runden Raster messen muss.

Die 360 Grade des Kompasses spielen hier also eine größere Rolle.

Das Lo-Shu-Raster

Hierbei verwendet man den Kompass, um die Ausrichtung zu bestimmen. Außerdem wird das Raster auf den Grundriss gelegt, um herauszufinden, ob bestimmte Bereiche aktiviert werden müssen.

Die Abbildungen auf dieser Seite zeigen, wie die zwei Methoden sich unterscheiden. Für beide brauchen wir den Kompass, um die Richtungen zu ermitteln; aber sie weisen den einzelnen Richtungen jeweils etwas andere Bereiche des Hauses zu.

Ich bevorzuge das Lo-Shu-Raster, weil es einfacher ist, mit einem Quadrat oder Rechteck zu arbeiten.

Experimentieren Sie mit beiden Methoden, und wählen Sie diejenige, die Ihnen am besten gefällt.

Glückliche Räume

Sobald Sie das Pa Kua mit seinen Acht Bereichen auf die einzelnen Räume Ihres Hauses und auf das ganze Haus legen können, wird die Methode etwas flexibler. Sie können nämlich entscheiden, welche Ecken und Räume Sie aktivieren wollen, und ihre Bemühungen auf jene Stellen konzentrieren, die Sie am häufigsten benutzen. Sie müssen selbst beurteilen, wo und wie Sie das große und das kleine Tai Chi verbessern möchten.

Die Antwort ist nicht einfach, weil meist lokale Aspekte zu berücksichtigen sind. Außerdem hat jeder Mensch seinen eigenen Geschmack und seine eigenen Vorstellungen vom Leben.

OBEN Mit Farben, Bildern und dekorativen Figuren, die Sie mögen, machen Sie Räume glücklich. Feng Shui ist eine kreative Methode, und damit sie wirkt, müssen Sie einen Teil Ihrer eigenen Energie opfern.

Respektieren der inneren Stimme

Auch beim Feng Shui sind Kreativität, Geschmack und Prioritäten wichtig, um optimale Ergebnisse zu erzielen. Verwenden Sie daher keine Farben und auch keine Gegenstände, die Sie nicht mögen. Respektieren Sie Ihre innere Stimme, damit Ihr persönliches Chi mit der Einrichtung Ihrer Räume harmonisiert. Nur wenn Ihnen alle Objekte gefallen, die Sie in Ihrem Haus unterbringen, können sie Glück anziehen.

Wenn Sie beispielsweise die Farbe Rosa verabscheuen, rate ich Ihnen, sie nicht zu verwenden, einerlei, wie gut sie theoretisch für die Liebe sein mag. Abneigungen hängen nämlich auf der unbewussten Ebene mit Ihrer Aura zusammen.

Wenn wir älter werden, ändern sich unsere Vorlieben und Ziele. Sie dürfen Ihren Geschmack so oft und so grundlegend ändern, wie Sie wollen, und das Gleiche gilt für Ihre Zimmer und Möbel sowie für die Objekte, mit denen Sie die Ecken aktivieren.

Ich verändere meine Räume oft, um einerseits gutes Chi zu erzeugen und andererseits zu verhindern, dass die Energie und damit auch mein Leben stagniert. Das spiegelt meine Einstellung zum Feng Shui und zum Leben wider. Für mich ist das Leben ein dynamischer Prozess voller neuer Chancen, Farben und Erfahrungen. Jeder Tag bringt etwas Neues. Ich vergesse nie, dass es im Feng Shui immer eine Alternative gibt.

Um in glücklichen Räumen zu wohnen, sollten Sie überlegen, was Ihnen Energie spendet, und es dann Ihrem Haus zukommen lassen.

Jede Ecke des Hauses profitiert von Ihrer Zuwendung, und wenn die Ecken glücklich sind, werden Sie von ihnen tausendfach belohnt.

Der Süden bringt Anerkennung

Das Trigramm für Süden ist Li. Das bedeutet Feuer – das Feuer der hellen, starken Yang-Energie und des Erfolges. Der Süden wird mit dem Pferd, dem Phönix und der Schlange assoziiert, also mit drei günstigen Symbolen für Ruhm und Anerkennung.

Das Pferd bringt Tempo und Ausdauer mit, so dass Sie Konkurrenten ausstechen können. Die Schlange macht Sie diplomatisch, und der Phönix bringt Chancen, die neue Triumphe ermöglichen.

Wenn Sie in einem Teil Ihres Hauses mit diesen himmlischen Symbolen oder mit hellem Licht und mit roten Objekten die helle Energie des Südens aktivieren, ernten Sie Ruhm und Erfolg. Ihre Fähigkeiten werden anerkannt, und Sie werden beliebter.

Wenn Sie in Ihrem Beruf auf Popularität und öffentlichen Beifall angewiesen sind, sollten Sie darauf achten, dass der Süden Ihres Hauses nie durch Toiletten gestört wird. Ecken im Süden dürfen nicht verstopft sein, weil die Energie dort sonst stagniert. Öffnen Sie den Raum, und beleuchten sie ihn gut. Lassen Sie, wenn möglich, ein kleines rotes Licht ständig brennen. Pflanzen im Süden bringen ebenfalls Glück, weil sie den produktiven Zyklus der fünf Elemente in Gang bringen: Holz erzeugt Feuer.

RECHTS Die Lampe neben dem Bett erzeugt Yang und Feuer-Energie. In der Südecke des Zimmers bringt sie den Schlafenden Anerkennung. Um etwas zu bewirken, sollte die Lampe die ganze Nacht, mindestens aber drei Stunden brennen.

Der Norden fördert die Karriere

Das Trigramm des Nordens ist Kan, Wasser. Wenn Sie den Norden des Hauses mit Wasser aktivieren, sind die positiven Folgen für Ihren Beruf und Ihr Geschäft bald erkennbar. Ein Aquarium oder ein Koi-Teich im Norden eignen sich vorzüglich dafür, die Karriere in Gang zu bringen.

Einzelne Räume aktivieren

Es lohnt sich auch, den Norden einzelner Räume mit kleinen Wasserelementen zu aktivieren, etwa die Nordseite des Esszimmers und des Wohnzimmers mit Symbolen des Elements Wasser, zum Beispiel mit Bildern von Gewässern oder einem Aquarium mit lebenden Fischen. Manche Feng-Shui-Meister sind zwar der Meinung, Abbildungen von Fischen seien ebenfalls günstig für die Karriere, aber ich ziehe echtes Wasser vor.

Eine blaue oder violette Nordwand (Blau steht für Wasser) ist ebenfalls nützlich. Sie können diese Wand aber auch weiß, silbern oder golden bemalen oder im Norden weiße, silberne oder goldene Vorhänge und Teppiche unterbringen.

Da Metall im produktiven Zyklus Wasser aktiviert (siehe Seite 21), ist auch Metall-Energie, zum Beispiel eine metallene Stereoanlage, in diesem Teil des Zimmers geeignet. Seien Sie kreativ, wagemutig und originell!

Aber denken Sie daran, dass Sie die aktivierten Räume benutzen müssen, um von ihnen zu profitieren, und dass jedes Wasserelement vor dem Haus einer Tür oder einem Fenster zugewandt sein muss.

Achten Sie darauf, nie Wasser im Schlafzimmer zu aktivieren, denn die Wirkung wäre negativ.

Wenn Sie das Pa Kua benutzen, sollten Sie das Schlafzimmer nicht aktivieren, weil zu viel Yang-Energie ungünstig ist. Am sinnvollsten ist eine Aktivierung im Wohnzimmer, Esszimmer und Familienzimmer.

OBEN Wenn Sie die Nordwand Ihres Hauses blau bemalen, um Wasser zu symbolisieren, fördern Sie Ihre berufliche und geschäftliche Karriere.

Der Osten bringt Gesundheit

Das Element des Ostens ist Holz, und sein Trigramm ist Chen, Holz. Im Feng Shui ist der Osten eine sehr wichtige Richtung, weil dort der Grüne Drache haust, einer der vier himmlischen Tiere des chinesischen Tierkreises und das höchste Glückssymbol. Aus dieser Richtung strömt das meiste Sheng Chi (Wachstums-Chi). Darum ist der Ostteil des Hauses der ideale Bereich für das Kinderzimmer.

UNTEN Ein Drache in der Nähe von Wasser oder an der Ostwand des Wohnzimmers bringt großes Glück.

Stellen Sie eine Drachenfigur an die Ostwand des Wohnzimmers. Der Drache sollte eine symbolische Perle halten und Wasser speien. Ich werde oft gefragt, wie viele Drachen man aufstellen soll, damit die Familie Glück hat, und ich antworte immer: »So viele Sie wollen; aber Ihr Karma muss die Zahl der Drachen verkraften.« Nicht jeder hält beispielsweise die enorme Yang-Energie von neun Drachen aus. Obwohl Drachen Glück bringen, ist es also besser, nicht gierig zu werden. Auch eine einzige Drachenfigur reicht aus. Nehmen Sie höchstens fünf – es sei denn, Sie wurden im Jahr des Drachens geboren oder haben bereits eine hohe Position in der Regierung oder in einem Unternehmen. Stellen Sie die Figur, die weder zu klein noch zu groß sein sollte, ins Wasser oder daneben.

Die Aktivierung des Ostens bringt Gesundheit, langes Leben, Wohlstand für die Familie und Glück für die Kinder. Holz-Energie wächst nach oben und außen und schickt viele Äste zum Himmel. Die Folge ist außergewöhnliches Glück, sofern die Symbole richtig aufgestellt sind.

Wählen Sie unter den vielen dekorativen Gegenständen aus, oder verwenden Sie Pflanzen. Lebende junge Pflanzen mit breiten Blättern fördern den Wohlstand ebenso wie ein »Baum des Reichtums« aus Halbedelsteinen wie Zitrin oder Aventurin (es müssen echte Kristalle sein). Achten Sie auf einen soliden Stamm, und binden Sie Münzen mit roten oder goldenen Bändern an die Äste.

Der Westen schützt das Glück der Familie

Im traditionellen Feng Shui gilt der Westen als Wohnung des Weißen Tigers. Er ist eines der vier himmlischen Tiere des chinesischen Zodiakus (die anderen sind der Grüne Drache des Ostens, die Schwarze Schildkröte des Nordens und der Purpurrote Phönix des Südens). Der Weiße Tiger ist ein starkes Schutzsymbol und letzlich der grimmigste der vier himmlischen Wächter.

Im Späthimmel des Pa Kua ist der Westen die Heimat des Trigramms Tui (Fröhlichkeit), das auch Fluss- oder See-Trigramm heißt. Darum gilt der Westen als Richtung des Glücks. Wenn das Chi im Westteil des Hauses geschützt und aktiviert wird, bleibt die Familie zusammen, gesund und stark; alle älteren Mitglieder werden lange leben.

Der Patriarch und die Matriarchin, deren Glück theoretisch im Nordwesten und Südwesten residiert, werden im Laufe der Jahre zunehmend glücklicher. Darum ist es wichtig, dass das Chi der Westseite frei und harmonisch fließt.

Der Westen gehört dem Element Metall, und seine Farbe ist Weiß. Sie brauchen aber keinen Weißen Tiger aufzustellen, denn nicht jeder kann ihn im Haus vertragen. Es ist besser, Metall oder Erde zu aktivieren, weil Erde im produktiven Zyklus Metall hervorbringt.

Goldmünzen aller Art aus China oder Taiwan aktivieren den Westen am wirksamsten. In beiden Ländern werden viele antike Münzen der goldenen Zeitalter vergangener Dynastien nachgeprägt. Mir gefallen auch Goldbarren, die nicht nur Wohlstand ins Haus ziehen, sondern auch starke Amulette und Talismane sind. Gold oder Goldfarbe fördern den Wohlstand enorm.

Sie können auch Schwerter mit Münzen verwenden; aber ich bin mit meinen Münzen und Barren, meinem Metallfächer und meinen Fledermausamuletten zufrieden. Fächer schützen besonders gut, und Fledermäuse bringen Fülle, ebenso drei mit einem Endlosknoten verbundene Münzen (siehe Bild Seite 178).

LINKS Münzen aus Messing oder antik aussehende Münzen aktivieren die Westseite Ihrer Zimmer. Goldbarren sind ebenso geeignet

Der Südwesten stärkt die Ehe

Zum Südwesten gehört Kun, das matriarchale Trigramm, das Beziehungen, Romantik und Liebe stärkt und eine neue Phase im Leben heiratsfähiger Menschen einleitet. Für die Chinesen gibt es drei wichtige glückliche Ereignisse (hei see) im Leben.

RECHTS Rote Pfingstrosen, sagt man, bringen Schwung ins Liebesleben. Im Südwesten locken sie sehr gute Ehemänner an.

Neben der Geburt und einem nummerisch hohen Geburtstag gilt die Ehe als wichtigstes »doppeltes Glück«. Damit ist die Einheit in der Ehe gemeint, und ein geeignetes Symbol im Südwesten ist ein sehr wirksamer Talisman für das Eheglück.

Ich habe bereits erlebt, wie das Symbol des doppelten Glücks selbst bei überzeugten Junggesellen Wunder wirkte! Aber ich weiß auch, wie ungünstig es ist, wenn an einem Haus die Südwestecke fehlt – die Folge ist dann meist, dass die attraktiven Töchter und Söhne ehelos bleiben.

In meinem Haus besteht diese Gefahr nicht, weil die südwestlichen Ecken in jedem wichtigen Raum von vielen Symbolen aktiviert werden – von Mandarinenten, roten Pfingstrosen (sie locken wundervolle Ehemänner an), Kristallkugeln, Lampen und Mobiles aus facettiertem Glas am richtigen Platz, die alle Regenbogenfarben des Sonnenlichts anlocken. Ich habe auch schöne Drachen- und Phönixfiguren platziert, die ebenfalls die Ehe stärken.

Am wirksamsten aktivieren Sie den Südwesten für heiratsfähige Kinder, wenn Sie dafür sorgen, dass er nicht durch eine Toilette, eine Küche oder einen Lagerraum gestört wird. Um gute Ehefrauen anzulocken, sollte der Südwesten Tag und Nacht hell sein. Achten Sie auch auf Ausgewogenheit zwischen Yin und Yang.

Der Nordwesten sorgt für Mentoren

Der Nordwesten ist der Platz des Patriarchen. Sein Trigramm ist Chien, das Himmelstrigramm, das mächtige, einflussreiche Förderer symbolisiert. Mentoren und Vorgesetzte unterstützen Sie, wenn Sie diese Ecke aktivieren, die zudem dafür sorgt, dass der Patriarch (das kann Ihr Partner, Ehemann oder Vater sein) blüht und gedeiht.

Der Nordwesten ist also ein sehr wichtiger Teil des Hauses. Das Element dieser Ecke ist das Metall, das in China zugleich Gold bedeutet. Dadurch wird der Nordwesten zur Quelle eines Familienvermögens, das viele Generationen überdauert. Wenn Sie eine Wohlstandsvase in der Nordostecke des Hauses verstecken, profitiert der Patriarch davon. Das Gleiche gilt, wenn Sie eine symbolische Wohlstandskiste im Nordwesten des Gartens vergraben.

Es gibt viele Möglichkeiten, den Nordwesten zu aktivieren, vor allem mit Gegenständen aus Metall. Barren und Münzen waren schon immer Favoriten. Kunstgegenstände wie der unten abgebildete Wandschirm mit neun Drachen sind sehr wirksam, ebenso goldene oder vergoldete Objekte. Goldene Windspiele sind besonders hilfreich, weil der Klang von Gold besonders viel Glück bringt.

Ich aktiviere meinen Nordwesten mit Glocken und Klangschalen aus sieben Metallen – darunter Gold und Silber –, welche die Energie der Sonne und des Mondes symbolisieren.

UNTEN Der Patriarch profitiert von Glück bringenden Figuren und Bildern im Nordwestteil des Hauses. Wandschirme, die glückliche Ereignisse oder Götter und mächtige Menschen darstellen, sind ebenfalls nützlich.

Der Südosten bringt Wohlstand

Dem Südosten ist das Trigramm Sun mit dem Element Holz zugeordnet. Sun bedeutet Geld – nicht das Haus und das Vermögen der Familie, sondern gutes Einkommen. Löhne und Gehälter beschreiben das Trigramm am besten, denn es bedeutet auch Bewegung und Aktivität, die ja das Einkommen fördern.

Wenn Sie mehr verdienen wollen, müssen Sie diese Ecke mit dem Element Holz aktivieren, also mit Pflanzen und Blumen. Ich raten Ihnen, frische blühende Pflanzen in die Südostecken des Hauses und in den Garten zu hängen, denn sie symbolisieren vorzügliches Feng Shui. Dadurch stärken Sie das Wachstums-Chi.

Der unten abgebildete Wintergarten mit seinen wunderschönen Blüten lässt an blühendes Glück denken.

Wenn die Blüten verwelkt sind, sollte man sie ersetzen. Heutzutage brauchen Sie kein Gärtner zu sein, um vom blühenden Sheng Chi der Pflanzen zu profitieren. Es verhilft allen Ihren Plänen zum schnellen Erfolg. Vergessen Sie nie, tote Pflanzen zu entfernen.

Auch ein kleiner Wasserfall aktiviert den Wohlstand. Fische, Schildkröten oder Pumpen sollten das Wasser bewegen, um Aktivität zu simulieren. Gesunde Pflanzen und Blumen gehören ebenfalls dazu.

RECHTS Dieser schöne Raum passt ideal in den Südosten des Hauses. Die üppigen Pflanzen symbolisieren Fülle und wachsenden Wohlstand.

Der Nordosten fördert die Ausbildung

Ich weiß nicht, wie vielen Eltern ich in den vergangenen zehn Jahren mit dem mächtigen taoistischen Feng Shui des Nordostens geholfen habe, aber ich weiß seit langem, dass dieser Bereich, wenn er aktiviert wird, für hervorragende Examensnoten, wissenschaftliche Ehrungen und sogar Stipendien sorgt.

Ich habe meiner Tochter Jennifer gezeigt, wie sie ihr Schlafzimmer im Studentenwohnheim aktivieren kann, um ihre Prüfungen zu bestehen. Die Kua-Zahl hilft ihr, die günstigste Richtung beim Lernen und bei Examina zu bestimmen. Feng Shui hilft ihr, konzentriert zu bleiben, und die Ergebnisse sind beeindruckend.

Der Nordosten gehört dem Element Metall und dem Berg-Trigramm, das Training symbolisiert, eine Zeit der Vorbereitung auf das Gute, das später kommen wird. Wenn Sie diese Ecke mit Erd-Energie in Form von Kristallkugeln aktivieren, ist das Resultat am besten.

Die Macht der Kristalle

Kristalle sind die besten und mächtigsten Manifestationen der Erd-Energie. Sie können natürlich oder synthetisch sein. Natürliche Quarzkristalle sind am besten, aber die synthetischen Arten aus China, die zu einer Kugel geschliffen wurden, fördern die Ausbildung am wirksamsten.

Stellen Sie die Kristallkugel (rechts ist eine abgebildet) mit einem Durchmesser von etwa 7,5 Zentimetern in der Nordostecke des Kinderzimmers auf einen Tisch. Sie können sogar einen handgefertigten Briefbeschwerer aus Bleikristall verwenden. Beide aktivieren das Chi der Ausbildung, und Sie werden die Wirkung bald spüren.

Es lohnt sich auch, einen natürlichen einspitzigen Kristall für Ihr Kind anzuschaffen. Man sagt, dieser Kristalltyp speichere Energie und Wissen am besten; er sollte Ihr Kind als Amulett beim Lernen begleiten. Um nach dem Kauf die Energie anderer Menschen zu entfernen, legen Sie den Kristall sieben Tage und Nächte in eine Meer- oder Steinsalzlösung. Stellen Sie ihn auf einen Tisch im Nordwesten, wenn Ihr Kind lernt, und legen Sie ihn unters Kopfkissen, wenn es schläft. Es kann den Kristall in den Prüfungssaal mitnehmen, damit er ihm Glück bringt. Wickeln Sie den Kristall in Seide oder Samt, wenn Sie ihn nicht benutzen.

Der Drachenkarpfen

Als Alternative können Sie auch den dreifachen Fisch oder den Drachenkarpfen verwenden; beide sind gleich wirksam. Der Drachenkarpfen ist ein Geschöpf mit dem Schwanz eines Karpfens und dem Kopf eines Drachens. Er kann aus Keramik oder Holz sein und wird meist als Paar angeboten. Der Drachenkarpfen symbolisiert das Durchschreiten des Drachentores – eine bekannte chinesische Metapher. Wer durchs Drachentor geht, hat die kaiserliche Prüfung bestanden, und der bescheidene Karpfen, der sich in einen Drachen verwandelt, ist ein Sinnbild dieses Erfolges. Im Schlafzimmer aufgestellt, soll er Erfolg in der Schule bringen.

OBEN Eine Kristallkugel im Nordosten ist ein starker Energiespender für alle, die Glück in der Ausbildung suchen. Stellen Sie die Kugel im Nordosten des Kinderzimmers auf einen Tisch.

Die acht Häuser

Das Acht-Häuser-Diagramm – auch »Acht Schemata« genannt – ist eine der wirksamsten Feng-Shui-Methoden, für die man den Kompass benutzt. Sein großer Vorteil ist die einfache Anwendung. Da es sich ausschließlich mit den günstigen und ungünstigen Richtungen eines Menschen befasst, kann jeder davon profitieren.

Die Acht Häuser enthüllen Ihre besten und schlechtesten Richtungen, und sobald Sie diese kennen, benötigen Sie nur noch einen zuverlässigen Kompass und müssen darauf achten, welcher Richtung Sie zugewandt sind, wenn Sie schlafen, sitzen, arbeiten oder eine Sache präsentieren. Diese kleine Mühe ist alles, was Sie brauchen, um aus Ihren günstigen Richtungen das Beste zu machen.

Sobald Sie daran gewöhnt sind, Ihre Richtungen zu überprüfen, wird Ihr Leben nie mehr sein wie früher – gutes Feng Shui wird es für immer ändern.

Die acht Häuser

Feng Shui für Innenräume bietet aufregende Möglichkeiten, wenn Sie mit Ihrer Kua-Zahl und Ihren günstigen Richtungen arbeiten. Hierfür brauchen Sie die Kompasstechnik des Feng Shui, die man Acht Häuser oder Schemata nennt.

Diese Diagramme sind von großem Wert, wenn Sie mit Feng Shui die Dynamik wechselnder Glücksmuster im Wandel der Zeit erforschen wollen. In diesem und in den folgenden Kapiteln mache ich Sie mit Methoden vertraut, die Ihrer Feng-Shui-Praxis zu einem Quantensprung verhelfen werden.

Es ist zugleich eine grundlegende Einführung in die wissenschaftlichen Aspekte des Feng Shui, die etwas schwerer zu erlernen, aber weniger subjektiv und daher viel leichter anzuwenden sind. Der Erfolg setzt Genauigkeit beim Bestimmen von Richtungen mit einem guten Kompass voraus; nur dann können Sie Diagramme erstellen. Subjektiv wird es erst, wenn Sie zwischen verschiedenen Möglichkeiten wählen müssen, weil mehrere Methoden das Feng Shui im Haus oder Büro unterschiedlich beurteilen. Dann müssen Sie entscheiden, welches Gewicht Sie den einzelnen Techniken beimessen.

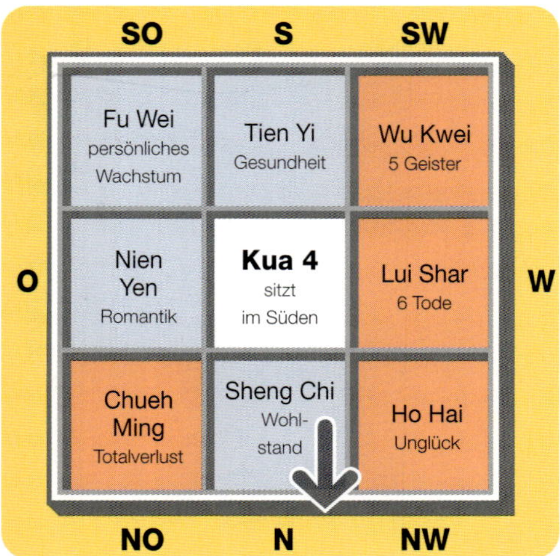

RECHTS Diese Abbildung zeigt das Acht-Häuser-Diagramm eines Hauses, das nach Norden geht. Es enthüllt, wie das Glück jedes Bewohners von der Ausrichtung seines Zimmers beeinflusst wird.

Ich hoffe, das überzeugt auch jene Leser, die Feng Shui fälschlicherweise als esoterische Kunst betrachten. Es gibt eine westliche und eine östliche Wissenschaft, und wie wir in Kapitel 1 gesehen haben, ist die chinesische Auffassung vom Kosmos insofern etwas mysteriös, als sie sich auf Energie – das kosmische Chi des Drachens – konzentriert. Es ist daher entschuldbar, wenn wir auf den Gedanken kommen, Feng Shui habe spirituelle Aspekte.

Ich werde Ihnen zeigen, wie Sie die ungreifbare Energie Ihres Hauses mit sehr greifbaren Daten (Himmelsrichtungen, Baudatum usw.) bestimmen können.

Diese Fakten ermöglichen es einem Feng-Shui-Praktiker, »Geburtshoroskope« des Hauses zu erstellen, die Informationen über das Chi in den einzelnen Teilen des Gebäudes liefern. Sie eignen sich hervorragend dafür, das Feng Shui im Inneren des Hauses zu verbessern und mehr Glück anzulocken.

Für diese Diagramme brauchen Sie die Richtung der Haustür (das ist die Richtung, in die Sie durch die Haustür nach draußen schauen). Sie können die Diagramme mit Ihrer Kua-Zahl kombinieren, um Ihre persönlichen Acht-Häuser-Richtungen zu ermitteln (siehe Seite 66). Dafür benötigen Sie zuerst Ihre Kua-Zahl (siehe unten). In den folgenden Abbildungen steht diese Zahl im mittleren Feld.

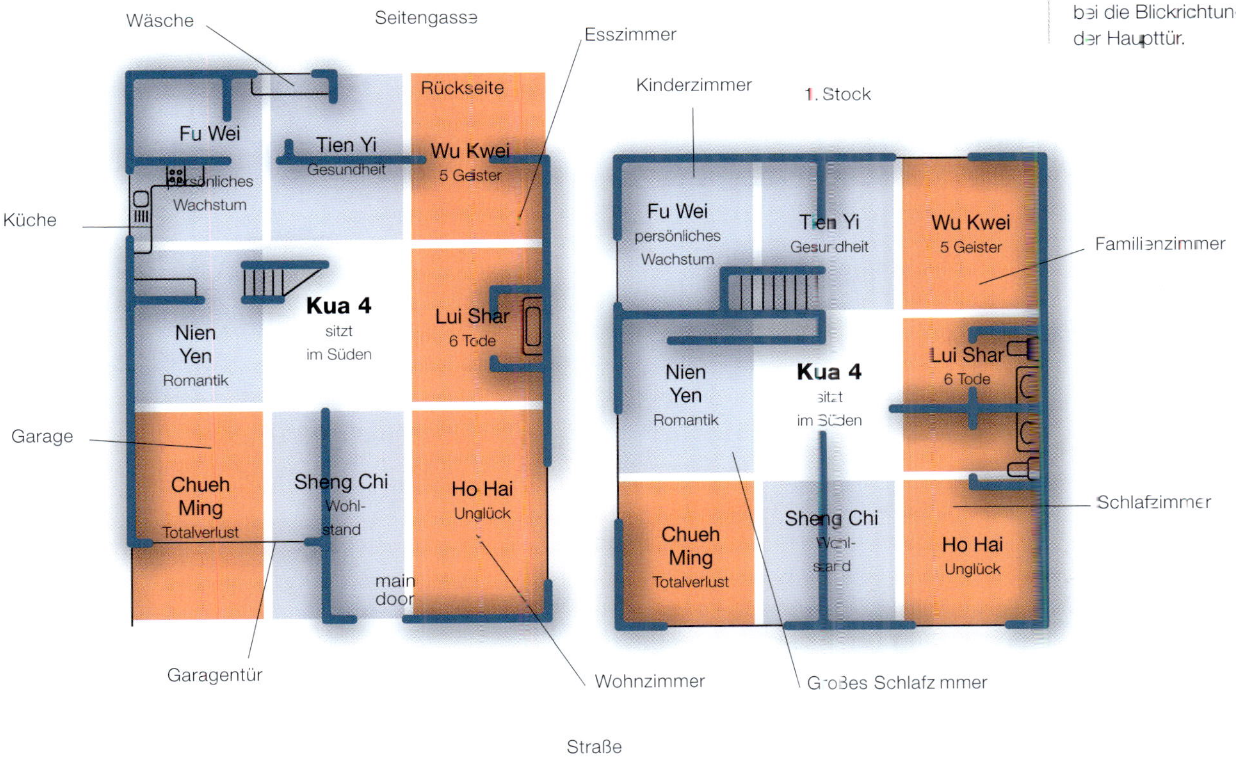

LINKS Dieses Acht-Häuser-Diagramm wurde auf den Grundriss eines Hauses gelegt. Mit solchen Diagrammen kann man das Glück jedes Hauses bestimmen. Entscheidend ist dabei die Blickrichtung der Haupttür.

Die persönliche Kua-Zahl

Feng Shui ist noch wirksamer, wenn Sie Ihre Räume so einrichten und Möbel entsprechend anordnen, dass die Familienmitglieder ihre günstigen Richtungen nutzen können. Die Kua-Zahl in Verbindung mit den Acht Häusern ist fast unentbehrlich für ein maßgeschneidertes Feng Shui, das jedem Bewohner eines Hauses optimalen Nutzen bringt. Diese Methode ist wahrscheinlich die schnellste und einfachste aller Feng-Shui-Techniken.

Um sie anzuwenden, brauchen Sie nur Ihre persönliche Kua-Zahl zu bestimmen (siehe Seite 60) und danach Ihre günstigen und ungünstigen Richtungen sowie das Glückstrigramm, die Glückszahl und das Glückselement.

Danach können Sie diese Informationen nutzen, um Ihrem Heim das bestmögliche Feng Shui zu verschaffen. Beginnen Sie damit, die Methode zu erlernen und Ihre Richtungen zu ermitteln.

Befolgen Sie dann die Tipps in diesem Kapitel und im ganzen Buch, und lernen Sie, von Ihren Richtungen zu profitieren. Mit etwas Übung sollte es Ihnen gelingen, diese Methode mit anderen zu verbinden und ein hochwirksames, ausgewogenes Chi in allen Räumen zu erzeugen.

Die Methode ist für Männer und Frauen unterschiedlich. Folgen Sie diesen einfachen Schritten:

1 Wandeln Sie Ihr Geburtsjahr in das Mondjahr um. Wenn Sie im Januar oder Anfang Februar geboren wurden, ziehen Sie ein Jahr ab; wenn Sie in anderen Monaten geboren wurden, sind beide Jahre gleich.

2 Addieren Sie die beiden letzten Ziffern Ihres Geburtsjahres so lange, bis Sie eine einzige Ziffer erhalten.

Beispiel: Wenn Sie am 4. April 1978 geboren wurden, addieren Sie 7 + 8 = 15, dann 1 + 5 = 6.

3 Wenn Sie ein Mann sind, ziehen Sie diese Ziffer von 10 ab, also: 10 – 6 = 4. Ihre Kua-Zahl ist demnach 4. Wenn es um ein Kind geht, das im Jahr 2000 oder später geboren wurde, ziehen Sie die Ziffer von 9 ab.

4 Wenn Sie eine Frau sind, addieren Sie 5, also: 6 + 5 = 11, dann 1 + 1 = 2. Ihre Kua-Zahl ist also 2. Für ein Kind, das im Jahr 2000 oder später geboren wurde, addieren Sie 6.

Mit der Kua-Zahl und der Tabelle unten bestimmen Sie Ihre günstigen und ungünstigen Richtungen, Ihr Glückselement und Ihre Richtungsgruppe.

Diese Methode ist deshalb so wertvoll, weil sie Ihnen viele Informationen für ein Feng Shui gibt, das auf Sie zugeschnitten ist.

Am besten lernen Sie Ihre »Feng-Shui-Daten« auswendig, damit Sie Ihr Wissen überall und jederzeit nutzen können.

Kua Tabelle der persönlichen Richtungen

	Die vier günstigen Richtungen				Die vier ungünstigen Richtungen					
Kua	**Wohlstand**	**Gesundheit**	**Liebe**	**Wachstum**	**Unglück**	**Fünf Geister**	**Sechs Tode**	**Totalverlust**	**Gruppe**	**Glückselement**
1	SO	O	S	N	W	NO	NW	SW	Osten	Wasser
2	NO	W	NW	SW	O	SO	S	N	Westen	Erde
3	S	N	SO	O	SW	NW	NO	W	Osten	Holz
4	N	S	O	SO	NW	SW	W	NO	Osten	Holz
5	*	*	*	*	*	*	*	*	Westen	Erde
6	W	NO	SW	NW	SO	O	N	S	Westen	Metall
7	NW	SW	NO	W	N	S	SO	O	Westen	Metall
8	SW	NW	W	NO	S	N	O	SO	Westen	Erde
9	O	SO	N	S	NO	W	SW	NW	Osten	Feuer

* Kua 5 wird bei Männern zu Kua 2 und bei Frauen zu Kua 8.

Ost- und Westgruppen

Je nach seiner Kua-Zahl gehört jeder Mensch einer Ost- oder Westgruppe an, die miteinander in Konflikt stehen. Das bedeutet, dass West-Typen darunter leiden, wenn sie im Sitzen nach Osten blicken oder wenn sie im Osten wohnen. Ost-Typen hingegen geht es schlecht, wenn sie nach Westen blicken oder dort wohnen.

Zuerst müssen Sie also mit Ihrer Kua-Zahl herausfinden, zu welcher Gruppe Sie gehören. Wie Sie der Tabelle entnehmen können, sind Sie ein Ost-Typ, wenn Sie die Kua Zahl 1, 3, 4 oder 9 haben. Dann sind alle Richtungen der Ostgruppe – Norden, Süden, Osten und Südosten – (in der Abbildung unten blau markiert) für Sie günstig. Ist Ihre Kua-Zahl 2, 5, 6, 7 oder 8, gehören Sie zur Westgruppe, und deren Richtungen – Westen, Nordwesten, Nordosten und Südwesten – (weiß unterlegt) sind gut für Sie.

Die allgemeine Regel im Haus lautet: Versuchen Sie, sich beim Sitzen einer Ihrer günstigen Richtungen zuzuwenden und Ihre ungünstigen Richtungen zu meiden, und schlafen Sie so, dass der Kopf in eine günstige Richtung zeigt.

Diese einfache Regel ist jedoch nur der Anfang Ihres persönlichen Feng Shui. Meiner Erfahrung nach ist es schwierig, sich immer nach einer günstigen Richtung zu orientieren – es gibt viele praktische Hindernisse zu überwinden.

Lassen Sie sich nicht entmutigen, wenn es nicht immer klappt, und falls Sie Ihre Schlafposition derzeit nicht wechseln können, warten Sie eben, bis es möglich ist (zum Beispiel nach einem Umzug), und versuchen in der Zwischenzeit, Ihre günstigen Richtungen öfter als bisher zu nutzen – bei der Arbeit, während einer Verabredung oder eines Vorstellungsgesprächs und so weiter.

Denken Sie immer daran, zu welcher Gruppe Sie gehören, und meiden Sie beharrlich ihre vier ungünstigen Richtungen.

Ostgruppe:
Süden
Südosten
Osten
Norden

Kua-Zahlen:
1, 3, 4, 9

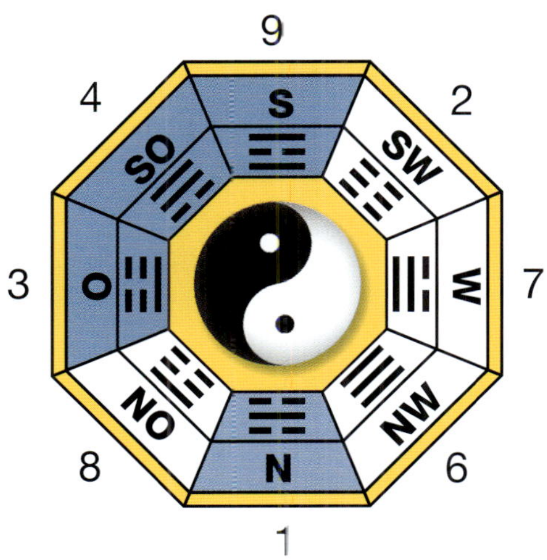

Westgruppe:
Südwesten
Westen
Nordwesten
Nordosten

Kua-Zahlen:
2, 5, 6, 7, 8

LINKS
Dieses Pa-Kua-Diagramm zeigt, welche Kua-Zahlen den Himmelsrichtungen zugeordnet sind.

Die acht Arten von Glück und Unglück

Die Acht-Häuser-Methode teilt Wohnungen in acht Sektoren ein, und jeder Sektor steht für eine Art von Glück. Es gibt jeweils vier Arten von Glück und Unglück. Mit den Acht Häusern können Sie herausfinden, ob ein Raum Glück oder Unglück bringt und ob er die Art von Glück bringt, die Sie sich wünschen.

West-Typen, die in einem Haus wohnen, das auf Ost-Typen zugeschnitten ist, sind mit ungünstigen Richtungen konfrontiert.

Die Meister der Acht-Häuser-Methode empfehlen dem Vater und der Mutter des Hauses, ein Zimmer zu benutzen, das ihnen sowohl nach dem Haus-Diagramm als auch nach der persönlichen Kua-Zahl Glück bringt.

Kinder und Verwandte sollten sich ein Zimmer anhand ihrer persönlichen Kua-Zahl aussuchen und die Acht Häuser ignorieren.

RECHTS Der Eingangsbereich ist im Feng Shui sehr wichtig. Er muss mit Ihrem persönlichen Sheng Chi harmonieren, damit das Haus Ihnen Glück bringt.

Orte des Glücks

Sheng Chi
Dies ist der Ort des Wohlstands. Er ist immer der Eingang des Gebäudes und im Fliegenden Stern der »Palast« der Blickrichtung. Dieser Teil des Hauses bringt den Bewohnern Wohlstand und sollte daher mit viel Licht, Raum und Symbolen gut aktiviert werden. Gerümpel ist schädlich.

Nien Yen
Dies ist der Ort des Eheglücks, der Romantik und der glücklichen Kinder. Wo er sich befindet, hängt davon ab, in welche Richtung das Haus geht. Die Diagramme zeigen den richtigen Raum.

Tien Yi
Dies ist der beste Raum für die Gesundheit. Familienmitglieder, die zu Krankheiten neigen, sollten Zimmer mit Tien-Yi-Glück bekommen.

Fu Wei
Dies ist der Raum für die Bildung und Ausbildung. Schulkinder profitieren von diesem Teil des Hauses.

Orte des Unglücks

Ho Hai
Dieser Raum bringt mildes Unglück. Rechnen Sie mit einigem Ärger, wenn Sie ein Ho-Hai-Zimmer bewohnen: Pläne werden später verwirklicht, es gibt Rückschläge und Enttäuschungen.

Wu Kwei
Hier geht es um Beziehungsprobleme, Unruhestifter und bösen Klatsch. Mithilfe von günstigen Feng-Shui-Horoskopen und anderen Methoden – z. B. den Fliegenden Sternen – lässt sich das Unglück der Fünf Geister manchmal in großes Glück transformieren.

Lui Shar
Diese sechs Arten von Unglück sind ziemlich massiv und vielfältig: Krankheit, Verlust, Tod, Rufschädigung, Armut, Verlust von Kindern.

Chueh Ming
Damit sind Totalverluste gemeint, und das bedeutet unter anderem Bankrott oder der Tod einer ganzen Familie. Bewohnen Sie kein Zimmer, der von Chueh Ming betroffen ist, es sei denn, der Fliegende Stern bestätigt, dass der negative Einfluss überwunden ist.

Acht-Häuser-Diagramme

Die Acht-Häuser-Diagramme sind nichts weiter als visuelle Hilfsmittel, die Ihnen zeigen, wie die Acht Arten von Glück sich in Ihrem Haus verteilen. Die Acht Häuser sind acht Bereiche mit unterschiedlichen Anteilen von Chi und damit auch Glück.

Acht-Häuser-Diagramme beschreiben das vorhandene Chi. Trigramme (siehe Seite 68–70) und der Fliegende Stern (siehe 88–89) liefern dagegen nur Zahlen. Alle drei verwenden die neun Quadrate (»Paläste«), um die Verteilung des Chi darzustellen, und basieren auf der Ausrichtung des Hauses (wohin »schaut« das Haus, wo »sitzt« es?).

Auf der nächsten Seite finden Sie Acht-Häuser-Diagramme.

RECHTS Sie können Ihre persönlichen Feng-Shui-Richtungen in vielen Situationen nutzen. Wenn Sie beispielsweise eine Rede halten, hilft es Ihnen, sich der Wohlstandsrichtung zuzuwenden (Ihre Kua-Zahl verrät sie Ihnen).

Wenn Sie mit einem Kompass festgestellt haben, wo Ihr Haus »sitzt«, sehen Sie, welches Diagramm für Ihr Haus gilt, und können analysieren, wie das Chi sich in Ihrem Heim verteilt. So einfach ist das!

Harmonie zwischen Mensch und Haus

Die Acht-Häuser-Diagramme enthüllen die Verteilung des Glücks in Häusern ebenso wie das Glück der Menschen. Wenn die Chi-Verteilung in Ihrem Haus genau zu Ihrem persönlichen Glück und zu Ihren günstigen und ungünstigen Richtungen – basierend auf Ihrer Kua-Zahl – passt, dann harmoniert Ihr Haus mit Ihnen. Versuchen Sie, in einem Haus zu leben, das zu Ihrer Kua-Zahl passt.

Angenommen, Ihre Kua-Zahl ist 1, dann ist der Südosten Ihre Sheng-Chi-Richtung. Ein Haus, das nach Südosten geht, wäre demnach für Sie am besten, weil die Glücksverteilung in diesem Haus für Sie optimal wäre. Ein Südosthaus harmoniert mit Menschen der Ostgruppe, weil die günstigen und ungünstigen Richtungen für sie und das Gebäude identisch sind.

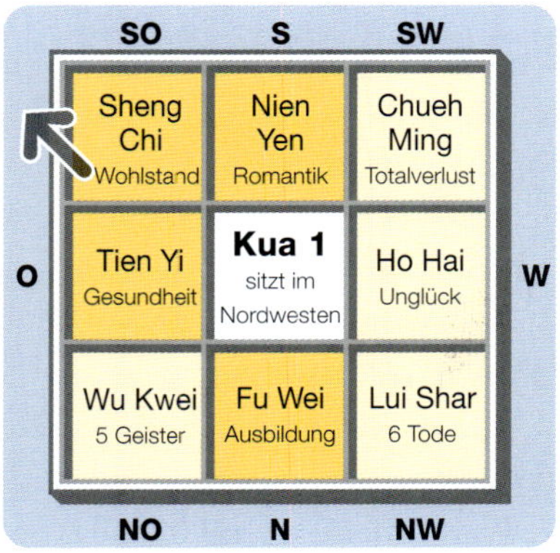

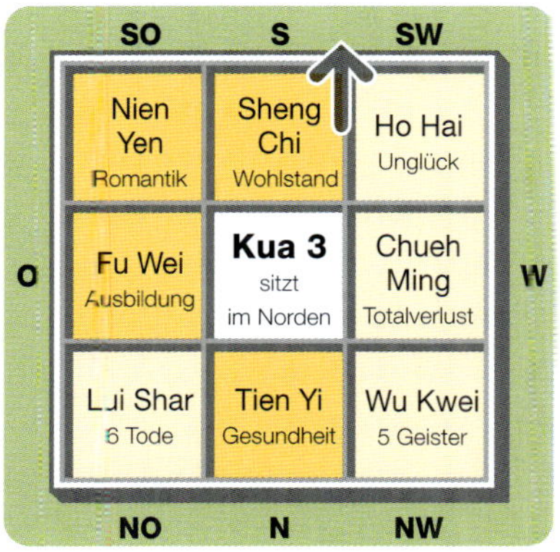

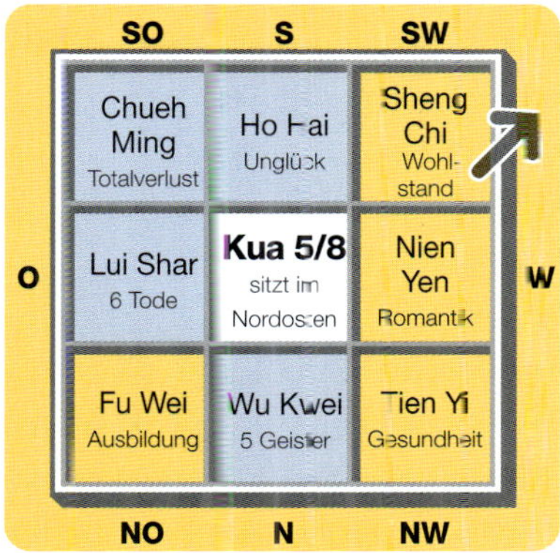

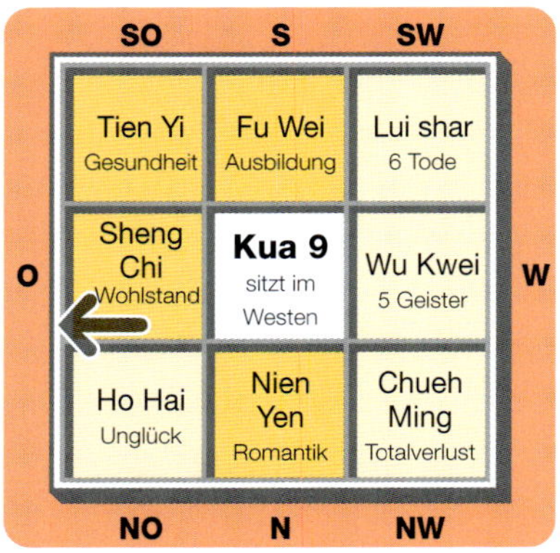

Die Pfeile zeigen, in welcher Richtung das Haus »sitzt«. Beachten Sie die vier günstigen Richtungen (Wohlstand, Gesundheit, Romantik und Ausbildung) sowie die vier ungünstigen Richtungen (Unglück, 5 Geister, 6 Tode, Totalverlust). Stellen Sie Ihre guten und schlechten Räume fest.

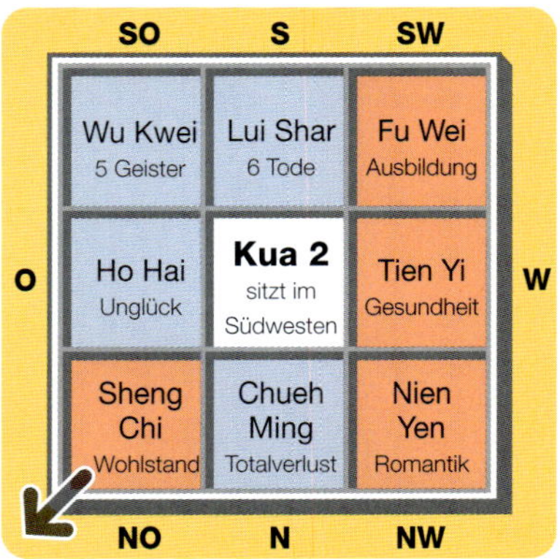

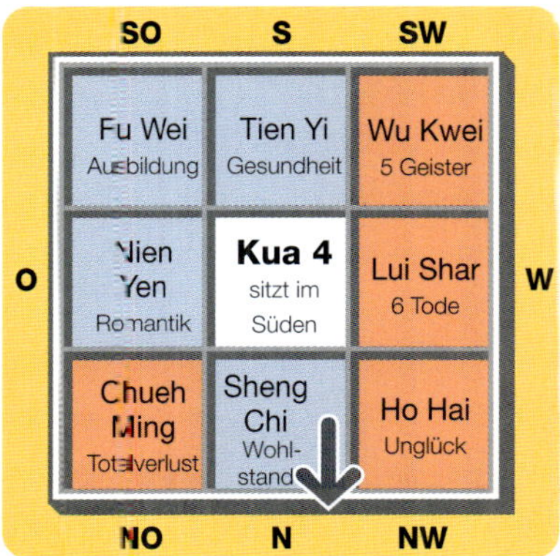

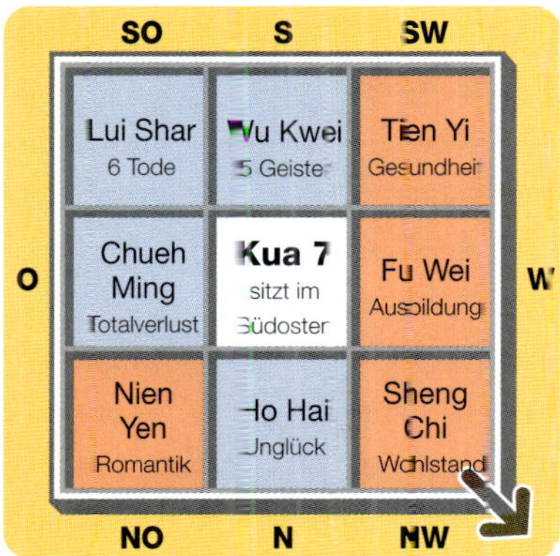

Das Haus-Trigramm

Das Haus-Trigramm ist ein beliebter und sehr einfacher Zweig des Fliegenden Sterns, der Gebäude in acht Kategorien einteilt. Jeder dieser Haustypen wird nach einem der acht Trigramme benannt, die ihrerseits von der Ausrichtung des Hauses abhängen.

Da jedem Trigramm eine Zahl zugeordnet ist, können wir diese Zahl nutzen, um ein Lo-Shu-Horoskop zu erstellen, das die Energie in allen neun Teilen des Gebäudes beschreibt. Jede dieser Energien wird als Zahl definiert. Die Jahres-Zahlen addiert man in das Trigramm-Raster. Wenn wir die beiden Zahlen jedes kleinen Feldes – die Trigramm-Zahl und die Jahres-Zahl – lesen, wissen wir über das Chi in jedem Sektor genau Bescheid.

Um dieses Verfahren anzuwenden, brauchen Sie nur die Zahlen zu analysieren, die Ihr Schlafzimmer und die Haustür betreffen. Dann können Sie jeden gestörten Teil des Hauses »heilen«, allerdings nur für ein Jahr.

Das Haus-Trigramm

Diese Methode ist besonders hilfreich, wenn Sie das jährliche und monatliche Glück in verschiedenen Teilen des Hauses untersuchen wollen. Kombiniert mit den Jahres-Zahlen, liefert diese Technik ein noch genaueres Bild.

Zuerst müssen Sie das Trigramm Ihres Hauses ermitteln. Werfen Sie dazu einen Blick auf die unten abgebildeten acht Trigramme des Pa Kua (sie basieren auf dem Späthimmel). Jedem Trigramm ist eine Richtung zugeordnet, und zwar in der Reihenfolge des Pa Kua.

Beachten Sie die Namen der Trigramme und ihre Lo-Shu-Zahlen in der Liste rechts. Für die Acht Schemata müssen Sie bestimmen, wohin ein Haus »schaut« (siehe Seite 28); bei den Trigrammen ist entscheidend, wo es »sitzt«:

Im Norden: **Kan**-Haus (**1**)
Im Süden: **Li**-Haus (**9**)
Im Osten: **Chen**-Haus (**3**)
Im Westen: **Tui**-Haus (**7**)
Im Südosten: **Sun**-Haus (**4**)
Im Südwesten: **Kun**-Haus (**2**)
Im Nordosten: **Ken**-Haus (**8**)
Im Nordwesten: **Chien**-Haus (**6**)

Mit der regierenden Lo-Shu-Zahl können Sie gemäß der Flugsequenz (siehe Seite 30) das Diagramm erstellen.

RECHTS Dies ist ein im Süden sitzendes Li-Haus. Die Sitzrichtung bestimmt das Trigramm-Raster. Ermitteln Sie zuerst, wohin das Haus »schaut«. Die Sitzrichtung ist das genaue Gegenteil.

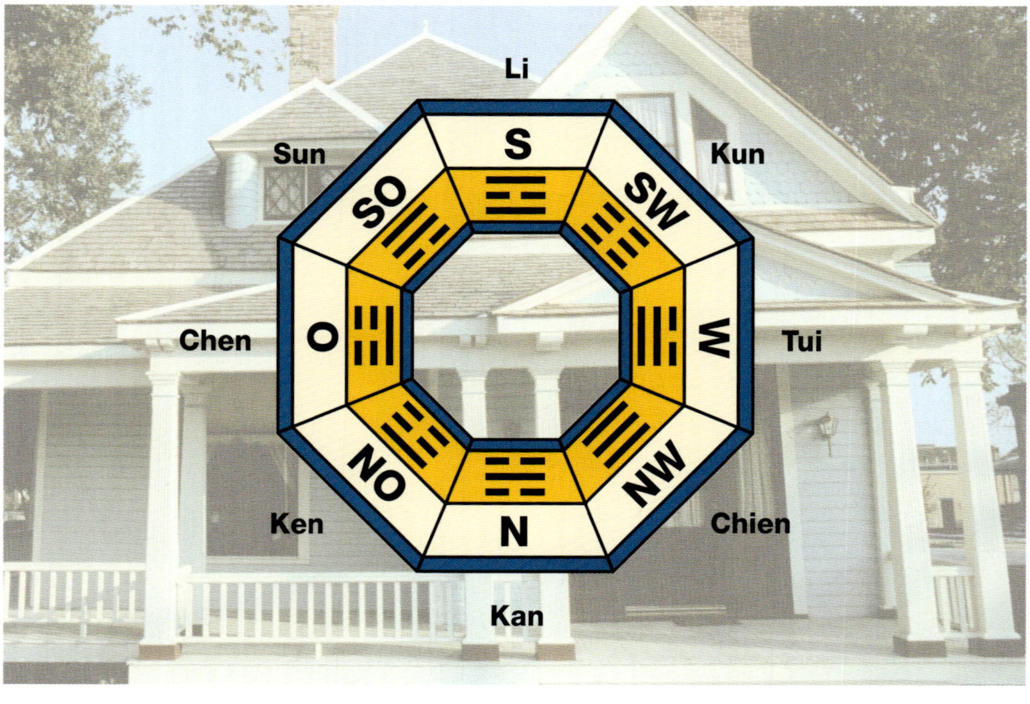

Die Trigramm-Raster

Jetzt kennen Sie das herrschende Trigramm und die Lo-Shu-Zahl Ihres Hauses und können die Diagramme nutzen: Sie legen diese auf den Grundriss des Hauses und analysieren die Bedeutung der Zahlen in den einzelnen Sektoren. Dann addieren Sie eine weitere Zahl (siehe Seite 70), die zusätzliche Informationen liefert.

Diese jährlichen Stern-Zahlen dürfen nicht mit den Berg- und Wasser-Sternzahlen verwechselt werden (siehe Seite 88–89).

Unten sind die acht Diagramme der Trigramm-Häuser abgedruckt. Sie sehen nun, wie wichtig das Lo-Shu-Quadrat im Feng Shui ist.

Lo Shu eines Sun-Hauses

	SO	S	SW	
	3	8	1	
O	2	4	6	W
	7	9	5	
	NO	N	NW	

Lo Shu eines Li-Hauses

	SO	S	SW	
	8	4	6	
O	7	9	2	W
	3	5	1	
	NO	N	NW	

Lo Shu eines Kun-Hauses

	SO	S	SW	
	1	6	8	
O	9	2	4	W
	5	7	3	
	NO	N	NW	

Lo Shu eines Chen-Hauses

	SO	S	SW	
	2	7	9	
O	1	3	5	W
	6	8	4	
	NO	N	NW	

Die Trigramme entsprechen der Sitzrichtung der Häuser. Das farbige Quadrat ist die Sitzrichtung, von der die Zahlen in der Mitte abgeleitet sind. Die anderen Zahlen basieren auf der Flugsequenz des magischen Lo-Shu-Quadrates.

Lo Shu eines Tui-Hauses

	SO	S	SW	
	6	2	4	
O	5	7	9	W
	1	3	8	
	NO	N	NW	

	SO	S	SW	
	7	3	5	
O	6	8	1	W
	2	4	9	
	NO	N	NW	

Lo Shu eines Ken-Hauses

	SO	S	SW	
	9	5	7	
O	8	1	3	W
	4	6	2	
	NO	N	NW	

Lo Shu eines Kan-Hauses

	SO	S	SW	
	5	1	3	
O	4	6	8	W
	9	2	7	
	NO	N	NW	

Lo Shu eines Chien-Hauses

Trigramm-Raster
kombiniert mit Jahres-Horoskopen

Diese Seite zeigt, wie man Trigramm-Raster mit den Stern-Jahres-Zahlen für 2006 und 2007 kombiniert.

Wenn Sie diese Diagramme zusammen mit den Zahlen auf den folgenden Seiten benutzen, können Sie Ihr Feng Shui verbessern und Jahr für Jahr Störungen in den Räumen beseitigen. Dabei lernen Sie schnell, auch die Zahlen ab 2008 zu verwenden.

Chien-Haus in 2006
schaut SO sitzt NW

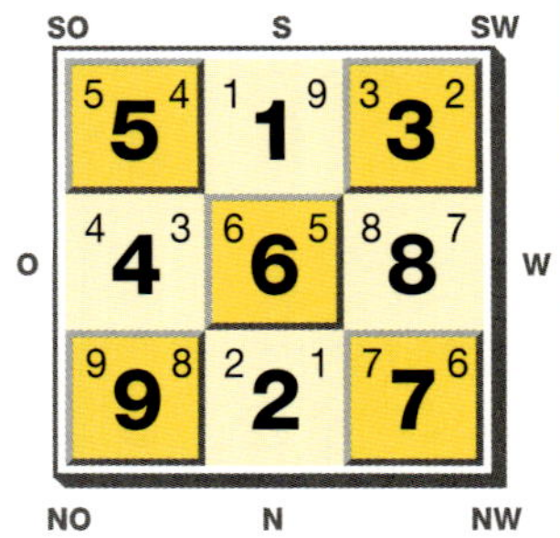

Kan-Haus in 2006
schaut S sitzt N

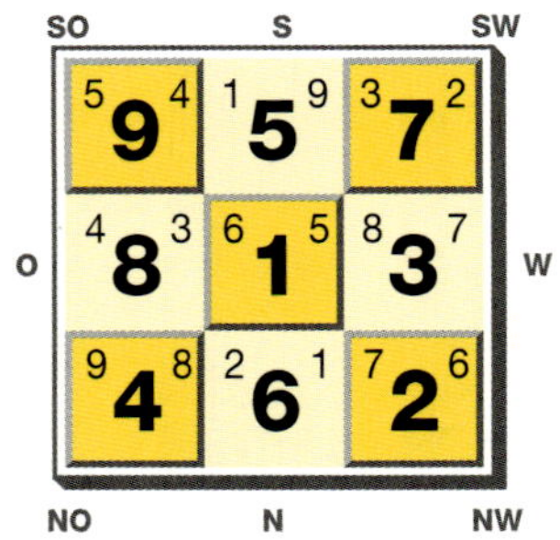

Ken-Haus in 2006
schaut SW sitzt NO

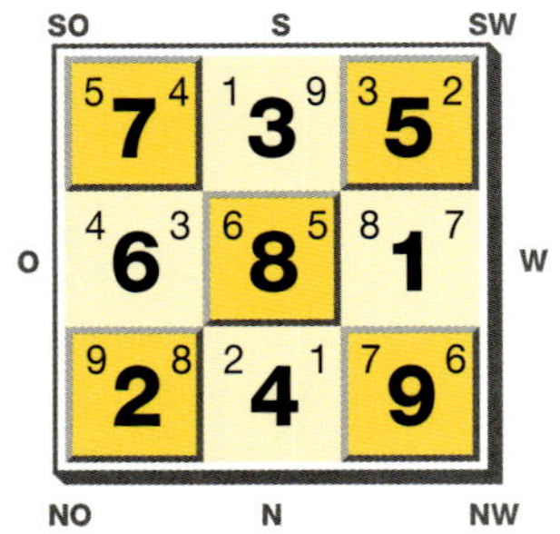

Tui-Haus in 2006
schaut W sitzt O

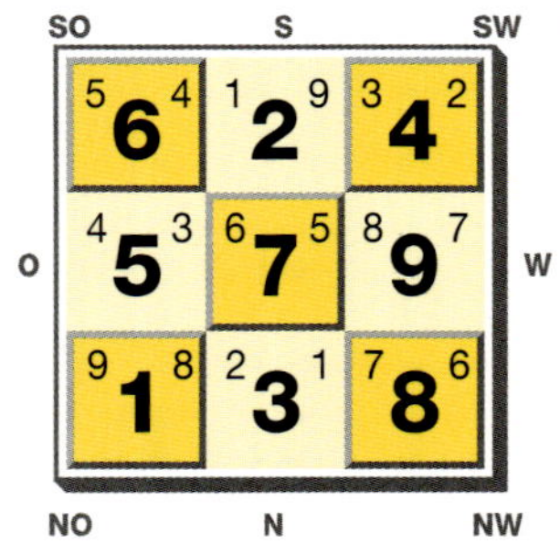

Trigramm-Raster-Zahlen mit Stern-Jahres-Zahlen.

Die Zahlen für 2007 stehen oben rechts; die 2 steht im mittleren Feld.

Die Zahlen für 2006 stehen oben links; die 3 steht im mittleren Feld.

Chen-Haus in 2006
schaut W sitzt O

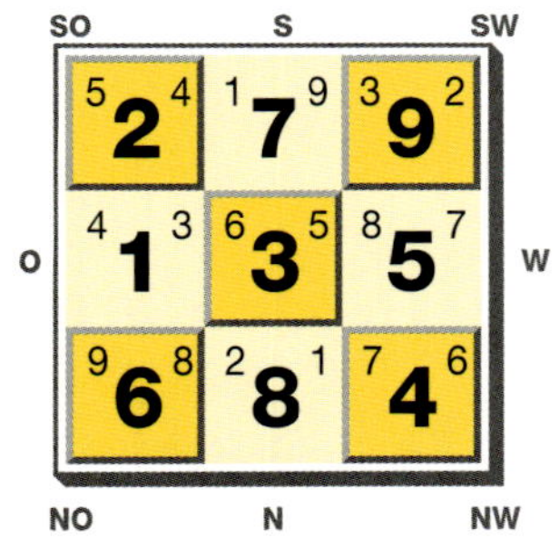

Kun-Haus in 2006
schaut NO sitzt SW

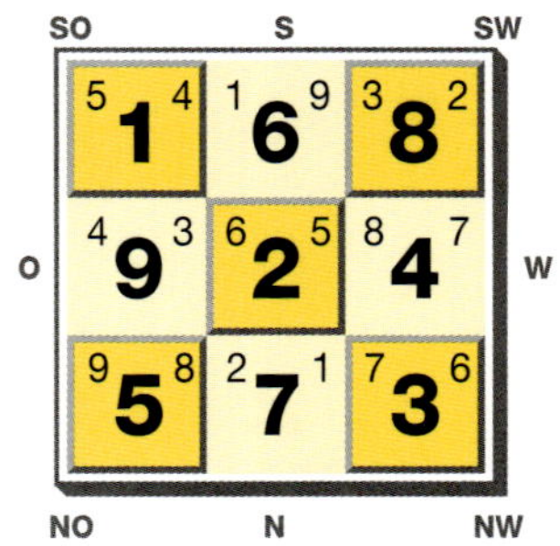

Li-Haus in 2006
schaut S sitzt N

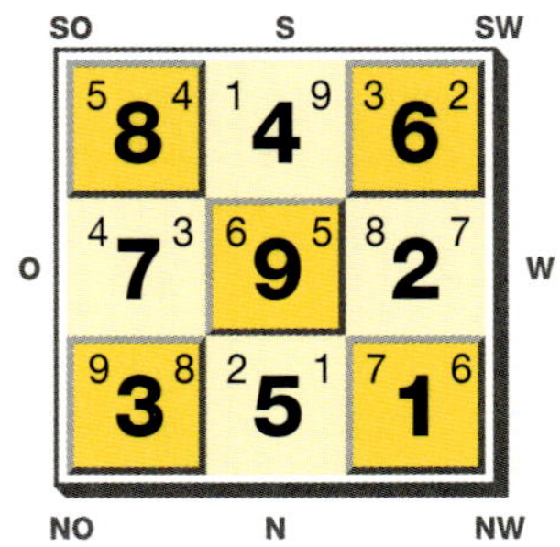

Sun-Haus in 2006
schaut NW sitzt SO

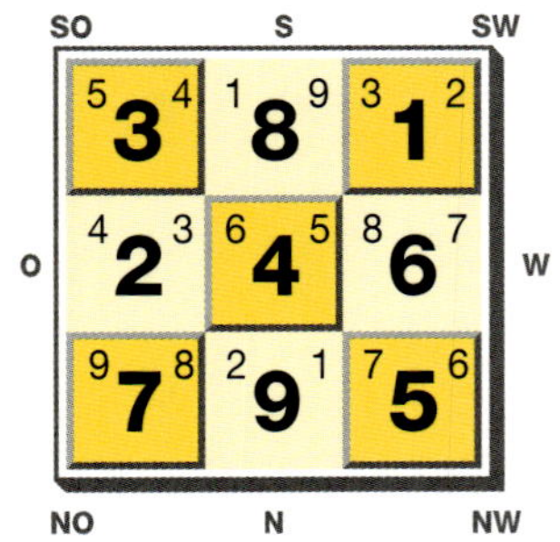

Trigramm-Horoskope lesen

Wichtig sind auch die Perioden, die zeitlichen Zyklen (siehe Seite 85), denn sie beeinflussen die Bedeutung der Jahres-Zahlen. Alle 20 Jahre wechselt die Periode. Periode 7 endete am 4. Februar 2004; dann begann Periode 8.

Beginnen Sie mit der zentralen Zahl

Das Beispiel auf dieser Seite ist ein Chen-Haus, weil es im Osten sitzt und nach Westen schaut. Da die Ost-Zahl 3 ist, steht sie in der Mitte. Die übrigen Zahlen füllen Sie nach der Flug-Sequenz (siehe Seite 30) des Lo-Shu-Horoskops aus.

Tragen Sie die kleinen Zahlen ein

Die kleinen Zahlen sind die Jahres-Zahlen für 2006. Schreiben Sie die richtige Jahres-Zahl in jeden Sektor, und Sie erhalten ein Diagramm, das die zwei Zahlen in jedem Quadrat zeigt (die Jahres-Zahlen für die nächsten 20 Jahre finden Sie auf Seite 36).

Das Lesen des Diagramms

Legen Sie nun das Diagramm auf den Grundriss Ihres Hauses. Es zeigt, welche Räume in einem bestimmten Jahr Glück oder Unglück bringen. Das Glück jedes Sektors richtet sich nach den Bedeutungen der Zahlenkombinationen in den Trigramm-Rastern auf den folgenden Seiten. Um diese Kombinationen zu interpretieren, müssen Sie die Element-Interaktionen der Zahlen und die Bedeutung der Zahlen selbst kennen. Dieses Diagramm liefert also wichtige Informationen für die Bewohner der einzelnen Teile eines Hauses. Es ist nicht schwierig, dieses Feng-Shui-System zu erlernen. Sie brauchen dafür nur Grundkenntnisse über das Lo-Shu-Quadrat, die Flug-Sequenz seiner Zahlen und die Zahlen der Acht Richtungen.

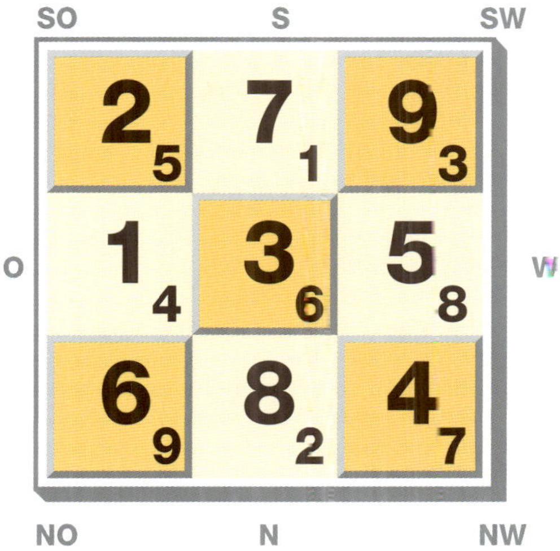

LINKS
Die kleinen Zahlen im Chen-Diagramm sind die Zahlen von 2003. Versuchen Sie, die Zahlen für 2004 nachzutragen (mit der 5 in der Mitte) und festzustellen, wie das Glück in den Sektoren sich zwischen 2003 und 2004 veränderte.

Diagramm-Analyse

Die Diagramme auf Seite 70 zeigen, was die Kombination aus Trigrammen und Jahres-Zahlen bedeuten. Damit können Sie jedes der Acht Häuser der Jahre 2006 und 2007 analysieren. Die Diagramme fassen die Kernbedeutung der Zahlen zusammen und unterstützen damit Ihre Feng-Shui-Praxis.

Trigramm-Raster deuten – Die Zahl 1 und die Jahres-Zahlen

Die Zahl 1 ist eine weiße (gerade) Zahl und gilt daher als eine der drei glücklichsten Zahlen. Wenn Ihr Schlafzimmer in einem Teil des Hauses liegt, das die Zahl 1 hat, ist das ein günstiges Zeichen. Wenn die Zahl dann auch noch mit 1, 6 oder 8 kombiniert ist, wird das Glück noch größer.

Trigramm-Zahl	Jahres-Zahl	Bedeutung	Verstärkung/Dämpfung der Tendenz
1	**1**	Hervorragend für akademische Studien, Forschung und kreative Arbeit. Glück mit Geld. Bei Störung durch die Monats-Sternzahlen 5 oder 2 drohen Nierenkrankheiten und Unfälle, die mit Alkohol zusammenhängen, denn diese Kombination bedeutet »zu viel Wasser«. Eine doppelte 1 ist sehr vorteilhaft.	Ein Windspiel mit 6 Röhren, ganz aus Metall, aktiviert und beseitigt Störungen. Vorsicht, wenn die 5 oder 2 in bestimmten Monaten erscheint. Hängen Sie dort sicherheitshalber ein Windspiel auf.
1	**2**	Möglich sind Eheprobleme, Fehlgeburten und Verkehrsunfälle. Die 2 ist keine gute Zahl in Verbindung mit der 1.	Pflanzen erschöpfen die Wasser-Zahl 1 und stärken das Element Erde.
1	**3**	Klatsch und Gerüchte bringen Kummer. Prozesse und rechtliche Verwicklungen drohen.	Wasser aktiviert, Wasserpflanzen transformieren die feindselige 3.
1	**4**	Glück in der Politik, in den Medien und in der Öffentlichkeit. Romantisches Glück, besonders für Frauen. Autoren haben Glück beim Schreiben. Eine sehr gute Kombination für die literarische Arbeit.	Verwenden Sie langsam fließendes Wasser, aber nicht zu viel, weil das zu sexuellen Problemen führen kann.
1	**5**	Gesundheitsprobleme, Krankheit, Lebensmittelvergiftung, Verletzungen durch Unfälle. Die 5 ist immer zu fürchten.	Ein metallenes Windspiel aus 6 Röhren erschöpft die 5 und stärkt die 1 des Wassers.
1	**6**	Großes Karriereglück, Beförderung, finanzielles Glück. Kopfschmerzen, vor allem wenn die Monats-Zahlen 5 oder 2 auftauchen.	Aktivieren Sie mit Metall, z. B. Münzen, Barren und goldenen Kunstwerken (kein Metall, das sich bewegt).
1	**7**	Finanzielles Glück in Periode 7, aber auch ein Indiz für rücksichtslose Konkurrenz. Schlecht in Periode 8.	Aktivieren Sie mit Kristallen oder einem Edelsteinbaum. Zitrin passt gut zur 1.
1	**8**	Großes finanzielles Glück. Möglicherweise Missverständnisse zwischen Liebenden, Geschwistern und guten Freunden. Geschäftspartner haben Probleme.	Aktivieren Sie mit weißen Kristallen und mit fließendem Wasser, um den Wohlstand zu fördern.
1	**9**	Glück im Beruf und mit Geld kann zu Unglück werden, wenn die 5 erscheint. Augenprobleme.	Kein Grund zum Aktivieren. Sparsam mit Rottönen umgehen.

Trigramm-Raster deuten – Die Zahl 2 und die Jahres-Zahlen

Die Zahl 2 ist die Krankheits-Zahl und gilt daher als gefährlich. Wenn Ihr Schlafzimmer in einem Teil des Hauses liegt, der die Zahl 2 hat, sollten Sie umgehend ein Windspiel anbringen, vor allem wenn die Jahres- oder Monats-Zahl 2 auch auftaucht, die das durch die 2 bedingte Unglück noch verstärkt.

Trigramm-Zahl	Jahres-Zahl	Bedeutung	Verstärkung/Dämpfung der Tendenz
2	1	Eheprobleme, wenn diese Kombination im Schlafzimmer auftaucht. Fehlgeburt, Unfälle und der Verlust eines geliebten Menschen drohen.	Metallene Windspiele erschöpfen die ungünstige 2. Ein Umzug in ein anderes Zimmer ist ebenfalls eine gute Idee.
2	2	Kein gutes Zeichen. Verstärkt heftige negative Gefühle. Krankheit und Unfälle drohen. Die doppelte 2 ist gefährlich.	Windspiele mit 6 Röhren, Münzen und Glocken liefern den notwendigen starken Metallklang.
2	3	Heftiger Streit und große Missverständnisse. Feindseligkeit, Verrat, Hass und Rechtsstreit. Wenn Ihr Zimmer an dieser Kombination leidet, kann es große Probleme geben.	Stilles Wasser (yin) kühlt das Temperament. Hier die Energie nicht mit Windspielen, Musik oder Lärm stören. Das Zimmer sollte still bleiben.
2	4	Ehefrauen und Schwiegermütter zanken. Familienstreit liegt in der Luft. Gut für Schriftsteller, Journalisten und Schüler; aber das Glück kann kurzlebig sein.	Stilles Wasser (yin) in einer Vase erzeugt ein wenig Harmonie. Probieren Sie auch glatte Kristallkugeln aus. Das hilft recht gut, um Probleme mit den Schwiegereltern zu überwinden.
2	5	Extrem ungünstig. Totalverlust und Katastrophen. Eine der gefährlichsten Kombinationen des Fliegenden Sterns. Wenn die 5 auftaucht, kann jeder, der sich dort aufhält, todkrank werden.	Verwenden Sie starke Windspiele. Zünden Sie kein Feuer an – sonst droht der Tod. Wann immer die 2 und die 5 zusammen auftauchen, ist Vorsicht geboten.
2	6	Ein sehr angenehmes Leben mit viel Muße, Macht und Autorität. Diese günstige Kombination wird verdorben, wenn Sie hier ein Windspiel mit 5 Röhren aufhängen – dann werden die drei Zahlen (tien ti ren) negativ.	Kein Windspiel verwenden. Bei Magenbeschwerden ein rotes Amulett auflegen. Ein Kristallbaum wäre hier hilfreich.
2	7	Geld in Periode 7, aber wenig Glück für die Kinder. Probleme bei der Zeugung. Skrupellose Menschen intrigieren am Arbeitsplatz gegen Sie.	Verwenden Sie metallene Windspiele und Glocken. Hängen Sie ein Schwert mit Münzen auf, um Intrigen am Arbeitsplatz zu entschärfen. Auch ein Hahn aus Porzellan ist gut.
2	8	Reichtum, aber auch Krankheit (die jedoch heilbar ist).	Wasser und Wu Lou, das Symbol der Gesundheit, schützen vor Krankheiten.
2	9	Extremes Unglück. Nichts gelingt ohne Heilmittel. Kein gutes Zeichen für Kinder.	Verwenden Sie Wasserpflanzen, Münzen oder Windspiele.

Trigramm-Raster deuten – Die Zahl 3 und die Jahres-Zahlen

Die Zahl 3 ist die Zahl des Streites – hier, im Trigramm-Raster, ebenso wie Feng Shui des Fliegenden Sterns.

Wenn Sie Ihr Zimmer stört, müssen Sie Feindseligkeit und Streit erdulden, sofern Sie nicht für Abhilfe sorgen.

Trigramm-Zahl	Jahres-Zahl	Bedeutung	Verstärkung/Dämpfung der Tendenz
3	1	Klatsch und Gerüchte bringen Kummer. Prozesse und rechtliche Verwicklungen sind möglich.	Wasser und Wasserpflanzen aktivieren. Wenn Sie bereits in einen Prozess verstrickt sind, sollten Sie vorübergehend in ein anderes Zimmer ziehen. Ein Obelisk aus natürlichem Kristall hilft.
3	2	Gefährlich für Politiker. Prozesse oder gar Gefängnis. Klatsch, Verleumdung. Unglück für Frauen. Fettleibigkeit.	Manche Meister empfehlen Gold und Feuer. Ich schätze auch Gemälde, die Goldfische und rote Fische darstellen.
3	3	Klatsch und Verleumdung. Streit. Raub. Eine sehr gefährliche Situation. Verhindern Sie zu viel Lärm in dem Teil des Hauses, der von der doppelten 3 gestört wird. Im Fliegenden Stern bringt die doppelte 3 Feindseligkeit und verschlimmert jedes Unglück.	Verwenden Sie ein Schwert mit Münzen. Metall ist notwendig, aber nicht sein Klang. Stilles W immer gut. Dunkelblaue Teppiche und Vorhänge lindern die Probleme.
3	4	Sexuelle Skandale: Fremde dringen in Ihre Familie ein. Das können Sie mit Kristallen unter dem Bett verhindern.	Helles Licht vertreibt das Skandal-Chi. Legen Sie einen Amethyst am Fußende unters Bett.
3	5	Wohlstand geht verloren. Schwere Geldprobleme. Wenn Ihr Schlafzimmer hier liegt, ist der finanzielle Verlust groß. Wenn die Küche hier liegt, ist Krankheit unvermeidlich.	Erschöpfen Sie die 5 mit einem Bild, das einen kupferfarbenen Berg darstellt. Yin-Metall ist sehr hilfreich.
3	6	Eine Zeit des langsamen Wachstums. Verletzungen am Bein. Schlecht für junge Männer.	Verwenden Sie stilles Wasser (yin).
3	7	Sie werden beraubt. Gewalt. Verletzungen durch Messer oder Schusswaffen möglich. Blut.	Verwenden Sie stilles Wasser (yin), um die 7 zu entschärfen.
3	8	Nicht gut für Kinder unter 12 Jahren. Gefahr für Gliedmaßen.	Helles Licht ist hilfreich.
3	9	Raub. Rechtsstreit. Kämpfe.	Verwenden Sie stilles Wasser (yin).

Trigramm-Raster deuten – Die Zahl 4 und die Jahres-Zahlen

Die Zahl 4 ist im Feng Shui des Fliegenden Sterns und der Häuser eine günstige Zahl, die akademisches Glück bringt. Sie gilt außerdem als Zahl der Romantik, obwohl daraus ein Skandal werden kann, wenn Sie auf zu viel Wasser-Energie trifft.

Trigramm-Zahl	Jahres-Zahl	Bedeutung	Verstärkung/Dämpfung der Tendenz
4	**1**	Sehr viel romantisches Glück, aber zu viel Wasser führt zu Sex-Skandalen. Affären machen unglücklich und zerbrechen die Familie. Lassen Sie sich nicht mitreißen. Viel Glück bei kreativer Arbeit und beim Schreiben.	Eine Kuan-Yin-Figur oder eine Figur des lachenden Buddha kann das Glück vergrößern und verhindern, dass Sie ausrasten.
4	**2**	Innere Organe erkranken. Der Ehemann hat eine Affäre oder wird in eine riskante Lage gebracht. Skandale können die Folge sein.	Legen Sie zur Vorbeugung einen Amethyst unters Bett. Er sollte jedoch groß genug sein (10–14 cm).
4	**3**	Probleme mit der Beziehung, sexuelle und emotionale Probleme belasten.	Kräftiges Rot schafft Abhilfe, z.B. zimtrote Kissen, Vorhänge und Wandteppiche.
4	**4**	Viel Glück bei kreativer Arbeit und beim Schreiben. Für das andere Geschlecht sehr attraktiv. Blühende Romanze.	Frische Blumen fördern die Romanze. Hüten Sie sich vor zu viel Wasser, aber aktivieren Sie mit Symbolen des doppelten Glücks und der Romantik.
4	**5**	Sexuell übertragbare Hautkrankheiten. Brustkrebs. Hohes Krankheitsrisiko.	Ein Gemälde, das Wasser und einen Berg zeigt, hilft. Ein Windspiel entschärft die 5.
4	**6**	Glück mit Geld, aber schwindende Kreativität. Unglück für Frauen, vor allem für Schwangere, die in ein anderes Zimmer ziehen sollten.	Kristalle stärken das Element Erde. Stellen Sie das Symbol der Gesundheit (Wu Lou) neben das Bett.
4	**7**	Pech in der Liebe. Vom anderen Geschlecht betrogen. Krankheiten im Oberschenkel und im Unterleib. Ein Schlafzimmer ist schwer gestört. Liegt die Hautür in diesem Bereich, sollten Sie dort ein Paar Chi Lin aufstellen.	Yang-Wasser entschärft die Lage. Es gibt mehrere Wasser-Heilmittel; aber verwenden Sie im Schlafzimmer Blau und Schwarz.
4	**8**	Sehr viel Glück für Autoren. Schlecht für sehr kleine Kinder. Hinweis auf Verletzungen von Gliedmaßen.	Licht beseitigt die Gefahr für Kinder. Runde, natürliche Kristalle – je größer, desto besser – verstärken das Glück der 8.
4	**9**	Eine Zeit der Vorbereitung. Gut für Studenten. Vorsicht – ein Feuer könnte ausbrechen.	Verwenden Sie Holz oder Pflanzen. Das Element Feuer darf aber nicht zu stark sein.

Trigramm-Raster deuten – Die Zahl 5 und die Jahres-Zahlen

Die Zahl 5 ist sehr ungünstig. Jedes Mal, wenn sie in Ihrem Schlafzimmer oder an der Haustür erscheint, bringt sie Krankheit, Unfälle und schwere finanzielle Verluste mit sich. Zum Glück ist es nicht sehr schwer, sie zu entschärfen.

Trigramm-Zahl	Jahres-Zahl	Bedeutung	Verstärkung/Dämpfung der Tendenz
5	1	Ohrenkrankheiten und sexuelle Probleme sind möglich. 5 mit 1 bedeutet Unglück.	Verwenden Sie metallene Windspiele mit 6 Hohlröhren. Das entschärft die 5 und stärkt die 1.
5	2	Extremes Unglück. Eine Krankheit kann tödlich sein. Am besten verlassen Sie das betroffene Zimmer. Diese zwei Zahlen zusammen sind gefährlich. Krankheit ist gewiss, aber auch Verluste drohen.	Verwenden Sie viele Windspiele mit 6 Röhren, Goldmünzen und Metall-Energie, denn die 5 und die 2 verstärken sich gegenseitig, und die Folgen sind verheerend.
5	3	Geldprobleme. Streit. Pech im Geschäft kann zu Prozessen führ die den Bewohner extrem belasten.	Befestigen Sie 6 Münzen an den Wänden und über der Tür.
5	4	Kreativität schwindet. Krankheit. Hautprobleme können sich erheblich verschlimmern.	Ein Bild mit Wasser und Bergen hilft. Stellen Sie Pflanzen mit großen Blättern auf, um die negative Energie zu absorbieren und die 4 zu stärken.
5	5	Eine sehr kritische Kombination. Die doppelte 5 steht für große Gefahr. Das Unglück schlägt unerbittlich zu. Schwere Krankheiten und Unfälle können tödlich sein. Seien Sie auf der Hut.	Verwenden Sie Windspiele mit 6 Röhren. Malen Sie das Zimmer weiß an, legen Sie 6 Goldmünzen unter den Teppich, und bringen Sie 6 Goldmünzen über der Tür an.
5	6	Finanzielles Pech. Verluste. Krankheiten im Kopfbereich. Gefahr auch für Männer.	Legen Sie 6 Münzen unter den Teppich, um die Metall-Energie zu stärken.
5	7	Viel Streit. Krankheiten des Mundes.	Münzen und Glocken sind hilfreich, ebenso Windspiele. In Periode 8 wird diese Kombination jedoch gefährlich.
5	8	Probleme mit Gliedmaßen, Gelenken und Knochen. Hüten Sie sich vor rauen Sportarten.	Yang-Wasser entschärft die Lage.
5	9	Unglück überall. Spekulieren und spielen Sie nicht – Verluste sind gewiss. Augenprobleme. Feuergefahr.	Wasser und Bilder in Rot und Gold sind hilfreich, ebenso Windspiele.

Trigramm-Raster deuten – Die Zahl 6 und die Jahres-Zahlen

Die Zahl 6 ist ebenfalls eine weiße Glückszahl und gilt als eine der günstigsten Zahlen im Fliegenden Stern und im Trigramm-Feng-Shui. Wenn Ihr Schlafzimmer in einem Teil des Hauses liegt, der die Zahl 6 hat, ist das ein äußerst gutes Zeichen.

Trigramm-Zahl	Jahres-Zahl	Bedeutung	Verstärkung/Dämpfung der Tendenz
6	1	Finanzielles Glück und beruflicher Erfolg in der Familie lösen Freude aus. Ein klares Glückszeichen. Kopfschmerzen wegen zu viel Stress.	Mit Metall-Energie aktivieren, da Metall Wasser hervorbringt und die 6 stärkt. Stellen Sie eine Schale mit Goldbarren auf.
6	2	Großer Wohlstand. Alles ist erfolgreich. Magenstörungen. Patriarch kann krank werden.	Kein Grund zum Aktivieren; aber gleichen Sie mit Glocken (Metall-Energie) aus, um die 6 zu stärken und die 2 zu dämpfen.
6	3	Unverhoffter Glücksfall. Glück beim Spekulieren. Verletztes Bein.	Mit Edelsteinen oder einer Schale »Diamanten« (Kristallen) aktivieren. Es gibt nichts Besseres, um Wohlstand zu fördern. Starke Pflanzenenergie und das Entfernen von Metall schützen vor Verletzungen.
6	4	Unverhoffter Glücksfall für Frauen in der Familie. Unterleibsverletzung. Schwangere müssen vorsichtig sein.	Mit glatten Kristallkugeln aktivieren, nicht mit Metall-Energie, weil das gefährlich sein kann.
6	5	Finanzielles Glück ist blockiert. Krankheiten können ausbrechen.	Glocken und Messingspiegel entschärfen die 5.
6	6	Großes finanzielles Glück vom Himmel. Zu viel Metall kann jedoch gefährlich sein; aktivieren Sie also nicht mit Metall.	Kein Grund zum Aktivieren – lassen Sie es bleiben!
6	7	Streit wegen Geld. Zank. Feindseligkeit kann hässlich werden. Erfolg löst Neid aus. Seien Sie vorsichtig.	Wasser hält Klatsch und Neid in Grenzen.
6	8	Reichtum, Beliebtheit, Wohlstand. Wohl die beste Kombination im Fliegenden Stern. Liebende werden einige Zeit allein sein.	Mit Wasser aktivieren. Die Haustür oder ein Fenster sollte sich in diesem Sektor befinden, denn dies ist eine sehr günstige Kombination. Verwenden Sie Kristalle als »Diamanten«.
6	9	Finanzielles Glück. Enttäuschung zwischen Generationen führen zu Streit.	Wasser lindert die täglichen Spannungen. Ein Messingspiegel absorbiert schlechtes Chi und verringert die Gefahr von Missverständnissen, die eskalieren könnten.

Trigramm-Raster deuten – Die Zahl 7 und die Jahres-Zahlen

Die Zahl 7 war in der vorigen Periode eine Glückszahl und brachte daher seit 1984 großen Wohlstand.

Danach schwand ihre Energie schnell und wurde negativ. Seit dem 4. Februar 2004 ist die 7 extrem ungünstig und schwach. Unfälle, Einbruch und Gewalt sind die Folge, ebenso schwere Verletzungen durch Metall. Schutzmaßnahmen sind unerlässlich!

Trigramm-Zahl	Jahres-Zahl	Bedeutung	Verstärkung/Dämpfung der Tendenz
7	**1**	Extrem günstig für Wohlstand. Aber der Wettbewerb ist mörderisch. Vorsicht mit Partnern und Geschäftsfreunden.	Wasser stärkt die 1 und leitet gutes Chi in die Kombination.
7	**2**	Finanzielles Glück schwindet, ebenso das Glück der Kinder. Kleine Kinder sollten vorsichtig sein.	Verwenden Sie Windspiele.
7	**3**	Große Gefahr für die Gliedmaßen – Verletzungen drohen. Seien Sie vorsichtig! Nicht die Metall-Energie stärken, denn sie wird gefährlich.	Stilles Wasser (yin) entschärft die Metall-Energie. Das Wasser muss in einer mindestens 45 cm tiefen Vase sein.
7	**4**	Jemand vom anderen Geschlecht nimmt Sie auf eine Fahrt mit (schützen Sie sich mit einem Amulett vor finanziellen Verlusten). Schwangere müssen ebenfalls vorsichtig sein.	Wasser verwenden. Wenn das Haus älteren Menschen gehört, sollten sie Blumen aus dem Schlafzimmer entfernen.
7	**5**	Ärger durch viel Klatsch. Es droht eine Vergiftung oder ein Problem, das mit dem Mund zu tun hat.	Verwenden Sie Münzen, Glocken oder Windspiele aus Metall. Die Farbe Rot ist ebenfalls hilfreich.
7	**6**	Großes Pech, obwohl die günstige 6 unter gewissen Umständen dominieren kann.	Wasser entschärft die 7.
7	**7**	Beliebtheit ist wichtiger als Wettbewerb. Finanzielles Glück. Bei jungen Leuten gewinnt der Sex an Schwung. Hüten Sie sich vor Schlemmerei.	Wasser dämpft Exzesse. Die 7 muss immer in Schach gehalten werden.
7	**8**	Wie oben, aber besser wegen der 8. Hier ist das Glück stärker als das Unglück.	Wasser und viel Kristall-Energie verwenden, um die Energien der 8 zu stärken und das Glück zu fördern.
7	**9**	Alle Probleme sind darauf zurückzuführen, dass Sie bei sexuellen Annäherungsversuchen schwach werden. Feuergefahr.	Erde (ein großer Flussstein) wehrt Unglück ab. Die 7 muss in Schach gehalten werden. Wasser-Chi (Blau, Schwarz und Bilder mit Wassermotiven) verwenden.

Trigramm-Raster deuten – Die Zahl 8 und die Jahres-Zahlen

Die Zahl 8 ist die dritte weiße Zahl und gilt als günstigste Zahl im Trigramm- und im Feng Shui des Fliegenden Sterns. Seit Beginn der neuen 20-Jahres-Periode am 4. Februar 2004 bringt die 8 sehr starke positive Energie und Wohlstand.

Trigramm-Zahl	Jahres-Zahl	Bedeutung	Verstärkung/Dämpfung der Tendenz
8	**1**	Viel Glück zu Wohlstand. Beförderung. Finanzielles Glück. Aber auch Rivalität unter Geschwistern.	Mit Wasser und Kristallen verstärken. Stellen Sie Schiffe oder Segelboote auf, die mit »Diamanten« gefüllt sind, die den Wohlstand enorm fördern.
8	**2**	Sie können möglicherweise reich werden und Immobilien und Kapital anhäufen. Aber es besteht die Gefahr einer Krankheit. Im Allgemeinen ist die 8 aber eine starke und dominierende Glückszahl.	Hängen Sie das Bild eines Berges auf. Ein Felsblock, mit dickem roten Zwirn umwickelt, aktiviert das Erd-Chi. Metall-Energie entschärft die 2, und Erd-Energie stärkt die 8.
8	**3**	Kinder sollten diesen Sektor verlassen. Verletzte Gliedmaßen. Neid verursacht Feindseligkeit und Missverständnisse.	Verwenden Sie Rot oder Gelb.
8	**4**	Dominierende Matriarchin. Das Liebesleben der Jüngeren leidet an Problemen mit der Mutter und vielleicht auch mit der Schwiegermutter. Verletzte Gliedmaßen (ein Amulett schützt).	Verwenden Sie Feuer oder Rot zur Entschärfung. Rot ist besonders wirksam, weil es die matriarchale Energie dämpft.
8	**5**	Probleme mit Gliedmaßen, Gelenken und Knochen. Meiden Sie harte Sportarten wie Bergsteigen oder Skifahren.	Dämpfen Sie mit Wasser. Stellen Sie einen Messingspiegel ins Zimmer, um die Gefahr von Unfällen zu beseitigen.
8	**6**	Reichtum, Beliebtheit, Wohlstand. Das Liebesleben macht eine schwere Zeit durch, aber das Ende ist gut.	Kristalle stärken die 8. Die Haustür oder ein Fenster sollte in diesem Sektor liegen, um Glück zu bringen.
8	**7**	Beliebtheit ist wichtiger als Wettbewerb. Finanzielles Glück. Bei jungen Leuten gewinnt der Sex an Schwung. Hüten Sie sich vor Schlemmerei.	Wasser dämpft Exzesse.
8	**8**	Viel Glück bei der Schaffung von Wohlstand. Sehr günstige Kombination.	Kein Grund, die 8 zu stärken.
8	**9**	Hervorragend für Finanzen und Feste. Missverständnisse zwischen Jüngeren und Älteren können jedoch hässlich werden.	Wasser beruhigt das Feuer.

Trigramm-Raster deuten – Die Zahl 9 und die Jahres-Zahlen

Die Zahl 9 ist die beste Zahl, um die Fülle des Himmels und der Erde zu verbinden. Sie ist sehr positiv, wenn eine günstige Jahres-Zahl sie verstärkt, aber in Kombination mit 2 oder 5 ist sie sehr negativ.

Die wichtigste Eigenschaft der 9 ist die starke Feuer-Energie. Wird die 9 in Schach gehalten, ist sie eine vorzügliche Zahl; andernfalls drohen jedoch Katastrophen aller Art.

Trigramm-Zahl	Jahres-Zahl	Bedeutung	Verstärkung/Dämpfung der Tendenz
9	**1**	Gut für die Karriere und die Finanzen, aber es droht Unglück, wenn die 5 erscheint. Gefahr von Augenkrankheiten.	Nicht verstärken.
9	**2**	Extremes Pech. Nichts gelingt ohne Abwehrmaßnahmen. Kein gutes Zeichen für Kinder. Hier verstärkt die 9 die schlechte Sternzahl 2.	Wasserpflanzen, Windspiele und Münzen verwenden. Helles Licht ist hier nicht ratsam.
9	**3**	Raub. Rechtstreit. Kämpfe. Feuergefahr.	Verwenden Sie stilles Wasser (yin).
9	**4**	Eine Zeit der Vorbereitung. Gut für Studenten. Vorsicht vor Feuer. Die Kombination 9/4 verbirgt Gefahren; darum ist große Vorsicht ratsam.	Verwenden Sie Holz oder Pflanzen, aber fachen Sie die Feuer-Energie nicht zu stark an. Junges Holz ist besser als altes; stellen Sie also junge Pflanzen auf.
9	**5**	Unglück überall. Spekulieren oder spielen Sie nicht – Sie verlieren bestimmt. Augenkrankheiten. Feuergefahr.	Windspiele entschärfen diese potenziell tödliche Kombination.
9	**6**	Finanzielles Glück. Enttäuschung zwischen den Generationen löst Streit aus, meist zwischen Vater und Tochter.	Wasser lindert Reibungen, aber es ist besser, wenn ein junges Mädchen das Zimmer wechselt.
9	**7**	Alle Probleme sind darauf zurückzuführen, dass Sie gegenüber sexuellen Verlockungen aufgeschlossen sind. Feuergefahr.	Erde (ein großer Flussstein) entschärft das Unglück. Ein Amulett schützt vor sexuellen Angriffen.
9	**8**	Hervorragend für Finanzen und Feste. Missverständnisse zwischen Jüngeren und Älteren können jedoch hässlich werden. Gefahr von Neid und Unsicherheit.	Wasser dämpft das Feuer. Stellen Sie eine große Vase mit stillem Wasser (yin) auf. Feuer-Energie muss gedämpft werden, vor allem im Süden.
9	**9**	Gut oder schlecht, je nach den Umständen. Meist ist eine doppelte 9 neutral, so dass es auf die Monats-Zahl ankommt. Wenn die Monatssterne gut sind, wird das Glück größer; wenn die 2 oder die 5 erscheinen, wird das Pech verstärkt.	Nicht verstärken.

So lesen Sie ein Trigramm-Horoskop

Legen Sie das Trigramm-Horoskop auf den Grundriss. Im Beispiel unten sehen wir ein Chen-Haus, das im Osten sitzt und nach Westen schaut. Die Zahl des Ostens ist die 3, und darum ist die 3 die große Zahl in der Mitte, aus der alle anderen Zahlen folgen.

Suchen Sie nun die Zahlen für 2003 (unten links in jedem Feld) und 2004 (unten rechts), um sich über das Glück der wichtigsten Räume in diesen Jahren zu informieren. Diese Räume sind der Eingangsbereich und die Schlafzimmer (gelb unterlegt). Betrachten wir zuerst das große Schlafzimmer und die anderen Schlafzimmer: Die Jahres-Zahlen verraten uns, dass die Bewohner im Jahr 2003 Glück haben; aber das Glück beginnt im Jahr 2004 zu schwinden. Das wird noch deutlicher im Eingangsbereich: 2003 hat der Westteil die sehr günstige 8, die jedoch im Jahr 2004 der 7 weicht, die in diesem Jahr hässlich und gefährlich ist.

Sie brauchen also nur die Zahlen von Jahr zu Jahr zu vergleichen, um vor Problemen gewarnt zu sein. Die böse 7 können Sie entschärfen, indem Sie Wasser in diesen Teil des Hauses stellen, denn es erschöpft die Metall-Energie der 7.

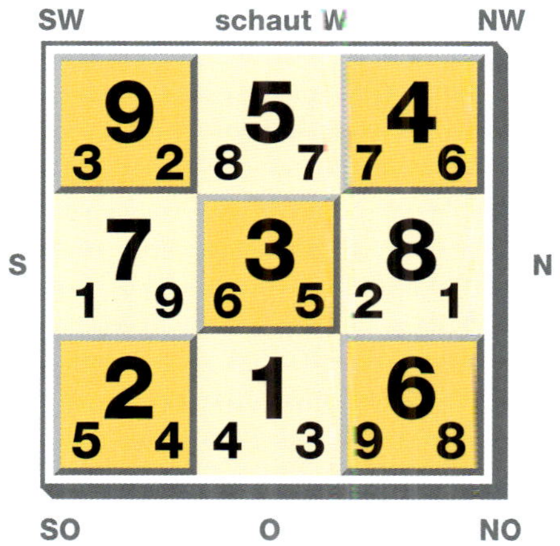

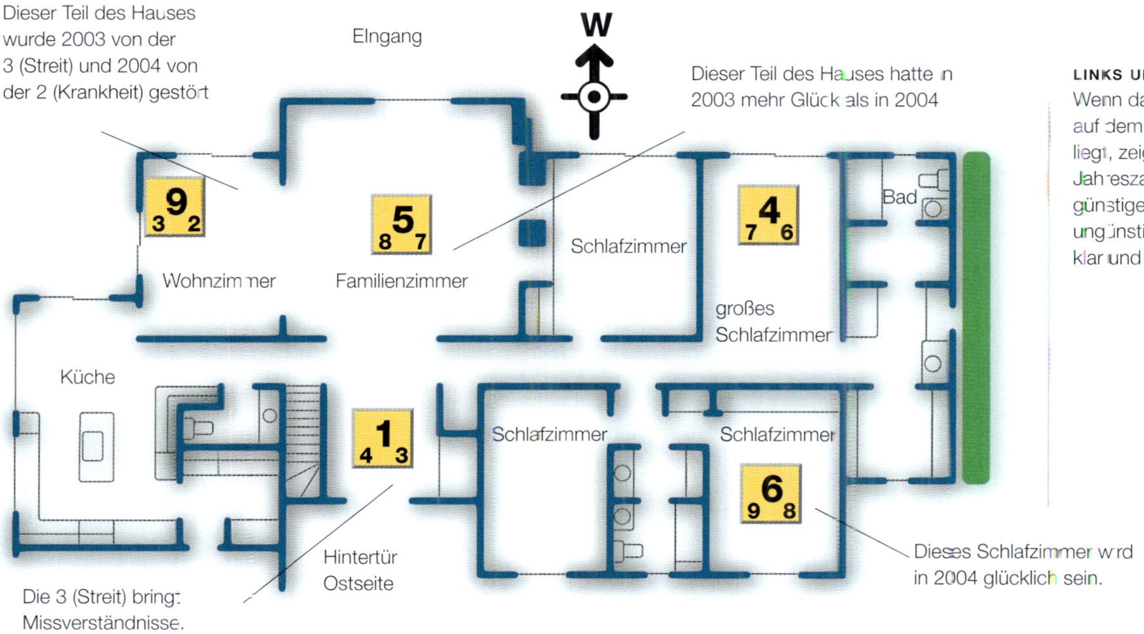

LINKS UND OBEN
Wenn das Horoskop auf dem Grundriss liegt, zeigen die Jahreszahlen die günstigen und ungünstigen Räume klar und deutlich.

Der Fliegende Stern

Nur wenige Menschen wissen, dass Feng Shui auch einen zeitlichen Aspekt hat, den die sehr detaillierten Jahres- und Monatshoroskope des Fliegenden Sterns erhellen. Der Fliegende Stern ist ein Zweig des Kompass-Feng-Shui und basiert darauf, in welche Richtung ein Gebäude »schaut«. Die Geburtshoroskope enthüllt, wie das Glück sich in diesem Gebäude innerhalb einer 20-Jahres-Periode verteilt.

Diese Horoskope verraten Ihnen, wie Sie mehr Glück mit den Finanzen, den Beziehungen und der Gesundheit haben können, indem Sie so an den Zimmern des Hauses arbeiten, dass die Bewohner unmittelbar davon profitieren. Dafür müssen Sie die günstigen Berg- und Wasser-Sterne des Horoskops kennen, einerlei, in welchen Teilen des Hauses sie erscheinen.

Der Raum und die Richtung bleiben konstant, aber die Zeit ändert sich. Jeder neue Zyklus bringt neue Energien und beeinflusst dadurch die Gesundheit, die Finanzen, die Romantik, die Ehe, die Familie und die Ausbildung. Dies ist das aufregende Versprechen des Fliegenden Sterns: Wenn Sie ihn anwenden können, wird ihr Leben angenehmer – für immer.

Der Fliegende Stern

Die Geburtshoroskope des Fliegenden Sterns sind vergleichbar mit dem Geburtshoroskop eines Menschen. Sie beschreiben das »Glück« von Yang-Gebäuden, das heißt, die Zahlen in den einzelnen Feldern enthüllen günstige und ungünstige Räume.

UNTEN
Die derzeitige Periode begann am 4. Februar 2004 und beeinflusst jedes Haus. Feng-Shui-Meister raten Ihnen, Ihr Haus so umzugestalten, dass es ein Haus dieser Periode wird. Dabei sollten Sie, wenn möglich, wenigstens einen Teil des Daches erneuern.

Diese Methode wird »Fliegender Stern« genannt, weil die Zahlen »Sterne« heißen und mit den Himmelsrichtungen und Perioden »fliegen«. Da Feng-Shui-Experten sich über einzelne Aspekte des Fliegenden Sterns uneinig sind, müssen wir Folgendes im Auge behalten:

- Es gibt verschiedene Ansichten darüber, was die Periode eines Gebäudes ist (siehe nächste Seite). Manche sagen, es müssen fertig gebaut sein, andere meinen, es komme auf die letzte Renovierung an (was das ist, bleibt jedoch umstritten) oder auf den Tag, an dem die letzten Bewohner eingezogen sind. Die Periode ist sehr wichtig, weil sie die Grundlage des Geburtshoroskops ist.

- Nicht alle Experten sind sich über die Ausrichtung eines Gebäudes einig. Manche sagen, sie hänge von der Straße ab (dort ist das Chi am stärksten), andere bevorzugen die am wenigsten behinderte Aussicht oder die Richtung der Haustür. Diese Frage müssen Sie an Ort und Stelle klären.

- Nicht alle Experten verordnen bei Störungen die gleichen »Heilmittel« (siehe Seite 93–95). Eine kleine Minderheit besteht darauf, dass es keine Lösung außer einem Umzug gibt. Viele andere nutzen mit großem Erfolg hochwirksame Symbole und die fünf Elemente, um Probleme zu entschärfen.

Wie erstellen Sie Ihr eigenes Stern-Diagramm? Die Diagramme in diesem Buch gehören zur Periode 7, die am 4. Februar 2004 endete. Da wir uns in Periode 8 befinden, finden Sie auf Seite 88–89 auch Diagramme für die Periode 8.

Um das Diagramm zu finden, das zu Ihrem Haus oder zu Ihrer Wohnung passt, stellen Sie sich mit einem Kompass vor das Haus und stellen fest, in welche Richtung es schaut. Dann wissen Sie, welches der 16 Diagramme für Ihr Haus gilt.

Zeitzyklen

Wenn Sie mit den Acht Lebensbereichen des Pa Kua arbeiten (siehe Seite 42–55), spielt das Alter Ihres Hauses keine Rolle. Die wirksameren Methoden berücksichtigen jedoch das Alter eines Gebäudes und die Energie, die sich im Laufe der Zeit verändert.

Eine Ära dauert 180 Jahre und besteht aus drei Zyklen zu je 60 Jahren, die man an unteren, mittleren und oberen Zyklus bezeichnet. Jeder Zyklus wird in 20-jährige Perioden eingeteilt, und jede Periode wird von einer Zahl regiert. In jeder Periode gibt es 16 Geburtsdiagramme.

Die siebte 20-jährige Periode begann am 4. Februar 1984, und alle Gebäude, die innerhalb dieses Zeitraumes gebaut, vollendet oder renoviert wurden, gelten als Häuser dieser Periode. Die Geburtsdiagramme für diese Periode auf Seite 88 zeigen die günstigen Räume in solchen Häusern.

Selbst ein Haus oder eine Wohnung, die vor 1984 gebaut wurden, können durch eine Renovierung oder einen neuen Anstrich während der siebten Periode zu einem Haus oder einer Wohnung dieser Periode geworden sein.

Obwohl Periode 7 am 4. Februar 2004 endete, bleibt das Geburtsdiagramm Ihres Heimes ein Diagramm dieser Periode, solange Sie keine größeren Renovierungen vornehmen, die es zu einem Haus der Periode 8 machen. Weil die Bedeutung einiger Zahlen sich mit der Periode ändert, ist es jedoch notwendig, auch über die Periode 8 nachzudenken, die bis zum 4. Februar 2024 dauern wird.

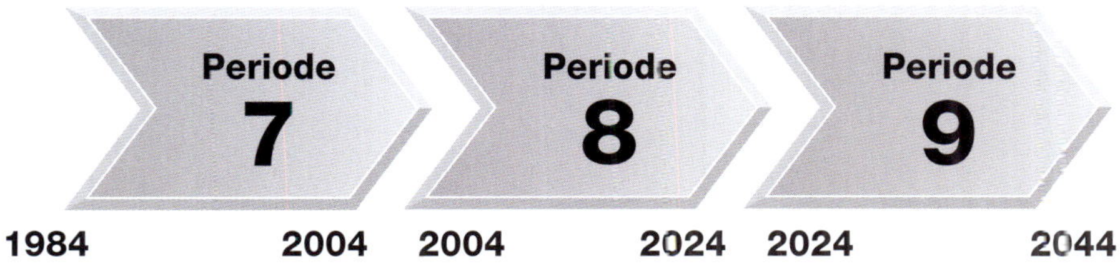

LINKS
Jede Periode dauert 20 Jahre. Periode 7 endete am 4. Februar 2004. Damals begann Periode 8, die bis zum 4. Februar 2024 dauert.

Die 24 Berge der Richtungen

Die 24 Berge beschreiben im Fliegenden Stern die 24 Himmelsrichtungen. Jede der 8 Hauptrichtungen wird in drei Nebenrichtungen unterteilt. Süden ist also Süd 1, Süd 2 und Süd 3 und so weiter. Jede Nebenrichtung umfasst 15 Grade auf dem Kompass.

Die Tabelle unten hilft Ihnen, Ihre Blickrichtung zu bestimmen und das Diagramm zu finden, das zu Ihrem Haus passt. Wenn es ein Haus der Periode 7 ist, finden Sie das Diagramm, das über das Glück dieses Hauses Auskunft gibt, in diesem Kapitel, und Sie können damit das Feng Shui Ihres Hauses analysieren und es danach so einrichten, dass Ihr Wohlstand und Ihre Beziehungen davon maximal profitieren.

Richtung, in die das Haus oder die Haustür schaut*	**Umfang der Richtung in Grad auf einem zuverlässigem Kompass**	**Richtung, in die das Haus oder die Haustür schaut***	**Umfang der Richtung in Grad auf einem zuverlässigem Kompass**
Süd 1	157.5 bis 172.5	Nord 1	337.5 bis 352.5
Süd 2	172.5 bis 187.5	Nord 2	352.5 bis 007.5
Süd 3	187.5 bis 202.5	Nord 3	007.5 bis 022.5
Südwest 1	202.5 bis 217.5	Nordost 1	022.5 bis 037.5
Südwest 2	217.5 bis 232.5	Nordost 2	037.5 bis 052.5
Südwest 3	232.5 bis 247.5	Nordost 3	052.5 bis 067.5
West 1	247.5 bis 262.5	Ost 1	067.5 bis 082.5
West 2	262.5 bis 277.5	Ost 2	082.5 bis 097.5
West 3	277.5 bis 292.5	Ost 3	097.5 bis 112.5
Nordwest 1	292.5 bis 307.5	Südost 1	112.5 bis 127.5
Nordwest 2	307.5 bis 322.5	Südost 2	127.5 bis 142.5
Nordwest 3	322.5 bis 337.5	Südost 3	142.5 bis 157.5

* Wenn Sie in einer Wohnung wohnen, bestimmen Sie die Richtung des Hauses und analysieren dann die Wohnung mit dem Geburtsdiagramm. Benutzen Sie immer einen Kompass. Sie können auch feststellen, wo Ihre Wohnung sich im Lo-Shu-Diagramm des Hauses befindet. Das verschafft Ihnen einen allgemeinen Eindruck vom Glück der Wohnung, denn Sie sehen sofort, ob die Zahlen im Raster günstig oder ungünstig sind. Das ist eine sichere Methode, die guten Wohnungen eines Gebäudes aufzuspüren.

So machen Sie das Beste aus den Diagrammen

Da Sie mit dem Fliegenden Stern Ihr persönliches Feng Shui verbessern wollen, müssen Sie wissen

- welcher Stern für Wohlstand und welcher für gute Beziehungen steht;

- welche Zahlen Glückszahlen oder Unglückszahlen sind und wie man sie verstärken oder heilen kann.

Zuerst müssen Sie mit einem typischen Diagramm vertraut sein. Nachfolgend erläutere ich, was die Zahlen im Diagramm bedeuten und wie man sie liest.

1 Die Kombinationen aller Zahlen im Raster sind wichtig. Die kleinen Zahlen rechts und links der großen Zahl sind die Bergsterne (links) und die Wassersterne (rechts). Sie symbolisieren die Beziehungen und den Wohlstand und sind die entscheidenden Sternzahlen.

2 Die Deutung der Diagramme berücksichtigt auch, welche Periodenzahl die Zahlen des Wassersterns und des Bergsterns beeinflusst. Der Periodenstern ist die große Zahl in der Mitte.

3 Gute Wasserstern-Zahlen werden von Yang-Wasser aktiviert. Wenn Sie Wohlstand anstreben, suchen Sie den Wasserstern 8 und bauen oder kaufen dann ein schönes Wasserelement – am besten mit Fischen, fließendem Wasser und Pflanzen –, das sie dort aufstellen.

4 Gute Bergstern-Zahlen werden vom Element Erde aktiviert. Wenn Sie sich nach Romantik sehnen oder Ihre Ehe stärken wollen oder wenn Ihr Partner Politiker ist und Sie ihn unterstützen möchten, suchen Sie den Bergstern 8 in Ihrem Heim und legen einen großen, natürlichen Kristall in diese Ecke.

Oder leisten Sie sich eine große Porzellanfigurine oder eine Steinskulptur oder hängen ein Bild mit Gebirgsmotiv auf. So verbessern Sie Ihre Beziehung und Ihre Gesundheit. Die besten Aktivatoren sind große, natürliche Kristalle im ursprünglichen Zustand oder große Kristallkugeln.

5 Vergessen Sie nicht, den Einfluss der Monats- und Jahres-Sternzahlen zu analysieren. Sie beeinflussen die Sektoren, und sind ungünstige Zahlen. Häufen sie sich in einem bestimmten Monat, verstärken sie negative Wirkungen erheblich. Das Feng-Shui-Horoskop (siehe Seite 36–37) hilft Ihnen, die Wirkung der Monats- und Jahres-Zahlen in den einzelnen Räumen einzuschätzen.

6 Wenn sich günstige und ungünstige Sterne verbinden, brauchen sie meist einen Katalysator – ein äußeres Symbol –, damit eine Wirkung eintritt.

Die Symbole verbinden sich also mit dem Fliegenden Stern und beschleunigen das Glück oder Unglück.

Deshalb sind dekorative Symbole wichtige »Auslöser«.

Wenn ein schlechter Jahresstern in einen Sektor mit negativen Zahlen im Geburtshoroskop fliegt, sorgt ein »Giftpfeil« (siehe Seite 148) dafür, dass das Unglück viel schneller kommt.

Diagramme der Periode 7

Schaut nach S1

	SO	S	SW	
	2 **6** 3	1 **2** 4	6 **4** 8	
O	1 **5** 4	3 **7** 2	5 **9** 9	W
	6 **1** 8	8 **3** 6	4 **8** 1	
	NO	N	NW	

Schaut nach S2/3

	SO	S	SW	
	4 **6** 1	8 **2** 6	6 **4** 8	
O	5 **5** 9	3 **7** 2	1 **9** 4	W
	2 **1** 5	7 **3** 7	2 **8** 3	
	NO	N	NW	

Schaut nach N1

	NW	N	NO	
	1 **8** 4	6 **3** 8	8 **1** 6	
W	9 **9** 5	2 **7** 3	4 **5** 1	O
	5 **4** 9	7 **2** 7	3 **6** 2	
	SW	S	SO	

Schaut nach N2/3

	NW	N	NO	
	3 **8** 2	7 **3** 7	5 **1** 9	
W	4 **9** 1	2 **7** 3	9 **5** 5	O
	8 **4** 6	6 **2** 8	1 **6** 4	
	SW	S	SO	

Schaut nach O1

	NO	O	SO	
	1 **1** 8	7 **5** 3	8 **6** 4	
N	5 **3** 1	9 **7** 5	4 **2** 9	S
	1 **8** 6	2 **9** 7	6 **4** 2	
	NW	W	SW	

Schaut nach O2/3

	NO	O	SO	
	6 **1** 2	2 **5** 7	1 **6** 6	
N	4 **3** 9	9 **7** 5	5 **2** 1	S
	8 **8** 4	7 **9** 3	3 **4** 8	
	NW	W	SW	

Schaut nach W1

	SW	W	NW	
	2 **4** 6	7 **9** 2	6 **8** 1	
S	9 **2** 4	5 **7** 9	1 **3** 5	N
	4 **6** 8	3 **5** 7	8 **1** 3	
	SO	O	NO	

Schaut nach W2/3

	SW	W	NW	
	8 **4** 3	3 **9** 7	4 **8** 8	
S	1 **2** 5	5 **7** 9	9 **3** 4	N
	6 **6** 1	7 **5** 2	2 **1** 6	
	SO	O	NO	

Schaut nach SO1

	O	SO	S	
	1 **5** 8	9 **6** 7	4 **2** 2	
NO	5 **1** 3	8 **7** 6	2 **4** 9	SW
	3 **3** 1	7 **8** 5	6 **9** 4	
	N	NW	W	

Schaut nach SO2/3

	O	SO	S	
	6 **5** 4	7 **6** 5	3 **2** 1	
NO	2 **1** 9	8 **7** 6	5 **4** 3	SW
	4 **3** 2	9 **8** 7	1 **9** 8	
	N	NW	W	

Schaut nach NO1

	N	NO	O	
	8 **3** 6	1 **1** 4	6 **5** 8	
NW	3 **8** 2	4 **7** 1	5 **6** 9	SO
	2 **9** 3	7 **4** 7	9 **2** 5	
	W	SW	S	

Schaut nach NO2/3

	N	NO	O	
	9 **3** 5	7 **1** 7	2 **5** 3	
NW	5 **8** 9	4 **7** 1	3 **6** 2	SO
	6 **9** 8	1 **4** 4	8 **2** 6	
	W	SW	S	

Schaut nach SW1

	S	SW	W	
	5 **2** 9	7 **4** 7	3 **9** 2	
SO	9 **6** 5	1 **7** 4	2 **8** 3	NW
	8 **5** 6	4 **1** 1	6 **3** 8	
	O	NO	N	

Schaut nach SW2/3

	S	SW	W	
	6 **2** 8	4 **4** 1	8 **9** 6	
SO	2 **6** 3	1 **7** 4	9 **8** 5	NW
	3 **5** 2	7 **1** 7	5 **3** 9	
	O	NO	N	

Schaut nach NW1

	W	NW	N	
	4 **9** 6	5 **8** 7	1 **3** 3	
SW	9 **4** 2	6 **7** 8	3 **1** 5	NO
	2 **2** 4	7 **6** 9	8 **5** 1	
	S	SO	O	

Schaut nach NW2/3

	W	NW	N	
	8 **9** 1	7 **8** 9	2 **3** 4	
SW	3 **4** 5	6 **7** 8	9 **1** 2	NO
	1 **2** 3	5 **6** 7	4 **5** 6	
	S	SO	O	

Diagramme der Periode 8

Schaut nach S1

	SO	S	SW	
	5 **7** 2	9 **3** 7	7 **5** 9	
O	6 **6** 1	4 **8** 3	2 **1** 5	W
	1 **2** 6	8 **4** 8	3 **9** 4	
	NO	N	NW	

Schaut nach S2/3

	SO	S	SW	
	3 **7** 4	8 **3** 8	1 **5** 6	
O	2 **6** 5	4 **8** 3	6 **1** 1	W
	7 **2** 9	9 **4** 7	5 **9** 2	
	NO	N	NW	

Schaut nach N1

	NW	N	NO	
	4 **9** 3	8 **4** 8	6 **2** 1	
W	5 **1** 2	3 **8** 4	1 **6** 6	O
	9 **5** 7	7 **3** 9	2 **7** 5	
	SW	S	SO	

Schaut nach N2/3

	NW	N	NO	
	2 **9** 5	7 **4** 9	9 **2** 7	
W	1 **1** 6	3 **8** 4	5 **6** 2	O
	6 **5** 1	8 **3** 8	4 **7** 3	
	SW	S	SO	

Schaut nach O1

	NO	O	SO	
	4 **2** 3	8 **6** 8	9 **7** 7	
N	6 **4** 1	1 **8** 6	5 **3** 2	S
	2 **9** 5	3 **1** 4	7 **5** 9	
	NW	W	SW	

Schaut nach O2/3

	NO	O	SO	
	7 **2** 9	3 **6** 4	2 **7** 5	
N	5 **4** 2	1 **8** 6	6 **3** 1	S
	9 **9** 7	8 **1** 8	4 **5** 3	
	NW	W	SW	

Schaut nach W1

	SW	W	NW	
	9 **5** 7	4 **1** 3	5 **9** 2	
S	2 **3** 5	6 **8** 1	1 **4** 6	N
	7 **7** 9	8 **6** 8	3 **2** 4	
	SO	O	NO	

Schaut nach W2/3

	SW	W	NW	
	3 **5** 4	8 **1** 8	7 **9** 9	
S	1 **3** 6	3 **8** 1	2 **4** 5	N
	5 **7** 2	4 **6** 3	9 **2** 7	
	SO	O	NO	

Schaut nach SO1

	O	SO	S	
	7 **6** 5	8 **7** 6	4 **3** 2	
NO	3 **2** 1	9 **8** 7	6 **5** 4	SW
	5 **4** 3	1 **9** 8	2 **1** 9	
	N	NW	W	

Schaut nach SO2/3

	O	SO	S	
	2 **6** 9	1 **7** 8	5 **3** 3	
NO	6 **2** 4	9 **8** 7	3 **5** 1	SW
	4 **4** 2	8 **9** 6	7 **1** 5	
	N	NW	W	

Schaut nach NO1

	N	NO	O	
	9 **4** 6	2 **2** 8	7 **6** 4	
NW	4 **9** 1	5 **8** 2	6 **7** 3	SO
	3 **1** 9	8 **5** 5	1 **3** 7	
	W	SW	S	

Schaut nach NO2/3

	N	NO	O	
	1 **4** 7	8 **2** 5	3 **6** 9	
NW	6 **9** 3	5 **8** 2	4 **7** 1	SO
	7 **1** 4	2 **5** 8	9 **3** 6	
	W	SW	S	

Schaut nach SW1

	S	SW	W	
	7 **3** 1	5 **5** 8	9 **1** 3	
SO	3 **7** 6	2 **8** 5	1 **9** 4	NW
	4 **6** 7	8 **2** 2	6 **4** 9	
	O	NO	N	

Schaut nach SW2/3

	S	SW	W	
	6 **3** 9	8 **5** 2	4 **1** 7	
SO	1 **7** 4	2 **8** 5	3 **9** 6	NW
	9 **6** 3	5 **2** 8	7 **4** 1	
	O	NO	N	

Schaut nach NW1

	W	NW	N	
	9 **1** 2	8 **9** 1	3 **4** 5	
SW	4 **5** 6	7 **8** 9	1 **2** 3	NO
	2 **3** 4	6 **7** 8	5 **6** 7	
	S	SO	O	

Schaut nach NW2/3

	W	NW	N	
	5 **1** 7	6 **9** 8	2 **4** 4	
SW	1 **5** 3	7 **8** 9	4 **2** 6	NO
	3 **3** 5	8 **7** 1	9 **6** 2	
	S	SO	O	

Stern-Diagramme deuten

Sobald Sie wissen, welches Stern-Diagramm zu Ihrem Haus passt, analysieren Sie die Zahlen für das Schlafzimmer und den Flur vor der Haustür. Wenn die Zahlen dort günstig sind, ist das ganze Haus für Sie und Ihre Familie positiv.

Folgen Sie dieser Schritt-für-Schritt-Anleitung:

- Suchen Sie das Diagramm, das zu Ihrem Haus passt.
- Legen Sie alle Zahlen korrekt auf den Grundriss.
- Ermitteln Sie in den Tabellen auf Seite 96–99 die Bedeutung der Zahlen.
- Entschärfen Sie ungünstige Sternzahlen mit geeigneten Maßnahmen.

Der Fliegende Stern ist leicht zu verstehen, sobald Sie die Bedeutung der günstigen und ungünstigen Zahlen kennen. Wenn Sie sich mit den Zahlen der Wasser- und Bergsterne im richtigen Diagramm beschäftigen, können Sie erstaunlich wirksames Feng Shui anwenden. Sie können beispielsweise herausfinden, welche Räume den Wohlstand mehren oder verringern.

Dann können Sie diese Einflüsse mit Aktivatoren und heilenden Symbolen stärken oder schwächen. Die Diagramme enthüllen gute und schlechte Sektoren.

Die günstigen Zahlen in jedem Diagramm sind die weißen Zahlen 1, 6 und 8, wobei 8 am besten ist. In der Periode 7 war die 7 ebenfalls eine Glückszahl, doch seit Beginn der Periode 8 ist die 8 überaus positiv, während die 7 Einbrüche, Unfälle und Verluste brachte. Darum freuten sich viele Feng-Shui-Anhänger, die den Fliegenden Stern kennen, auf die Periode 8. Auf die guten und schlechten Zahlen in den Diagrammen müssen Sie allerdings immer achten.

Berg- und Wassersterne

Sie müssen zwischen Berg- und Wassersternen unterscheiden. Der Wasserstern ist der »schauende«, der Bergstern der »sitzende« Stern. Diese beiden Sterne sind die wichtigen Glücksindikatoren des Diagramms. Ihre Zahlen enthüllen das Glück der betreffenden Sektoren präzise.

Der Bergstern

Der Bergstern wird meist links von der Periodenzahl eingetragen. Diese kleine Ziffer symbolisiert Beziehung und Gesundheit. Ist diese Zahl die 8, bringt sie der Beziehung Glück, das von einem Berg in der Nähe aktiviert wird. Im Haus können Sie einen großen, natürlichen Kristall an die richtige Stelle legen. Eine Tapete mit Bergmotiv oder ein schöner Flussstein sind ebenfalls wirksam.

OBEN
Ein Wasserelement in der Ecke des Wassersterns 8 – im Haus oder im Garten – bringt großes Glück.

Der Wasserstern

Der Wasserstern steht rechts von der Periodenzahl. Diese kleine Ziffer in jedem der neun Felder zeigt, ob der betreffende Sektor den Wohlstand fördert. Ist diese Zahl die 8, verspricht sie maximalen Wohlstand. Ist es die 5 oder 2, sieht es mit den Finanzen schlecht aus. Wenn Sie den Wasserstern 8 haben, können Sie ihn mit einem sprudelnden Wasserelement aktivieren – so einfach ist das!

Die Bedeutung der Zahlen

5 und 2	5 und 2 sind gefährlich, weil sie Krankheitszahlen sind. Wenn sie auftauchen, werden die Bewohner der betroffenen Zimmer krank, oder sie haben Pech.
3	Die 3 ist eine feindselige Zahl, die Missverständnisse, Streit und Kämpfe auslöst. Wenn sie einen Raum plagt, droht Ihnen ein Rechtsstreit.
4	Die 4 ist günstig für die Romantik und brachte in Periode 7 Glück beim Schreiben. In Periode 8 ist sie negativ. Sie darf nicht zu nah am Wasser sein, weil sie sonst Sexskandale auslösen kann.
9	Die 9 verstärkt die negative Wirkung der 5 und der 2. Sie ist gefährlich, wenn sie mit diesen beiden Zahlen zusammentrifft. Allein ist sie sehr positiv, da sie Ganzheit – Himmel und Erde – symbolisiert.
7	Die 7 war in der vorigen Periode günstig, aber jetzt ist sie negativ und blutig – sie bringt Einbruch, Raub und tödliche Unfälle.
1, 6 und 8	Die 1, die 6 und die 8 sind die günstigsten Zahlen, und das gilt ganz besonders für die 8. Die Energie der 6 ist schwach und muss aktiviert werden.

Das Glück einer Wohnung bestimmen

Wenn Sie die günstigen Bereiche von Wohnungen bestimmen wollen, brauchen Sie dafür das Diagramm, das letzlich zur Ausrichtung des ganzen Hauses passt, nicht nur zu der Richtung, in die Sie aus der Wohnungstür blicken. Wenn Sie dieses Diagramm haben, legen Sie es so auf den Grundriss der Wohnung, dass die Kompassrichtungen übereinstimmen. Dabei wenden Sie das kleine Tai Chi an (siehe Seite 45).

Unten sehen Sie ein West-1-Diagramm der Periode 7. Es zeigt 3 günstige Zimmer: das Familienzimmer (Wasserstern 8), das große Schlafzimmer (Bergstern 8) und das Wohnzimmer mit der extrem positiven Kombination 1, 6 und 8.

Die Bewohner haben mit Sicherheit Glück, weil die Haupträume so günstig sind. Aber der Eingangsbereich hat den Wasserstern 5, eine Störung, die beseitigt werden muss. Es ist sehr wichtig, dort ein Windspiel aus Metall aufzuhängen, um den negativen Einfluss aufzuheben. Allein dadurch sind die Bewohner vor Unglück geschützt und dürfen das Glück genießen, das die guten Berg- und Wassersterne bringen.

UNTEN UND RECHTS
Das Stern-Diagramm unten zeigt, dass der Nordostteil den sehr günstigen Bergstern 8 hat. Das Feld entspricht dem Schlafzimmer im Plan. Eine Gruppe von Kristallen verstärkt das Beziehungsglück.

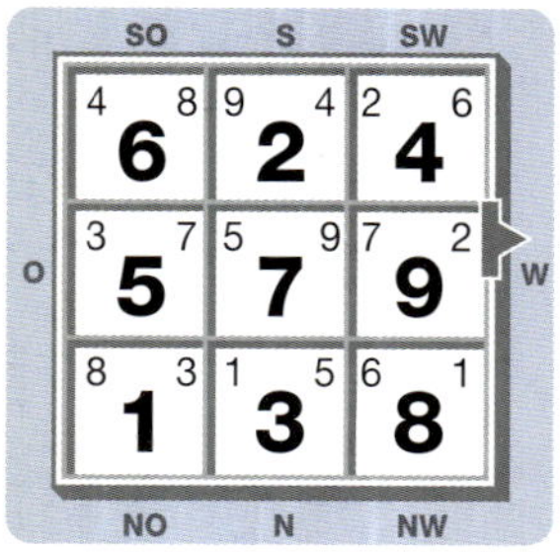

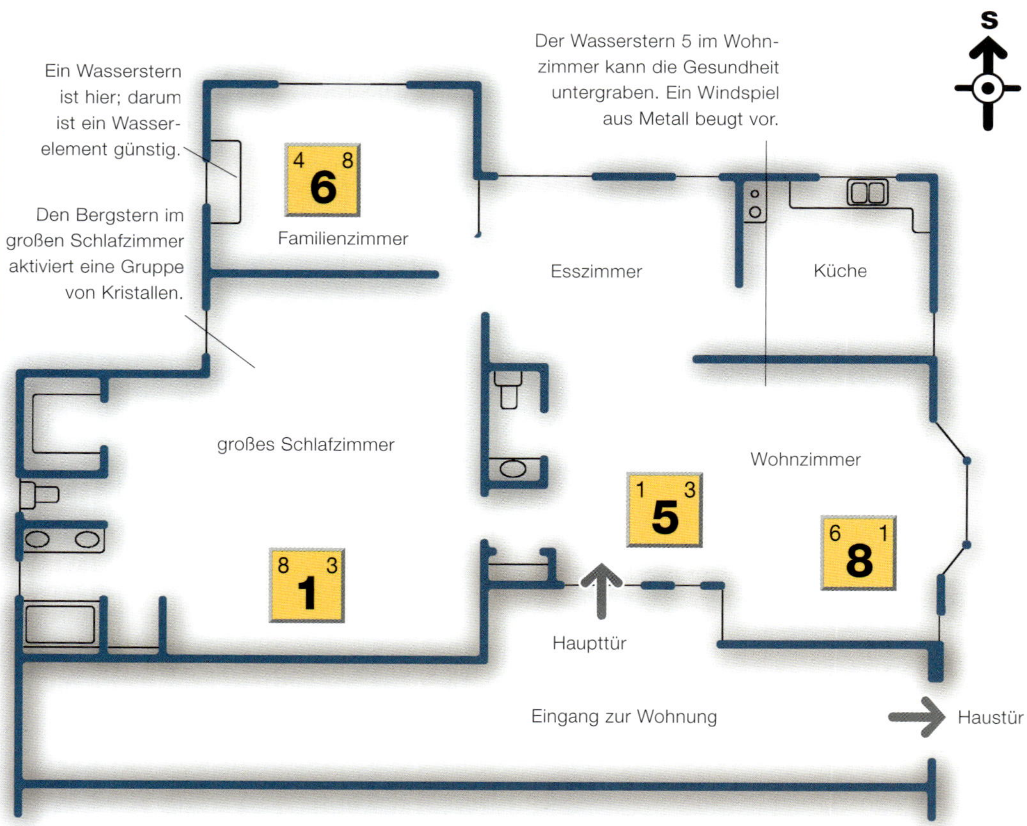

Störungen beseitigen

Der Fliegende Stern ist eine vorzügliche Methode, um Unglück zu verhindern, das von Störungen ausgelöst wird – Krankheiten, Verluste, Misserfolge und zerbrochene Beziehungen. Die unsichtbaren Kräfte der Zeit verursachen Probleme mit der Gesundheit und den Finanzen.

Feng Shui erkennt diese Störungen und schützt vor ihnen. Das Heilmittel ist die geschickte Anwendung der Theorie der fünf Elemente. Wasser-, Feuer-, Holz-, Erd- und Metallsymbole können die negativen Kombinationen 7/9, 5/2, 5/9 und 3/2 entschärfen.

Die Beispiele unten zeigen ein Diagramm auf dem Grundriss eines zweistöckigen Hauses. Es ist ein Haus der Periode 8, das nach Nord 2/3 schaut. Das Diagramm enthüllt vier Störzonen (rot unterlegt) und gilt für beide Ebenen. Im Nordwesten hat das große Schlafzimmer im Obergeschoss die Wasser/Berg-Kombination 5/2, die Krankheit und Unglück in Beziehungen bringt. Windspiele entschärfen diese negativen Zahlen. Im Erdgeschoss erscheinen diese Zahlen in der Garage; darum ist die Gefahr dort nicht so groß. Im großen Schlafzimmer muss die 5/2 jedoch mit Metall-Energie geschwächt werden, weil sonst Beziehungsprobleme und Krankheiten drohen. Im zweiten Schlafzimmer sehen wir die ungünstige 2/5, die Krankheit und Armut bringt. Wer dort schläft, wird sehr krank.

Es ist besser, in ein Zimmer mit besseren Zahlen umzuziehen, etwa in den Raum mit der doppelten 8 – dies ist das günstigste Schlafzimmer.

UNTEN UND LINKS Da Stern-Diagramme gestörte Energie in den einzelnen Ecken einer Wohnung oder eines Hauses enthüllen, sind sie die beste Feng-Shui-Methode, um Unglück zu verhindern.

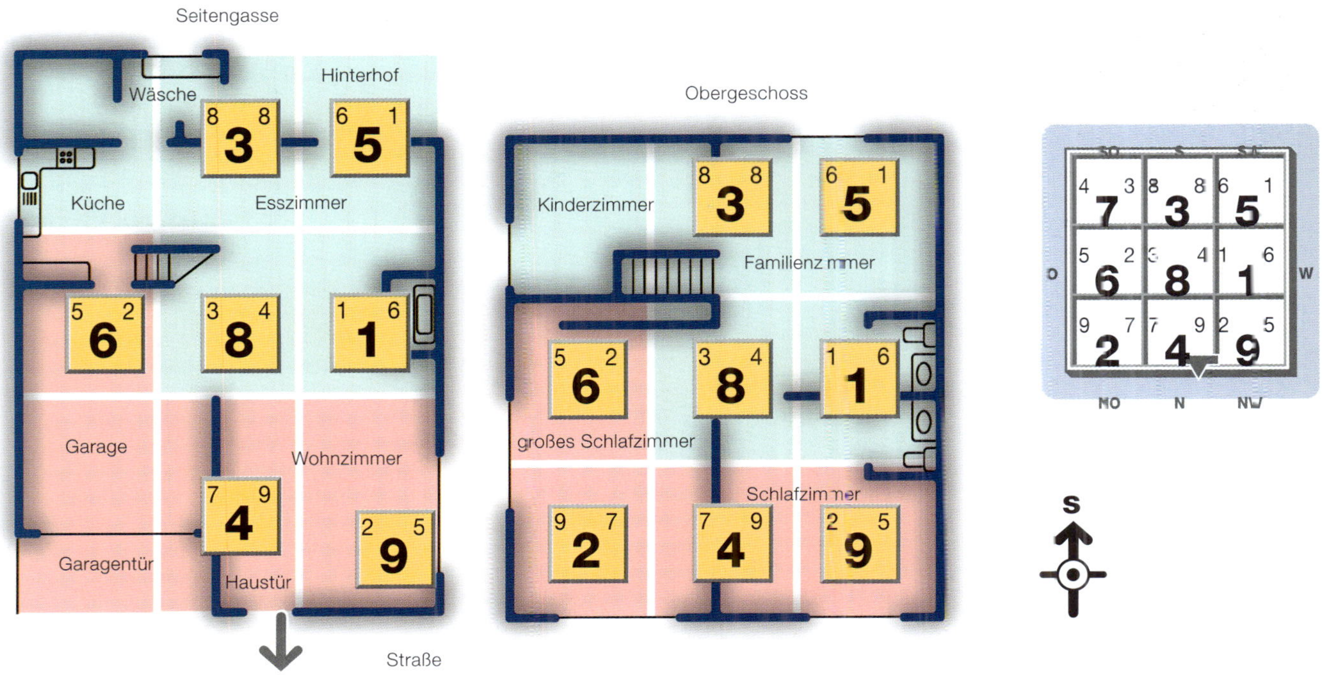

Die Krankheitssterne 2 und 5 entschärfen

Aus den Diagrammen ersehen Sie, dass die Zahlen 2 und 5 Sterne der Krankheit sind, die tödlich sein können, wenn sie in einem Teil des Hauses gemeinsam erscheinen. Die 2 bringt Krankheit, die 5 Verluste, Unfälle und Unglück. Die tödliche 5 ist im Feng Shui der Zeitphasen die gefährlichste Zahl. Am Anfang jedes HSIA-Kalenderjahres (siehe Seite 37) sollte man prüfen, wo die Jahres-Zahl 5, die »tödliche gelbe Fünf« (siehe Seite 102) ist.

Im Jahr 2006 taucht die gelbe Fünf im Westen auf, im Jahr 2007 fliegt sie in den Nordosten. Wenn die Haustür von der 5 betroffen ist, können Sie diesen wichtigen Teil des Hauses schützen, indem Sie ein Windspiel mit 6 Röhren und ganz aus Metall aufhängen. Der Klang des Metalls ist ein hochwirksames Heilmittel. Mit 6 Röhren wirkt das Windspiel noch besser, weil die 6 die Zahl des großen Metalls ist. Ein Windspiel mit 5 Röhren kann zwar helfen, aber es ist erheblich schwächer. Hohlröhren sind meist besser als solide Röhren, weil dass Chi in ihnen aufsteigen und negative Energie in positive umwandeln kann.

Windspiele aus Metall eignen sich auch vorzüglich dafür, den Krankheitsstern 2 zu entschärfen, da die 2 eine Erd-Zahl ist. Das metallene Windspiel erschöpft die Erd-Energie der 2. Wenn die 2 in Ihrem Schlafzimmer auftaucht (die 2 ist 2006 im Südostteil), können Sie auch 6 I-Ging-Münzen aus Metall an die Seite des Bettes legen.

Windspiele hängt man an der Seite eines Zimmers auf, nie unmittelbar über dem Bett, weil man nicht darunter schlafen sollte. Sie dürfen auch nicht über dem Eingang hängen, außer wenn die gelbe 5 die Haustür stört. Feng-Shui-Meister in Hongkong halten jedoch 6 große Münzen über dem Eingang für besser.

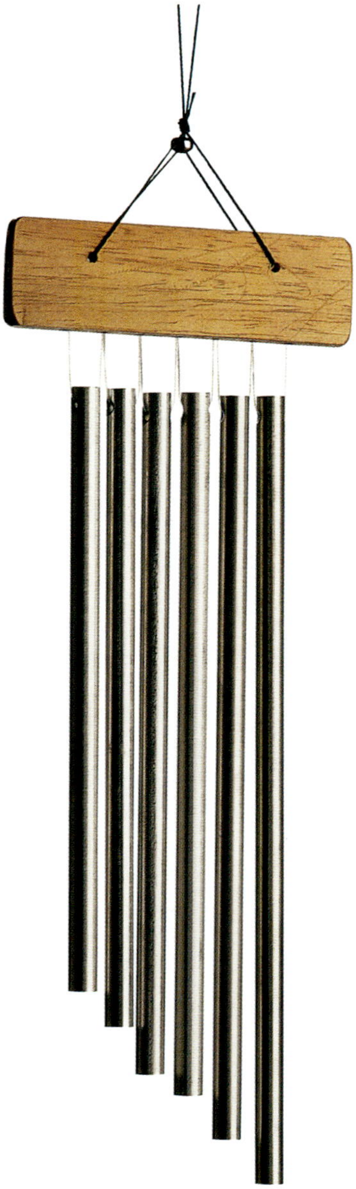

RECHTS
Um den Krankheitsstern 2 und den Unglücksstern 5 zu entschärfen, hängen Sie am besten ein Windspiel mit 6 Röhren und ganz aus Metall auf. Das hier abgebildete Windspiel besteht zwar aus 6 Röhren, aber das Brett ist nicht so gut wie eine Metallplatte.

Den Streitstern entschärfen

Die Zahl 3 erzeugt aggressive Energie. Sie ist der Stern des Streites, der Missverständnisse, Feindseligkeit und in Extremfällen Kämpfe auslösen kann. Wenn die 3 in einem Teil des Hauses doppelt (im Trigramm-Diagramm und im Jahresdiagramm) erscheint, ist die negative Energie noch stärker. Dies ist meist die Ursache für Ehestreit und laute Auseinandersetzungen zwischen Geschwistern. Wird die 3 von der 2 begleitet, werden die Streitigkeiten so heftig, dass eine Scheidung droht.

Um die 3 zu entschärfen, sind stille Heilmittel am besten, weil sie die Essenz des Elements erschöpfen, ohne die Wachstumsenergie des Holzes zu zerstören.

Deshalb ist die Farbe Rot in kleinen Mengen am wirksamsten. Helles Licht wäre zu stark. Zu den besten Heilmitteln für die 3/2 gehören Figuren des glücklichen Buddhas in Rot und Gold.

Auf Wasser treibende Kerzen sind ein ideales Mittel gegen die aggressive 3.

LINKS
Ein lachender Buddha mit rotem Gewand und einem Goldbarren entschärft die streitsüchtige 3.

Stellen Sie die Schale in gestörten Räumen auf Tische. Ein weiteres vorzügliches Heilmittel ist ein Bild mit Metallfarben, das rote Goldfische darstellt. Es ist besonders hilfreich bei einer 3/2, weil seine Feuer- und Metall-Energie diese aggressive Kombination dämpft.

Sich bewegende Gegenstände wie Ventilatoren, Stereoanlagen und Windspiele gehören nicht in Räume, die von der 3 gestört werden.

LINKS
Drei auf Wasser treibende Kerzen dämpfen die streitlustige 3, aber der lachende Buddha im roten Gewand ist wirksamer.

Kombinationen von Berg- und Wassersternen

Bergstern	Wasser-stern	Wirkung der Kombinationen in den Perioden 7 und 8	Maßnahmen, um Glück zu fördern und Unglück zu verhindern
1	2	Eheprobleme, verursacht durch dominierende Frauen. Eine Wasser-Zahl als Bergstern weist auf Gefahren hin, ähnlich wie ein Bergstern, der in Wasser fällt – ein wirklich schlechtes Zeichen.	Pflanzen erschöpfen den negativen Wasserstern und die Feuer-Energie und stärken die Erd-Energie des positiven Bergsterns. Hier müssen Beziehungen gefestigt und Verluste verhindert werden.
2	1	Die Matriarchin ist zu stark. Das führt zu Eheproblemen.	Metall, z. B. ein Windspiel, erschöpft die Erde. Stellen Sie ein Wasserelement auf.
1	3	Wohlstand und Ruhm, aber auch Rechtsstreit und Klatsch.	Wasserpflanzen aktivieren. Stilles Wasser beseitigt Missverständnisse, die der Wasserstern ausgelöst hat.
3	1	Finanzielles Glück möglich; aber wenn Sie nicht das erforderliche Karma haben, ziehen Sie um.	Ein Bambushain vor dem Haus fördert das Glück. Wasser aktiviert den Wasserstern.
1	4	Glück in der Politik, in den Medien und in der Öffentlichkeit. Frauen haben Glück mit Romanzen.	Verwenden Sie langsam fließendes Wasser, aber nicht zu viel. Auch Pflanzen sind gut.
4	1	Glück mit Romanzen. Aber zu viel Wasser löst Sexskandale aus. Affären machen unglücklich und zerbrechen die Familie. Literarischer Erfolg.	Pflanzen stärken das Holz-Element des Bergsterns, und eine kleine Menge Wasser aktiviert den Wasserstern und den Wohlstand.
1	5	Gesundheitsprobleme im Unterleib oder mit den Nieren. Lebensmittelvergiftung.	Windspiele entschärfen die 5 und erschöpfen den Bergstern 1.
5	1	Hörstörungen, Ohrenkrankheiten, sexuell übertragene Krankheiten.	Windspiele beseitigen diese Störungen.
1	6	Günstig für den zweiten Sohn. Akademischer Erfolg, Intelligenz, großes kaufmännisches Talent.	Metall aktiviert: Windspiele, Münzen, Glocken und andere Glückssymbole.
6	1	»Pfirsichblütenglück«: Finanzielles Glück und beruflicher Erfolg in der Familie.	Metall aktiviert: Windspiele, Münzen, Glocken und andere Glückssymbole.
1	7	In Periode 8 bedeutet diese Kombination Verlust des Wohlstands.	Kristalle und Edelsteintee aktivieren. Am besten sind Zitrin oder Kristalle mit Licht.
7	1	In Periode 8 Gefahr von Einbrüchen.	Wasser beugt Unglück vor.
1	8	Sehr gute Aussichten für Wohlstand in Periode 8. Aktivierung notwendig.	Wasser aktiviert den Wasserstern 8.
8	1	Sehr günstige Zahlen. Glück in den Finanzen und in der Familie.	Flusssteine und Kristalle verstärken das Glück in der Beziehung.
1	9	Gute Kombination; aber Unglück, wenn der Jahrestern 5 erscheint.	Nicht verstärken. Hängen Sie ein Windspiel auf, wenn die 5 erscheint.
9	1	Etwas Glück; aber Gefahr von Geschlechts- und Herzkrankheiten. Viele Jobwechsel.	Nicht stören; aber ein Windspiel aufhängen, wenn die 5 erscheint.

Bergstern	Wasser-stern	Wirkung der Kombinationen in den Perioden 7 und 8	Maßnahmen, um Glück zu fördern und Unglück zu verhindern
2	3	Streit und Missverständnisse der schwersten Art. Verrat, Hass, Rechtsstreit.	Stilles Wasser kühlt erhitzte Gemüter. Nicht stören. Es ist besser, das Zimmer zu meiden.
3	2	Gefährlich für Politiker. Probleme mit der Matriarchin. Unglück für Frauen. Meiden Sie dieses Zimmer.	Manche Meister empfehlen Gold und Feuer. Auch stilles Wasser ist gut. Goldfische, auf Goldpapier gemalt, sind ein vorzügliches Heilmittel.
2	4	Ehefrauen und Schwiegermütter streiten und kämpfen. Disharmonie in der Liebe.	Wasser entschärft den Bergstern 2, und Pflanzen stärken die 4.
4	2	Probleme mit inneren Organen. Der Ehemann hat Affären. Probleme mit der Schwiegermutter.	Wasser lindert Stress.
2	5	Extremes Gesundheitsrisiko. Finanzieller Totalverlust. Eine Katastrophe. Eine äußerst gefährliche Kombination. Wenn die 5 erscheint, wird jeder, der hier wohnt, einen Unfall erleiden oder todkrank werden.	Windspiele, sich bewegende Metallgegenstände (Uhren, Ventilatoren, Münzen) helfen. Metallklang entschärft diese Kombination sehr wirksam. Feuer und helle Lampen können zu Bankrott und zum Tod führen!
5	2	Extremes Unglück. Eine Krankheit kann tödlich sein. Seien Sie sehr vorsichtig.	Verwenden Sie Metall wie oben. Noch besser: Ziehen Sie um.
2	6	Ein angenehmes Leben mit viel Freizeit. Die günstige Kombination wird verdorben, wenn Sie ein Windspiel mit 5 Röhren aufhängen.	Verderben Sie das Glück nicht mit Windspielen – man sagt, sie locken Erdgeister an. Wassere aktiviert den Wasserstern und unterdrückt den Bergstern 2.
6	2	Überfluss und Erfolg.	Ein Flussstein stärkt den Bergstern.
2	7	Viele Probleme. Wenn der Jahresstern 9 erscheint, wird alles noch schlimmer.	Wasser ist hilfreich. Stellen Sie eine große Vase mit Wasser auf, wenn die 9 als Jahresstern erscheint, sonst droht ein Feuer.
7	2	Das finanzielle Glück und das Glück der Kinder schwindet. Die Berg-Sieben bringt viel Unglück.	Ein Windspiel erschöpft den Bergstern 7, Wasser unterdrückt ihn.
2	8	Reichtum, aber Krankheit. Heilung ist jedoch möglich. Ein sehr guter Wasserstern.	Wasser schützt die Gesundheit und aktiviert den Wasserstern 8.
8	2	Der Bergstern 8 bringt Beziehungsglück. Aber der Wasserstern 2 bewirkt Verluste.	Das Bergprinzip stärkt den Berg und schwächt Wasser.
2	9	Pfirsichblütenglück für Frauen. Romanzen sind nicht dauerhaft. Nichts gelingt ohne Maßnahmen gegen die Störung.	Wasserpflanzen entschärfen den negativen Bergstern und harmonisieren den Wasserstern 9.
9	2	Probleme mit Kindern, aber Glück in Beziehungen.	Nichts tun ist am besten. Metall entschärft den Wasserstern 2.

Bergstern	Wasser-stern	Wirkung der Kombinationen in den Perioden 7 und 8	Maßnahmen, um Glück zu fördern und Unglück zu verhindern
3	4	Geistige Instabilität droht. Reife Frauen unter Stress. Diebstahl.	Helles Licht erschöpft das Holz. Hüten Sie sich vor Exzessen.
4	3	Seelischer Stress durch Beziehungsprobleme. Stress.	Rot baut Stress ab. Flammen sind ungünstig.
3	5	Verlust des Wohlstands. Schwere Geldprobleme. Schlafzimmer: hohe Verluste. Küche: Krankheit unvermeidlich.	Metall erschöpft die 5. Windspiele und Glocken sind aber ungeeignet. Gut ist ein Kupferstich mit Bergmotiv. Noch besser: umziehen.
5	3	Geldprobleme. Streit. Schlechte Geschäfte. Negativ für Söhne.	Stilles Wasser (yin) entschärft den Bergstern 5 und dämpft den Wasserstern 3.
3	6	Langsames Wachstum. Probleme mit Gliedmaßen. Gefahr von Unfällen.	Verwenden Sie stilles Wasser (yin).
6	3	Verrat durch Freunde droht. Gefahr von Autounfällen.	Echte Kristalle harmonisieren.
3	7	Raub oder Einbruch. Gewalt. In Periode 8 gefährlich.	Stilles Wasser (yin) entschärft diese gefährliche Kombination. Auch ein lachender Buddha ist wirksam.
7	3	Große Gefahr von Verletzungen der Gliedmaßen, Autounfällen und Diebstahl.	Stilles Wasser und ein lachender Buddha sind wirksam.
3	8	Nicht gut für Kinder unter 12 Jahren.	Helles Licht heilt die 3, Wasser aktiviert den Wasserstern 8.
8	3	Kinder unter 12 Jahren sollten umziehen, sonst drohen Unfälle.	Ein großer Kristall oder Flussstein aktiviert den Bergstern 8.
4	5	Neigung zu sexuell übertragenen Krankheiten. Brustkrebs. Hautprobleme.	Ein Windspiel und andere Metallgegenstände entschärfen die 5. Ungünstige Kombination.
5	4	Hautkrankheiten und schwere Krankheiten.	Wasser/Berg und Windspiele verwenden.
4	6	Unglück für Frauen; sie haben schwer zu leiden. Fehlgeburt.	Stärken Sie die Erde. Wasser aktiviert den Wasserstern.
6	4	Unerwartetes Glück für die Frauen der Familie. Sehr gut für Romanzen.	Windspiele und Kristalle vergrößern das Glück. Eine Drachenfigur aktiviert es.
4	7	Pech in der Liebe. Vom anderen Geschlecht betrogen. Fehlgeburt.	Yang-Wasser heilt diese Kombination. Streichen Sie die Wände blau.
7	4	Jemand vom anderen Geschlecht nimmt Sie mit auf eine Fahrt. Betrug.	Verwenden Sie Yang-Wasser. Lampen schützen vor Betrug.
4	8	Schlecht für kleine Kinder. Aber der Wasserstern 8 bringt Wohlstand.	Licht schützt Kinder. Wasser aktiviert den Wasserstern.
8	4	Matriarchin zu dominierend. Liebesleben der Jüngeren leidet unter den Launen der Mutter.	Feuer und die Farbe Rot helfen. Ein Flussstein oder Kristall aktiviert den Bergstern 8. Auch eine Drachenfigur aktiviert.
4	9	Eine Zeit der Vorbereitung. Gut für Söhne; sie glänzen in der Schule. Schlecht für Töchter. Feuergefahr.	Verwenden Sie Pflanzen oder Goldfische. Eine Kristallkugel und eine Drachenfigur aktivieren.
9	4	Glück mit dem neuen Geschäft. Gut für Söhne.	Wasser verstärkt das Glück. Goldfische und eine Drachenfigur helfen dabei.

Bergstern	Wasser-stern	Wirkung der Kombinationen in den Perioden 7 und 8	Maßnahmen, um Glück zu fördern und Unglück zu verhindern
5	7	Übersteigerter Klatsch führt zu Problemen. Gefahr einer Vergiftung oder Probleme, die mit dem Mund zu tun haben.	Verwenden Sie Wasser.
7	5	Probleme, die mit dem Mund zu tun haben. Streit führt zu Stress.	Verwenden Sie Wasser. Pflanzen entschärfen den Wasserstern 5.
5	8	Probleme mit Gliedmaßen, Gelenken und Knochen. Gefahr einer Lähmung. Hüten Sie sich vor harten Sportarten. Seelische Probleme. Aber der Wasserstern 8 ist da.	Stilles Wasser (yin) lindert Beschwerden. Hier ist der Wasserstern günstig und muss aktiviert werden. Darum ist Wasser hier am besten.
8	5	Gefahr einer Lähmung und von schweren Krankheiten. Aber der Bergstern 8 ist günstig.	Große, natürliche Kristalle stärken den Bergstern 8, und ein Windspiel entschärft die gelbe 5.
5	9	Unglück und schlechte Laune. Stress oder große seelische Unruhe. Unzufriedenheit.	Ein Windspiel verhindert, dass die 9 die gelbe 5 verstärkt. Wasser-Berg-Theorie.
9	5	Sehr schlechtes Zeichen für die Gesundheit. Verlust des Wohlstands durch Spielsucht. Augenprobleme möglich. Sture Menschen.	Windspiele entschärfen diese Kombination am besten. Die 5/9 und die 9/5 sind immer gefährlich!
6	7	Doppeltes Metall prallt aufeinander – Tochter und Vater streiten. Die Tochter verliert das Gesicht und die Ehre.	Stilles Wasser (yin) verhindert Unglück. Wichtig ist Feuer-Energie, weil sie den Wasserstern entschärft. Helles Licht ist ebenfalls hilfreich.
7	6	Eifersucht, ständiger Streit. Heftiger Streit zwischen Vater und Tochter.	Stilles Wasser (yin) verhindert Unglück. Wichtig ist Feuer-Energie, weil sie den Wasserstern entschärft. Helles Licht ist ebenfalls hilfreich.
6	8	Wohlstand, Reichtum, Beliebtheit. Wohl die beste Kombination im Fliegenden Stern. Der Wasserstern 8 ist sehr positiv.	Wasser verstärkt das Glück. Ein Eingang oder eine Tür sollte in diesem Sektor liegen, um Wohlstand einzuladen.
8	6	Großartige Kombination, die gute Beziehungen, Beliebtheit und Anerkennung verspricht.	Ein großer Flussstein oder eine Skulptur stärkt den Bergstern. Er ist sehr positiv.
6	9	Feuer am Himmelstor. Streit und Feuergefahr. Hier darf sich nicht die Küche befinden, sonst wird es brennen.	Füllen Sie einen Behälter mit großer Öffnung mit Wasser, um den mit Feuergefahr einhergehenden Verlust zu verringern.
9	6	Wie oben. Gefahr für die Familie. Der Patriarch darf hier nicht wohnen.	Wie oben, um dem Verlust des guten Rufes und der Beliebtheit vorzubeugen.
7	9	Extreme Probleme. Die Ursache aller Probleme ist die exzessive Anfälligkeit für sexuelle Angebote. Feuergefahr.	Wasser oder Erd-Energie (große Flusssteine) verhindern ein Unglück. Eine sehr gefährliche Kombination in Periode 8.
9	7	Probleme durch extreme Neigung zum Flirten. Feuergefahr.	Stilles Wasser (yin) entschärft die 7 und die 9.
8	9	Fröhlich und glücklich. Gut für die Ehe der Bewohner.	Kein Grund zu aktivieren. Wenn Sie heiraten wollen, stellen Sie ein Symbol für »doppeltes Glück« auf.
9	8	Sehr gutes Zeichen, auch für die Ehe.	Kein Grund zu aktivieren.

So bleibt Ihr Feng Shui auf dem neuesten Stand

Um das Glück in Ihrem Heim zu bewahren und vor Unglück geschützt zu sein, sollten Sie Ihr zeitliches Feng Shui jährlich auffrischen. Das ist nicht schwer, wenn Sie genau wissen, was zu tun ist.

Wenn Sie Ihr Feng Shui alljährlich auffrischen, sollten Sie auf drei wichtige Störungen achten, die beseitigt werden müssen. Es sind die tödliche gelbe 5, der Großherzog Jupiter und die drei Tode.

Das Diagramm unten zeigt Störungen vom 4. Februar 2006 bis zum 3. Februar 2007. Für jedes neue Jahr brauchen Sie ein neues Diagramm, weil diese Störungen jedes Jahr den Ort wechseln und ihre Ursache sich ebenfalls ändert.

Feng-Shui-Meister im Osten konzentrieren sich auf diese Störungen, wenn sie für ihre Kunden die jährliche Auffrischung vornehmen; denn sonst könnte vor allem die gelbe 5 Verluste oder einen Bankrott verursachen. Manchmal droht sogar eine tödliche Krankheit.

Jede der drei Störungen besetzt verschiedene Winkel: der Großherzog nur 15 Grad, die gelbe 5 45 Grad und die drei Tode 90 Grad. Deshalb ist ihre Wirkung im Gebäude unterschiedlich.

Heilmittel und Vorkehrungen hängen davon ab, wo die Störungen auftreten. Um sich vor ihnen zu schützen, müssen Sie vor allem ihren jährlich wechselnden Ort kennen. Wichtig ist zweitens, was Sie keinesfalls tun dürfen, wenn Sie negative Folgen abwenden wollen. Die gelbe 5 bringt große finanzielle Verluste und tödliche Krankheiten; die drei Tode bringen drei Arten von Unglück in den Beziehungen, und der Großherzog bringt Niederlagen. Wer darüber Bescheid weiß, kann vorbeugen.

RECHTS
Dieses Diagramm zeigt den Ort der drei Störungen im Jahr 2006. Beachten Sie, dass die tödliche gelbe 5 in jedem Gebäude den Westen besetzt.

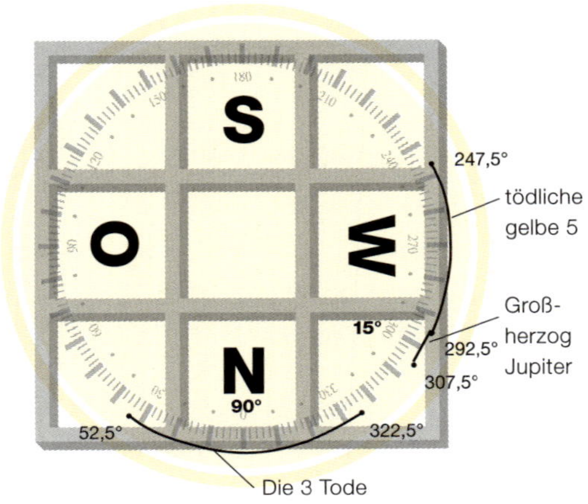

Reizen Sie nie den Großherzog Jupiter

Der Großherzog Jupiter (Tai Tsui) beeinflusst einen Winkel von 15 Grad, und zwar die Richtung des Tierzeichens. 2006 ist dies der Nordwesten, die Richtung des Schafes, und darum gelten dort alle Tabus, die den Jupiter betreffen. In diesem Jahr ist es also ungünstig, im Sitzen nach Nordwesten zu blicken und den Großherzog herauszufordern, selbst wenn diese Richtung gemäß der Kua-Zahl positiv sein sollte. Wer den Großherzog reizt, muss dafür bezahlen und wird krank.

Es ist am besten, dem Großherzog den Rücken zuzuwenden, um vom Gott des Jahres (wie der Jupiter häufig genannt wird) unterstützt zu werden.

Zweitens sollte man nicht die Ruhe und den Frieden im Palast des Großherzogs stören. Das bedeutet im Jahr 2006, im Nordwesten keine laute Musik zu spielen und sich nicht zu streiten. Renovierungen, Klopfen, Graben und Abreißen sind ebenfalls tabu. Wer dagegen verstößt, erleidet Verluste, hat Pech oder wird krank. Wo dieses wichtige Tabu gilt, müssen Sie jedes Jahr neu bestimmen.

Im Jahr 2007 besetzt der Großherzog die Richtung des Schweines, also ebenfalls den Nordwesten. Im Jahr 2008 ist es die Richtung der Ratte, also der Norden.

Die Abbildung unten zeigt die Richtungen des Großherzogs in den kommenden Jahren. Wenn Sie wissen, wo der Großherzog sich jedes Jahr befindet, ist es einfach, die mit ihm verbundenen Tabus zu beachten.

Beachten Sie auch, dass Menschen, die im Tierjahr gegenüber dem herrschenden Tier geboren wurden, in direktem Konflikt mit dem Jupiter stehen. 2006 sind das Drachen, weil der Drache dem Hund gegenüberliegt. Um solche Störungen zu heilen, können Sie am Ort des Großherzogs eine Pi-Yao-Figur aufstellen, ein schützendes himmlisches Tier.

UNTEN
Dieses Diagramm zeigt den Ort des Großherzogs Jupiter in den nächsten Jahren. Es handelt sich um einen Winkel von 15 Grad, der dem Tierzeichen des Jahres entspricht.

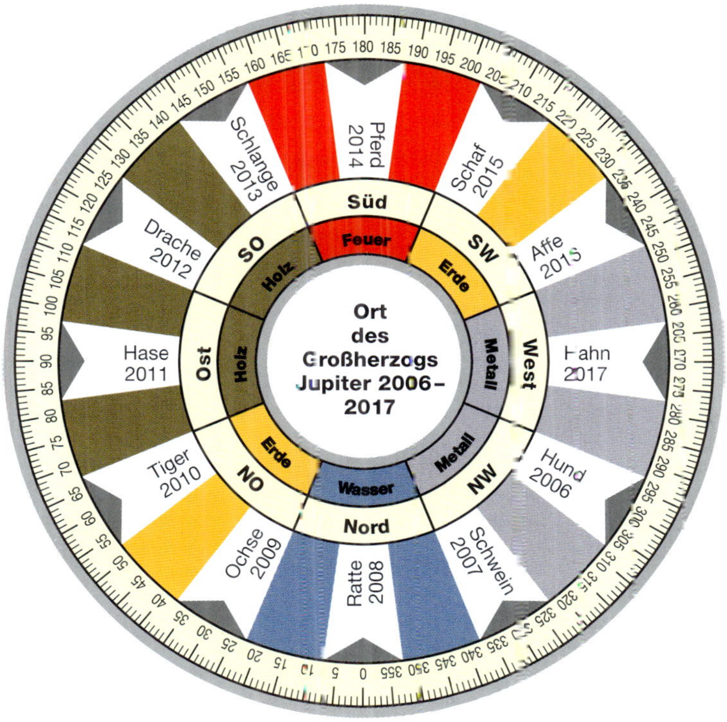

Hüten Sie sich vor der tödlichen gelben 5

Die gelbe 5 ist die tödlichste der drei jährlichen Störungen, vor allem wenn sie in Sektoren der Elemente Erde oder Feuer fliegt wie 1999 (Süden/Feuer) und 2001 (Südwesten/Erde). In diesen beiden Sektoren war die unheilvolle Wirkung der gelben 5 – einer Störung des Elements Erde – erheblich größer und brachte schwere Krankheiten, finanzielle Verluste und berufliche Hürden mit sich. Am schlimmsten ist die gelbe 5, wenn sie die Haustür oder das Schlafzimmer plagt. Im Jahr 2001 waren sowohl meine Haustür als auch mein Schlafzimmer betroffen. Im Dezember dieses Jahres hatte ich mehrere gesundheitliche Probleme, und als ich mein Feng Shui überprüfte, merkte ich dass ich zwar ein Windspiel mit 6 Röhren an die Haustür gehängt, aber das Schlafzimmer vergessen hatte. Rasch brachte ich auch dort ein Windspiel an, und im Februar 2002 staunte mein Arzt über meine Blutwerte, die belegten, dass ich gesund war. Dieses Erlebnis stärkte mein Vertrauen in den Fliegenden Stern.

OBEN
Metallmünzen sind ein vorzügliches Mittel gegen die verheerende Wirkung der gelben 5. Legen Sie die Münzen einfach in den betroffenen Teil des Hauses.

Nehmen Sie die gelbe 5 nicht auf die leichte Schulter – sie kann tödlich sein. Wohnen Sie nie in Räumen, die von ihr gestört sind, und wenn es gar nicht anders geht, treffen Sie Gegenmaßnahmen. Wenn die gelbe 5 die Haustür plagt, dürfen Sie in Ihrem Haus nicht renovieren, und Sie sollten in keinem Teil des Hauses, der die gelbe 5 beherbergt, graben oder etwas abreißen.

Das beste Heilmittel gegen die gelbe 5 ist ein Windspiel mit sechs Hohlröhren – alles aus Metall –, denn der Metallklang erschöpft das Erd-Chi der gelben 5.

Feng-Shui-Meister empfehlen immer den erschöpfenden Zyklus der Elemente, nicht den destruktiven Zyklus, um die gelbe 5 zu entschärfen. Windspiele sind ein vorzügliches Gegenmittel, weil sie die Energie des Windes nutzen. Aber Sie können auch 6 Metallmünzen über dem Eingang befestigen oder 6 Münzen an beide Seiten der Tür legen, um die Kraft der gelben 5 zu erschöpfen. Im Jahr 2003 flog die gelbe 5 in den Südosten, also zum Element Holz. Metallene Windspiele hätten daher das Holz des Südosten zerstören können und wurden nur benutzt, wenn die Störung sehr deutlich zu spüren war (z. B. wenn sie die Haustür plagte); andernfalls bekam das Holz-Chi die gelbe 5 selbst in den Griff, und man konnte den gestörten Bereich das ganze Jahr über in Ruhe lassen.

Einerlei, wo die gelbe 5 haust, das Licht sollte dort immer gedämpft sein, weil Feuer die Erd-Energie der gelben 5 stärkt und sie noch gefährlicher macht.

Ort der tödlichen gelben 5 in den Jahren 2002–2012

2003	Südosten
2004	Mitte
2005	Nordwesten
2006	Westen
2007	Nordosten
2008	Süden
2009	Norden
2010	Südwesten
2011	Osten
2012	Südosten

So überwinden Sie die drei Tode

Die letzte der drei jährlichen Plagen sind die drei Tode (Sarm Saat), die Beziehungen drei Arten von Unglück bringen. Anders als der Großherzog Jupiter, den man nie herausfordern darf, müssen Sie den drei Toden immer ins Gesicht sehen.

Das heißt, wenn sie den Norden besetzen, müssen Sie nach Norden schauen; denn wenn Sie die drei Tode im Rücken haben, fallen sie Ihnen in den Rücken. Stellen Sie Ihre Möbel in jedem neuen Jahr so um, dass Sie die drei Tode nie hinter sich haben.

Wenn Sie Ihr Haus reparieren oder renovieren wollen, müssen Sie darauf achten, dass dies nicht in Sektoren geschieht, in denen die drei Tode hausen. Das kann ärgerlich sein, weil die drei Tode einen sehr großen Teil des Hauses plagen, da sie 90 Kompassgrade belegen. Die drei Tode fliegen nämlich immer in die Hauptrichtungen und nie in die Nebenrichtungen.

Im Jahr des Ochsen, des Hahns und der Schlange besetzen die drei Tode den Osten. Lassen Sie dort ein helles Licht brennen, oder hängen Sie ein metallenes Windspiel auf.

Im Jahr des Schweines, des Hasen und des Schafes besetzen sie den Westen. Stellen Sie offenes Wasser in diesen Sektor, oder lassen Sie ein helles Licht brennen.

Im Jahr des Affen, der Ratte und des Drachens besetzen sie den Süden. Schützen Sie sich dort mit Kristallen oder offenem Wasser.

Im Jahr des Hundes, des Pferdes und des Tigers besetzen sie den Norden. Stellen Sie dort eine starke Pflanze auf, oder nutzen Sie die starke Erd-Energie eines Kristalls.

Wie Sie die drei Tode überwinden, hängt also davon ab, welche Richtung sie besetzen. Die Heilmittel basieren immer auf dem erschöpfenden Zyklus der fünf Elemente. Wenn Sie die empfohlenen Heilmittel genauer ansehen, merken Sie, dass die benutzten Symbole die gestörte Element-Energie der Richtung erschöpfen. Das ist einer der Gründe dafür, dass ich so viel Wert auf die Theorie der fünf Elemente lege. Sie brauchen nicht unbedingt die gleichen Heilmittel anzuwenden wie ich. Sobald Sie die Grundlage meiner Ratschläge verstehen, können Sie Symbole benutzen, die Ihnen mehr zusagen.

LINKS
Eine grüne Pflanze erschöpft die Wasser-Energie des Nordens und hält die drei Tode in Schach, wenn sie den Norden besetzen

Beispiel von Häusern

Die Beispiele auf den folgenden Seiten zeigen, wie Sie die Zahlen der Stern-Diagramme analysieren und günstige und ungünstige Räume identifizieren.

Dem Süden zugewandte Häuser

UNTEN
Häuser, die nach Süd 1 oder Süd 2/3 schauen, haben einige vorzügliche Sektoren und profitieren von der günstigen doppelten 8, der 1/6 und der 6/1. Wenn Sie die Blickrichtung um 15 Grad ändern, können Sie das Haus von einem Süd-1- in ein Süd-2/3-Haus und umgekehrt verwandeln. Die Glück bringende doppelte 8 springt dann von vorne nach hinten.

Ein Gebäude der Periode 8, das nach Süd 2/3 schaut, darf sich über die doppelte 8 vorne freuen, und wenn sich dort auch die Haustür befindet, ist das sehr vorteilhaft. Die Zeit-Zahl ist die 3, und die ist nicht stark genug, um die günstige doppelte 8 zu übertrumpfen. Der Glück bringende Wasserstern 8 ist vorne, und ein Wasserfall oder ein anderes Wasserelement vorne am Haus aktiviert ihn. Der Bergstern 8 befindet sich ebenfalls vorne; daher wäre es vorteilhaft, Steine und Flusssteine an die Vorderseite des Hauses zu legen.

Schaut das Haus nach Süd 1, liegt der Sektor mit der doppelten 8 hinten im Haus, also im Norden. Deshalb hat das große Schlafzimmer viel Glück – dort befindet sich nämlich der Wasserstern 8. Daher bringt es Wohlstand, wenn Sie in diesem Zimmer Yang-Energie erzeugen (wie hier auf dem Radio). Den Bergstern 8 finden wir hinten, so dass eine Anhöhe hinter dem Haus sehr positiv wäre.

Räume im Südosten und Westen haben die 2/5 und 5/2, die Krankheit bringen und mit Windspielen entschärft werden müssen. Die 9/7 und die 7/9 können Sie mit Wasser in Schach halten.

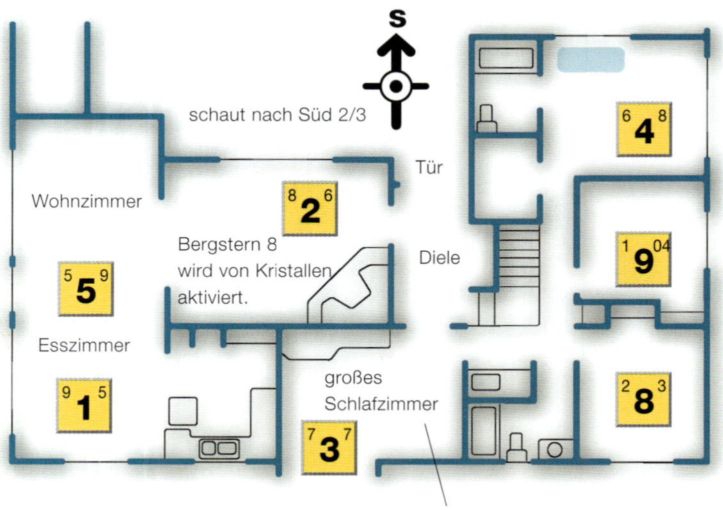

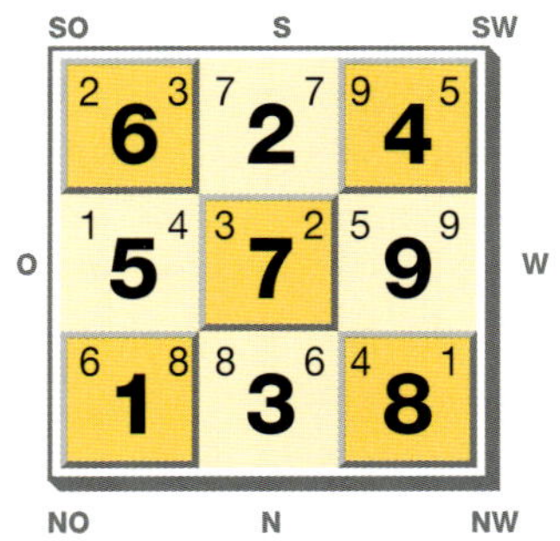

Schaut nach S1

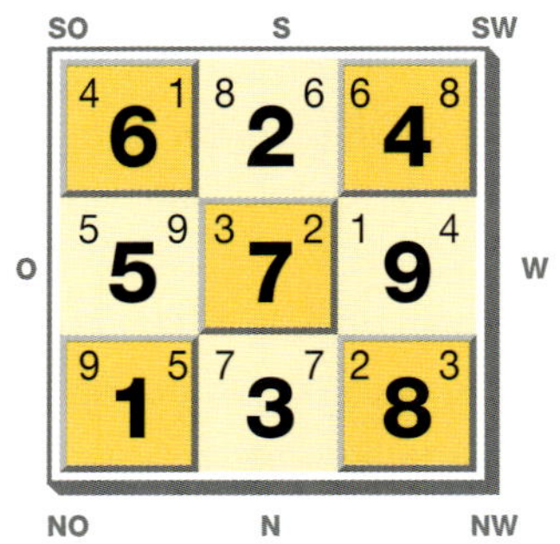

Schaut nach S2/3

Nach Norden gewandte Doppelhaushälfte

Hier ist ein Beispiel für eine Doppelhaushälfte, das nach Norden schaut und 1999 gebaut wurde, also in Periode 7.

Wenn Sie in einer Doppelhaushälfte wohnen, das zwischen 1984 und 2004 gebaut wurde und nach Norden schaut, passt eines der unten abgebildeten Diagramme zu diesem Haus. Bestimmen Sie die Kompassrichtung, und schlagen Sie in der Tabelle auf Seite 86 nach, ob Nord 1 oder Nord 2/3 das Richtige ist.

Hier wollen wir annehmen, dass das Haus nach Nord 1 schaut. Der Einfachheit halber habe ich das Diagramm umgedreht, so dass der Norden mit dem Norden des Grundrisses übereinstimmt.

Nun betrachten Sie die Zahlen auf den Rastern und legen Sie diese auf den Grundriss, um herauszufinden, welcher Teil des Hauses günstig oder ungünstig ist. Die Tabelle verrät die Bedeutung der Berg- und Wassersterne.

In diesem Beispiel ist die Eingangstür dank des Bergsterns 8 sehr vom Glück begünstigt. Ein Kristall aktiviert dort den günstigen Bergstern. Der Wasserstern 8 befindet sich ebenfalls im Wohnzimmer; darum bringt ein Wasserelement dort Wohlstand für die Familie. Leider befindet sich die 2/3, die Streit auslöst, am Esstisch. Deshalb brauchen wir dort einen lachenden Buddha in Rot und Gold als Heilmittel.

UNTEN
Diese Stern-Diagramme gelten für Häuser, die nach Norden schauen. Die Analyse stützt sich auf das Diagramm, das nach Nord 1 schaut.

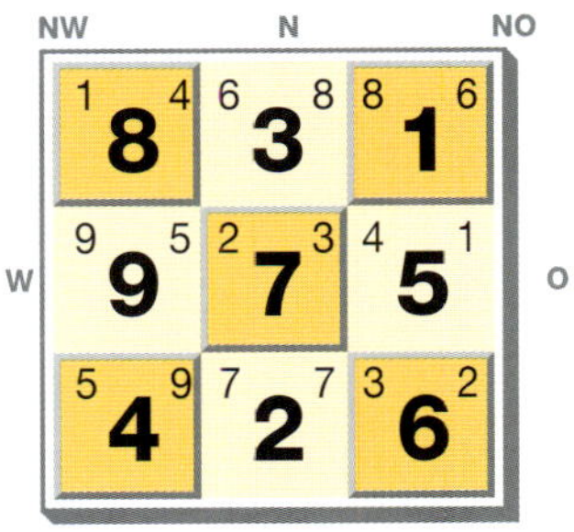

Schaut nach N1

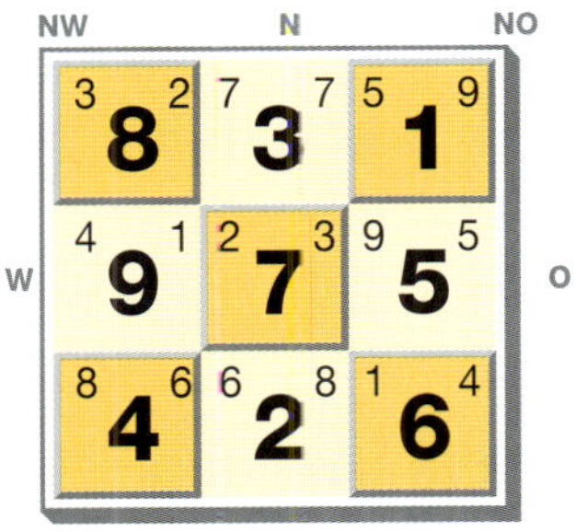

Schaut nach N2/3

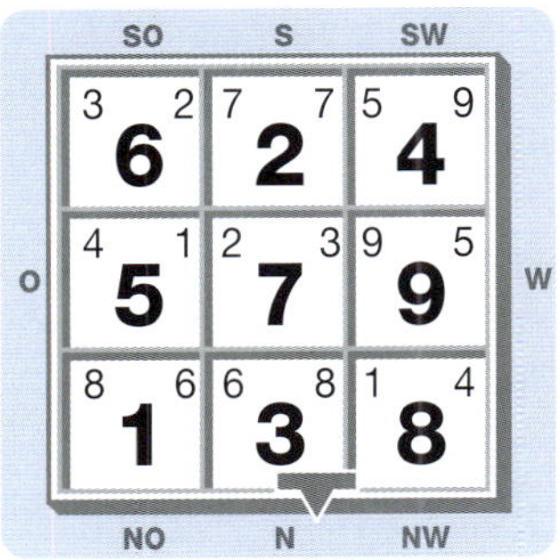

Schaut nach N1
Analyse-Diagramm

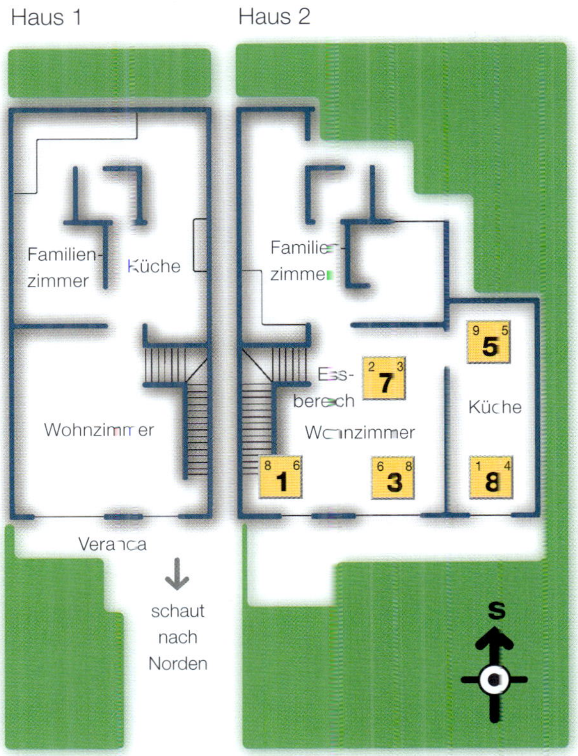

Nach Nordosten gewandtes L-förmiges Haus

Dieses L-förmige Haus schaut nach Nordost 1. Wegen seiner Form fehlen ihm zwei Sektoren. In einer solchen Situation beeinflussen die Zahlen außerhalb des Gebäudes das Innere nicht. Obwohl wir hier zwei gute Zahlenreihen haben, liegt der Bergstern 8 draußen, so dass das Glück vergeudet wird.

Aber es gibt auch ein paar gute Zahlen im Inneren, etwa die doppelte 7 im Essbereich neben der Küche, die in diesem Haus allerdings nicht optimal genutzt werden kann. Außerdem ist die doppelte 7 in Periode 8 negativ.

Die 9/5 im Wohnzimmer muss entschärft werden. Dafür eignet sich ein metallenes Windspiel. In der Garage kann die streitlustige 2/3 nicht viel schaden. Der Wasserstern 8 im Schlafzimmer ist sehr günstig, aber man kann ihn nicht mit Wasser aktivieren, weil Wasser im Schlafzimmer Verluste bringt. Aber die bloße Anwesenheit des Wassersterns 8 bringt diesem Raum Glück.

RECHTS
Der Bergstern 8 liegt außerhalb des Hauses, darum wäre dort eine kleine Betonwand sehr vorteilhaft. Andernfalls ist der günstige Bergstern vergeudet. Der Wasserstern 8 liegt im großen Schlafzimmer. Aktivieren Sie dort nicht mit Wasser – das ist im Feng Shui ein großes Tabu.

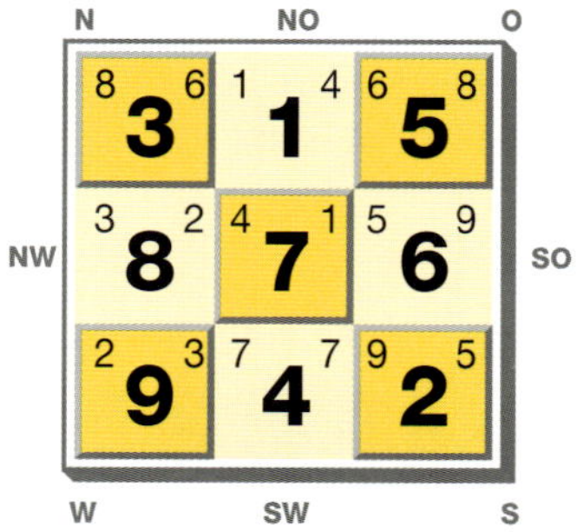

schaut nach NO 1

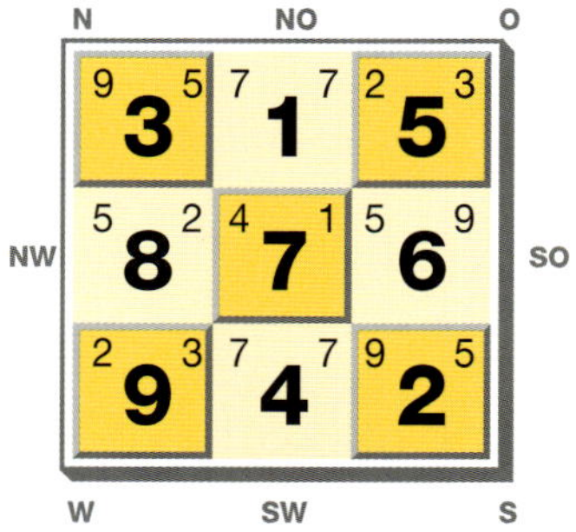

schaut nach NO 2/3

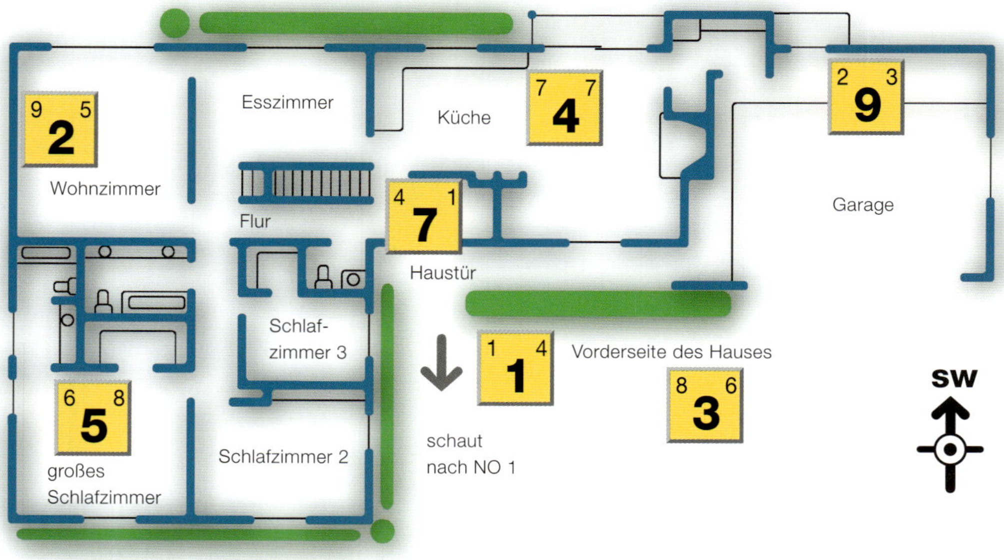

Ein dem Südwesten zugewandtes Haus

Gebäude der Periode 7, die während dieser Periode in eine der drei Südwestrichtungen schauten, profitierten enorm von der doppelten 7 sowie von der 6/8 und der 8/6.

Wer mit Literatur zu tun hatte, war durch die 4/1 begünstigt, die in einem Südwest-1-Haus im Nordosten und in einem Südwest-2- oder -3-Haus vorne im Südwestsektor liegt. Das sehen Sie im Beispiel rechts. Der Teich nutzt den dort liegenden Wasserstern 8. Der Bergstern 8 im Osten wird durch ein Bild mit Gebirgsmotiv aktiviert. Yin-Wasser heilt die streitlustige 3/2, und ein Windspiel entschärft die 5/9.

Bei Häusern, die nach Südwest 2 oder 3 schauen, sind die Zahlen vertauscht. Die Kombinationen bleiben gleich, aber die Zahlen liegen in anderen Feldern.

Südwest-Häuser in Periode 8

In den 20 Jahren von 2004 bis 2024 bringen einige günstige Aspekte großes Glück, vor allem den Häusern, die auf der Südwest-Nordost-Achse sitzen oder ihr zugewandt sind. Wenn Sie wissen, wie man gutes Chi aktiviert, können Sie Ihr glück vervielfachen, besonders wenn sich vor dem Haus Wasser befindet. Wenn Ihr Haus in eine dieser Richtungen schaut, lohnt es sich also, es in ein Periode-8-Haus umzuwandeln. Das ist auch deshalb wichtig, weil diese Häuser (wie die Häuser, die dem Süden oder Norden zugewandt sind) 20 Jahre lang von der Glückszahl 7 profitiert haben, die in Periode 8 Unglück bringt.

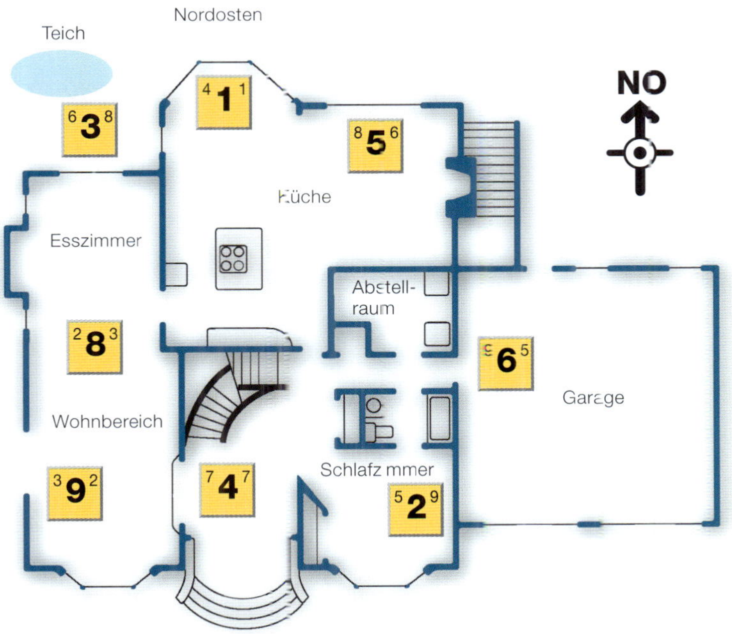

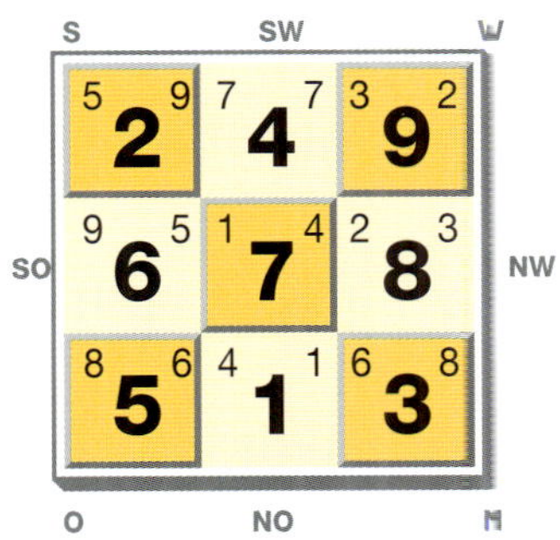

schaut nach SW1

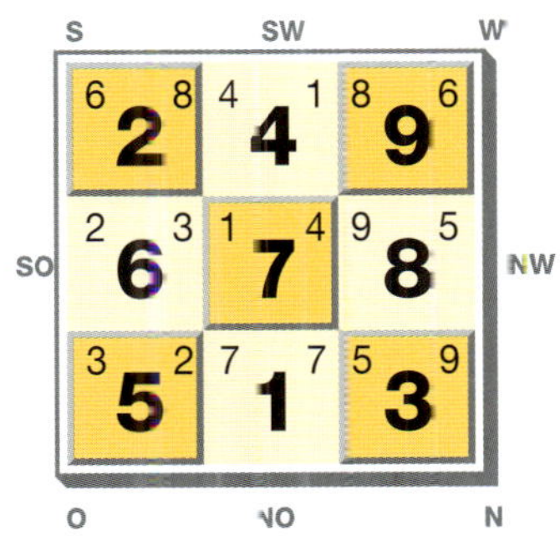

schaut nach SW2/3

OBEN Der Wasserstern 8 liegt im Norden. Wasser ist dort von größtem Nutzen.

Der Wechsel zur Periode 8 im Februar 2004 hatte große Auswirkungen, nicht nur für Häuser, die in Periode 7 gebaut oder renoviert wurden, sondern für alle. Immer wenn die Periode wechselt, wird im Haus die Energie sofort beeinflusst.

Die Entschärfung schädlicher Einflüsse

Beim Feng Shui des Fliegenden Sterns geht es darum, Unglück zu verhindern, das negative Zahlen auslösen könnten. Aber Sie müssen auch prüfen, ob die Heilmittel einem neuen Jahr angepasst werden müssen.

Manche Zahlenkombinationen (aus der Trigramm-Zahl des Sektors und der Jahres- oder Monats-Zahl) können sehr gefährlich sein. Bewohner, die davon betroffen sind, spüren die negative Wirkung vor allem in dem Jahr oder Monat, in dem die Kombination erscheint. Unten sind einige besonders ungünstige Kombinationen und die Gegenmittel aufgeführt.

Nachdem Sie betroffene Teile des Hauses mit der Rastermethode (siehe Seite 46) ausgemacht haben, können Sie dort eingreifen. Wenn die negativen Zahlen sich in der Nähe der Haustür oder im Schlafzimmer, im Familienraum oder im Esszimmer befinden, ist die negative Wirkung deutlicher zu spüren. In Toiletten und Lagerräumen kann sie weniger Schaden anrichten. In der Küche werden die 5/2, 5/9 und 2/9 jedoch von der Feuer-Energie verstärkt. Eine Vase mit stillem Wasser in der Küche beseitigt die Gefahr.

Heilmittel gegen negatives Chi

2/5 und 5/2	Metallene Windspiele entschärfen diese tödliche Kombination. Hängen Sie Windspiele aus mindestens 6 Röhren auf, oder verwenden Sie 6 große Münzen. Meiden Sie hier Feuer-Energie (helle Lampen, offenes Feuer und die Farbe Rot).
5/5 und 2/2	Dies sind zwei sehr kritische Kombinationen. Die doppelte 5 ist immer extrem gefährlich, die doppelte 2 steht für tödliche Krankheiten. Ein Windspiel aus 6 Röhren ist auch hier ein wirksames Heilmittel. Wenn Sie den gestörten Raum weiß streichen, können Sie die schädlichen Zahlen ebenfalls entschärfen. Auch Metallglocken und Klangschalen aus 7 Metallen sind geeignet.
5/3 und 3/5	Diese Kombinationen führen zu schweren finanziellen Verlusten. Es ist wichtig, die 5 mit Metall-Energie zu erschöpfen, aber das Metall muss still sein. Windspiele sind also ungeeignet. Yin-Metall, z. B. ein Kupferstich mit Bergmotiv, ist ein vorzügliches Heilmittel.
3/9 und 9/3	Ein Rechtsstreit nimmt eine ungünstige Wendung. Das beste Heilmittel ist stilles Wasser.
2/7 und 7/2	Diese Kombinationen sind in Periode 8 tödlich. Für Kinder sind sie besonders schädlich. Ein vorzügliches Heilmittel ist ein weißer Porzellanhahn. Auch ein Münzenschwert gilt als sehr wirksam.
5/9 und 9/5	Diese Kombinationen sind gefährlich, weil die 9 die tödliche 5 verstärkt. Unglück droht daher überall, Augen und Gliedmaßen sind gefährdet. Das beste Heilmittel sind metallene Windspiele, welche die 5 entschärfen. Ein Bild in Gold und Rot kann ebenfalls wirksam sein.
2/3 und 3/2	Dies sind Kombinationen des Streites, die Verrat und Rechtsstreit auslösen. Stilles Wasser kühlt die Gemüter. Auch eine stille rote Flamme ist sehr wirksam.
2/4 und 4/2	Diese Kombinationen lösen Streit mit den Schwiegereltern aus. Wasser in einer Vase dämpft die schädliche Wirkung.

Positive Symbole

Das Feng Shui des Fliegenden Sterns enthüllt auch Räume mit günstigen Zahlen und verbessert deren Chi. Das geschieht am besten mit Symbolen.

Feng Shui kann negative Sterne heilen und ihre Wirkung etwas abschwächen. Aber Feng Shui empfiehlt auch Symbole, die positive Wirkungen guter Sternzahlen in bestimmten Räumen verstärken oder aktivieren.

Als ich den Fliegenden Stern und das zeitbedingte Feng Shui kennen lernte, war ich begeistert davon, wie einfach diese Methode ist, obwohl sie als schwierig galt. In der alten Zeit wurde der Fliegende Stern fast absichtlich kompliziert dargestellt, und zwar mit speziellen Ausdrücken für die Zahlenkombinationen, Richtungen und Jahre. Alle Richtungen und Jahre hatten besondere Namen, und wer sie nicht kannte, verstand die Texte nicht. Doch als ich den Geheimcode entschlüsselt hatte, wurde alles einfach, weil die Grundsätze des Feng Shui logisch und wissenschaftlich sind.

Symbole können das Glück in erstaunlichem Umfang verstärken. Das liegt möglicherweise an ihren Energieschwingungen. Vielleicht werden sie wirksamer, wenn man sie in bestimmte Teile des Hauses stellt. Versuchen Sie, die Symbole in verschiedene Ecken Ihrer Zimmer zu stellen, um gute Zahlen zu aktivieren, und beobachten Sie, ob Ihr Glück zunimmt.

OBEN
In Schlafzimmer, die vom Wasserstern 8 begünstigt werden, sollten Sie kein Wasserelement stellen. Eine blaue Tagesdecke ist dagegen sehr zu empfehlen.

Glück aktivieren

1/1	Wasserelemente aktivieren Ecken von Räumen mit dieser Kombination. Kristallkugeln, die Wasser bewegen, gibt es in vielen Typen, und sie sind sehr hilfreich. Verzichten Sie aber auf Wasser im Schlafzimmer.
6/6	Metall, z. B. ein vergoldetes Segelschiff oder eine silberne Vase, fördert das Glück. Die 6 ist so mächtig, dass man sie nicht unbedingt stärken muss; aber eine Flotte von goldenen Schiffen vergrößert Ihr Einkommen auf vielen Wegen!
8/8	Die 8 ist eine äußerst günstige Zahl, die man nicht stärken muss; aber 8 Kristallkugeln bringen großes Glück, Harmonie und Frieden. Acht Kristallobelisken ziehen Macht an.

Feng Shui in der Praxis

Sie kennen nun die verschiedenen Methoden des Feng Shui und wissen, wie man das Haus-Trigramm und den Fliegenden Stern anwendet. Jetzt können Sie alles in die Praxis umsetzen, um Ihr Leben zu planen und Ihr Glück zu fördern. Dieses Kapitel enthält eine Menge Ideen, die Ihnen dabei helfen. Selbst wenn Sie nichts weiter tun, als für genügend Yang-Energie in Ihrem Heim zu sorgen und mit der Fünf-Elemente-Lehre Ausgewogenheit herzustellen, werden Sie viele gute Ideen haben.

Feng Shui ist niemals statisch. Es ist eine wundervoll dynamische Methode, die unter anderem den Chi-Fluss in Gang hält. Mit den fünf Elementen können Sie Farbe, Formen und Kunstwerke auswählen. Sie können zwischen Metall, Holz oder Stein wählen, dekorative Gegenstände finden, die verschiedene Arten von Glück symbolisieren, und mit dem Fliegenden Stern die mächtigen, ungreifbaren Kräfte des Chi nutzen.

Sie können den Einfluss von Bergen, Gebäuden und der Umwelt auf Ihr Haus wenig beeinflussen; aber Sie können das Innere Ihres Heimes mit Feng Shui gestalten. Das ist praktisches Feng Shui von seiner besten Seite!

Die Haustür

Eines der wirksamsten Feng-Shui-Elemente eines Hauses ist eine »maßgeschneiderte« Haustür, deren Ort und Ausrichtung für den Geldverdiener des Hauses günstig ist. Das kann der Mann des Hauses sein; aber wenn Sie wollen, kann die Tür auch die vorteilhaften Richtungen der Matriarchin widerspiegeln.

RECHTS
Nachdem Sie die Ausrichtung der Haustür bestimmt haben, verbessern Sie Ihre Energie mit der richtigen Farbe. Rot eignet sich für Türen im Südwesten, Nordosten und Süden, Schwarz für Türen, die nach Osten, Südosten und Norden schauen, Weiß für Türen, die nach Nordwesten, Westen und Norden schauen.

Die Entscheidung, wessen Kua-Zahl die Ausrichtung und den Ort der Haustür bestimmen soll, beeinflusst alle Bewohner, denn die Position der Haustür legt meist auch fest, wohin das ganze Haus schaut und wie sich das Chi im Haus verteilt.

Im Feng Shui müssen wir immer wieder entscheiden, welche Richtung wir als Richtung des Hauses betrachten und welches Diagramm wir somit zugrunde legen. Und es gibt immer Alternativen, wenn wir über die besten Methoden nachdenken. Manchmal müssen wir nur festlegen, welche Tür wir benutzen und welchen Raum wir welchem Familienmitglied zuweisen.

Die maßgeschneiderte Haustür

Ideal ist eine maßgeschneiderte Haustür. Mit der Wahl ihrer Ausrichtung beeinflussen Sie die Ausrichtung des Hauses, und dann können Sie den Rest des Hauses nach dem Geburtshoroskop gestalten. Das ist die Essenz des guten Feng Shui für Innenräume.

Schauen Sie in Ihre Glücksrichtungen

Wenn Sie Ihre Tür nicht verändern können, sollten Sie eine Tür benutzen, die in eine Ihrer günstigen Richtungen schaut, damit Sie Glück haben, wenn Sie das Haus betreten. Es muss nicht die Haupttür sein. Versuchen Sie, keine Tür zu benutzen, die in eine Ihrer vier ungünstigen Richtungen geht, denn in diesem Fall bringen Sie Pech mit ins Haus. Selbst wenn Sie eine Seitentür benutzen müssen, sollten Sie diesen Rat befolgen. Er gilt auch, wenn Sie in einem Haus mit mehreren Wohneinheiten wohnen.

Die Haupttür sollte ein Dach haben

Die Haupttür sollte zumindest symbolisch geschützt werden. Dafür eignet sich ein kleines Dach. Alte Häuser und die Paläste der Verbotenen Stadt haben diesen Schutz an allen Haupteingängen. Eine beliebte moderne Variante ist hier abgebildet.

Wenn Ihre Tür ungeschützt ist, sollten Sie ein Vordach anbringen lassen.

Die Haupttür sollte aus solidem Holz sein

Die ideale Haustür besteht aus solidem Holz mit einigen Metallverzierungen. Je stärker die Tür ist, desto besser schützt sie das Haus. Glastüren bieten wenig Schutz. Gold- oder Messingverzierungen sind hervorragend. Sie können das Richtungs-Chi der Tür ein wenig ablenken.

Metallene Ziernägel oder ein Löwenkopfklopfer ändern die Richtung einer Kompassnadel an der Tür um einige Grad. Das war früher ein Geheimnis und eine wirksame Methode, um den Chi-Fluss an der Tür zu steuern.

Die Haupttür sollte nach innen aufgehen

Wenn die Haustür sich nach innen öffnet, ist das Chi im Haus willkommen. Dadurch entsteht ein positiver Chi-Strom am Mund des Heimes. Das lässt sich aber auch mit einer nach außen aufgehenden Tür leicht erreichen. Gleittüren als Haupteingang sind nicht ratsam.

Eine Fußmatte sollte nicht im Haus, sondern vor der Tür liegen und keinesfalls Ihren Namen tragen – Sie wollen doch nicht mit Füßen getreten werden, oder?

OBEN
Ein Türklopfer mit Löwengesicht erzeugt hervorragendes schützendes Chi für die Haustür.

Gute Energieströme

Wenn Sie das Interieur Ihres Hauses planen, müssen Sie vor allem daran denken, wie die unsichtbare Energie durch die Räume fließen soll.

Von diesem berühmten Strom des Chi hängt es ab, ob Sie in Ihrem Heim ein Gefühl der Harmonie haben und wie die Menschen sich, vom Unbewussten geleitet, im Haus bewegen. Die Möbel dürfen den Fluss des Chi nicht behindern, und es muss natürliche Wege geben, die von einem Teil des Hauses und von einem Zimmer zum anderen führen.

Der Chi-Strom sollte sich langsam durchs Haus schlängeln. Wenn das Chi gerade fließt, muss der Raum oder der Flur so groß sein, dass er es bremst. Ein Bild oder ein Spiegel an den Seitenwänden trägt dazu bei. Gut verteilte Möbel verlangsamen das Chi ebenfalls. In engen oder voll gestopften Räumen verschlimmern Schränke die Situation, weil sie den Chi-Strom blockieren.

In jeder Wohnung bewegen sich mehrere Menschen in Übereinstimmung mit dem Chi.

So verbessern Sie das Chi in Ihrem Heim

- Sorgen Sie dafür, dass das Chi nicht gerade, sondern in Schlangenlinien fließt.
- Ordnen Sie die Türen nicht in einer Geraden an, denn sonst fließt auch das Chi schnurgerade.
- Geben Sie dem Chi Platz zum Fließen. Stopfen Sie die Zimmer nicht voll.
- Lassen Sie das Chi ungehindert von draußen ins Haus strömen. Öffnen Sie die Fenster.
- Entfernen Sie abgestorbene oder welkende Pflanzen und alles, was unschön aussieht.
- Lassen Sie die Energie in Winkeln, Lagerräumen und Schränken nicht stagnieren, damit sich keine Yin-Geistformen ansammeln. Lassen Sie dort ein helles Licht brennen, um Yang-Energie zu erzeugen.
- Lassen Sie die Energie diagonal durch die Zimmer fließen.
- Lassen Sie Luft und Sonnenschein ins Haus – sie bringen frisches Chi mit.
- Aktivieren Sie gelegentlich alle Räume des Hauses. Öffnen Sie in unbenutzten Zimmern regelmäßig die Fenster, lassen Sie Ventilatoren laufen, schalten Sie die Stereoanlage ein, lassen Sie eine Weile das Licht brennen. Dadurch harmonisieren Sie das Chi und verhindern, dass die Energie zu yin wird.
- Suchen Sie auch im Garten nach vergessenen Winkeln, und aktivieren Sie das Chi dort ebenfalls.

Darum sollte das Chi ganz natürlich von einem Raum zum anderen fließen. Je mehr Menschen sich in einem bestimmten Teil des Hauses aufhalten, desto mehr Yang-Energie und damit auch positives Sheng Chi werden dort erzeugt. Wird das Chi blockiert, begegnen Sie auf Ihrem Lebensweg ebenfalls Hindernissen und haben wenig Erfolg. Es kommt nicht so sehr darauf an, welche Möbel oder anderen Gegenstände Sie in Ihren Zimmern unterbringen; wichtig ist vielmehr ihre Anordnung, denn sie beeinflusst den Chi-Strom.

Versuchen Sie, eine Route zu planen, welche die Bewegungen der Menschen im Haus widerspiegelt. Dabei können Sie Chi-Blockaden aufspüren. Lassen Sie sich von Ihren Augen führen.

Wer das Haus betritt, sollte von einer hellen Diele empfangen werden, nicht von Treppenhäusern oder Toiletten.

Halten Sie nach wenig benutzten Zimmern Ausschau, und achten Sie auf vergessene Winkel und schwer zugängliche Räume. Der Chi-Strom muss immer ausgewogen sein.

OBEN
Dieses Zimmer ist geräumig, und das ist im Feng Shui immer ein Vorteil. Der große Spiegel rechts verstärkt den Eindruck der Weite.

Die richtige Aufteilung des Hauses

Sie können verschiedene Feng-Shui-Methoden benutzen, wenn Sie die Raumaufteilung Ihres Hauses planen. Feng Shui zeigt Ihnen, wo die einzelnen Zimmer sich befinden und wie groß sie sein sollten. Wenn Sie darüber Bescheid wissen, können Sie bald in einem Haus wohnen, das Ihnen Glück bringt!

■ Mit den Acht Häusern können Sie herausfinden, welche Richtungen für die Familienmitglieder beim Schlafen oder Sitzen am besten ist (siehe Seite 64–65).

■ Der Fliegende Stern sagt Ihnen, welcher Teil des Hauses derzeit die besten Sternzahlen hat und daher für Ihr Schlafzimmer am günstigsten ist (siehe Seite 82–109).

■ Auch das Pa Kua erleichtert die Gestaltung des Hauses und hilft Ihnen, eine der acht Arten von Glück zu erlangen.
Dabei können Sie sich beispielsweise auf das Schlafzimmer konzentrieren (siehe Seite 42–55).

RECHTS
Wenn Sie über die optimale Raumaufteilung Bescheid wissen, sehen Sie Ihr Heim mit ganz neuen Augen.

■ Wenn Sie wissen wollen, welcher Teil des Hauses für die Mitglieder der Familie am günstigsten ist, können Sie das Pa Kua zu Rate ziehen und zum Beispiel dem Vater einen Raum im Nordwesten und den Söhnen Zimmer im Osten zuweisen.

Alle diese Techniken sind brauchbar, und manche sind sehr wirksam. Wenn Sie alle Methoden kennen, brauchen Sie keine desinteressierten Berater, sondern können die notwendigen Entscheidungen selbst treffen und zudem gegenüber Architekten selbstsicherer auftreten und überzeugender erklären, was Sie wollen.

Mit dem Fliegenden Stern können Sie die Energie im Haus – die von seiner Ausrichtung abhängt – verändern. Sie sehen also, Feng Shui ist sehr flexibel, wenn man es intelligent anwendet, und basiert auf einer Menge gesunden Menschenverstand.

Ich bin davon überzeugt, dass viele Feng-Shui-Methoden etwas zu bieten haben – selbst wenn man sie dem modernen Leben anpasst. Wir brauchen mit dem alten Wissen nicht dogmatisch umzugehen. Viele Anhänger des New Age haben wundervolle Einsichten, die selbst Feng-Shui-Meistern mit langjähriger Erfahrung verborgen bleiben.

Die Auswahl der Möbel

Wenn Sie Ihr Feng Shui verbessern wollen, leisten die Möbel einen wichtigen Beitrag. Möbel müssen eine Stütze sein, und darum braucht der Patriarch der Familie Stühle mit Armlehnen, damit es ihm nie an Unterstützung fehlt.

Möbel dürfen den Strom des Chi nicht blockieren. Wenn Sie zu viele Möbel haben, fühlen Sie sich beengt. Andererseits ist Minimalismus mit Grau- und Schwarztönen und einer spirituellen Atmosphäre im Zen-Stil viel zu yin. Wenn Ihnen das gefällt, sollten Sie Ihr Heim auch mit einigen Yang-Elementen würzen, zum Beispiel mit Klang- und Lichtquellen.

Das Esszimmer

Bequemlichkeit ist im Esszimmer ein wichtiger Aspekt. Unbequeme Stühle deuten an, dass es Ihnen schwer fällt, den derzeitigen Lebensstil beizubehalten. Zu kleine Stühle begrenzen Ihr Wachstum; achten Sie also darauf, dass Ihre Stühle groß genug sind. Zu kleine oder zu schmale Esstische sind ein Zeichen dafür, dass Ihnen der Erfolg und das Glück untreu werden. Achtseitige Tische in Pa-Kua-Form gelten als günstig, aber große runde Tische sind am besten.

Das Wohnzimmer

Selbst wenn Sie wie ich das moderne italienische Design mögen, brauchen Sie mindestens einige Sessel mit Rückenlehne. Ich stelle meine in das Zimmer, in dem ich Gäste empfange, damit ich einen Sessel habe, der mich stützt. Meine Wohnzimmermöbel haben wenig Rückenstützen und dienen eher als Dekor; darum verbringe ich dort nicht viel Zeit. Im Familienzimmer ist das üppige Sofa für alle Familienmitglieder eine gute Stütze.

LINKS
Runde Tische und Stühle mit hoher Lehne sind im Esszimmer Glück bringende Möbel.

Das Schlafzimmer

Auch Betten brauchen eine Stütze. Darum ist ein Kopfbrett wichtig. Regale sollten sich nie hinter oder über Ihnen befinden, und das Bett darf weder zu klein noch zu kurz sein, weil es sonst das Wachstum beschränkt, was vor allem Kindern schadet. Stellen Sie nie zwei Betten nebeneinander, und legen Sie nicht zwei Matratzen in einen Rahmen – das ist ein unsichtbarer Trennungsstrich zwischen den Partnern.

Farben und Farbkombinationen

UNTEN
Dieses Pa Kua zeigt die Beziehungen zwischen den acht Richtungen und verschiedenen Attributen.

Das unten abgebildete Pa Kua zeigt den Zusammenhang zwischen Richtungen und Farben. Wie Sie sehen, gehören beispielsweise die südlichen Teile des Hauses und der Räume zum Element Feuer. Dort ist Rot die komplementäre und Grün die aktivierende Farbe, weil Holz das Feuer ernährt. Ungünstig wären blaues Wasser, da es Feuer löscht, und Erde, die Feuer erschöpft.

Für jeden Sektor gibt es also günstige und ungünstige Farben sowie vorteilhafte Kombinationen, im Süden zum Beispiel Grün und Rot, aber auch Blau und Grün, weil Wasser das Holz stärkt, das seinerseits Feuer ernährt. Blau allein wäre schädlich. Das Element des Nordens ist Wasser, das vom Metall und somit von der Farbe Weiß gestärkt wird. Vorteilhafte Farbkombinationen sind dort Weiß und Blau oder Metallic und Blau. Grün wäre ungünstig, da es Wasser erschöpft, und weil Erde das Wasser zerstört, passt Gelb ebenfalls nicht in den Norden.

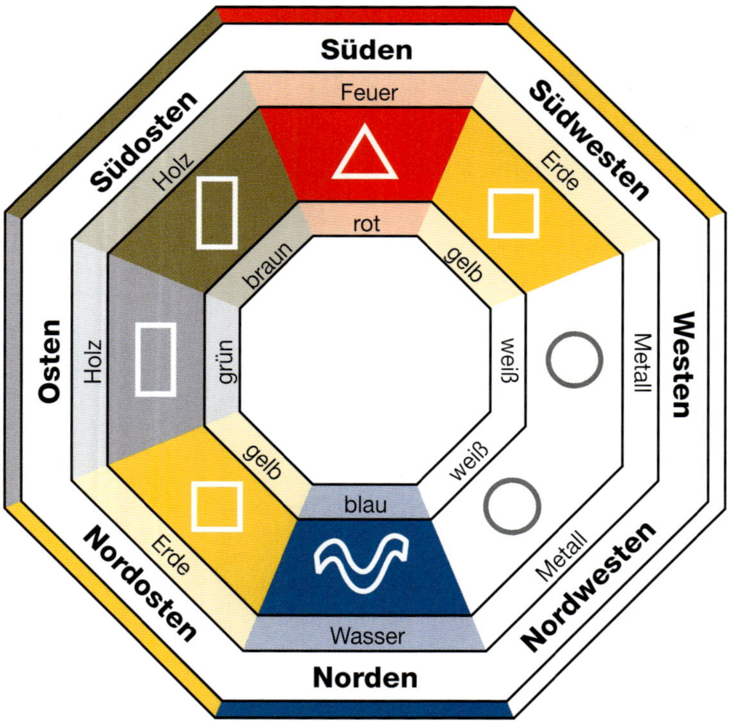

Die Formen und Farben, die den Elementen der Himmelsrichtungen zugeordnet sind.

Im Westen und Nordwesten finden wir das Element Metall, das von der Erde gestärkt wird. Darum ist Gelb dort großartig, und Weiß mit Gelb ist sehr gut. Gold mit Weiß oder mit Gelb ist ebenfalls günstig. Rot wäre eine Katastrophe, und Blau würde den ganzen Sektor erschöpfen.

Das Element des Ostens und Südostens ist Holz. Daher sind Grün- und Brauntöne dort günstig. Auch Blau ist sehr positiv, und Blau mit Grün ist vorzüglich. Meiden Sie Rot und Weiß.

Das Element Erde gehört in den Südwesten und Nordosten. Deshalb ist Gelb dort zu Hause. Auch Rot passt sehr gut, weil Feuer die Erde ernährt. Alle hellen, dynamischen Rot- und Orangetöne sind in diesem Sektor vorteilhaft. Meiden sollten Sie Grün, das diesem Sektor schadet, sowie Weiß und Gold, die ihn erschöpfen.

Mit diesem Pa Kua können Sie dominierende Farben für Vorhänge, Teppiche, Kissen, Bilder und andere Objekte auswählen. Dadurch fördern Sie die Harmonie Ihres Heimes enorm.

Formen und Größen

Die Farben und Größen der Möbel können die Energie im Zimmer stärken oder schwächen und dadurch die subtilen Bewegungen des Chi beeinflussen. Wenn die Formen zum Chi des Hauses und des Zimmers passen, ist die Wirkung positiv.

Disharmonische Möbel haben dagegen eine ungünstige Wirkung.

Formen

In der Abbildung unten wurde das Pa Kua auf jedes Zimmer gelegt. Würden wir es auf den gesamten Grundriss legen, wüssten wir, welches Element in jedem Raum und in seinen Ecken dominiert. Da das Haus nach Süden schaut, liegt beispielsweise das große Schlafzimmer im Südwesten, wo das Element Erde regiert.

Dieses Zimmer profitiert also von Feuer-Energie, weil sie die Erde stärkt. Dreieckige Formen, Lampen und rote Teppiche und Vorhänge tun diesem Raum gut. Zu viel Rot wäre jedoch zu yang; darum ist es besser, nur die Südwestecke des Zimmers zu aktivieren. Ein dreieckiger Schrank in dieser Ecke ist daher hilfreich.

Größen

Neben Formen und Farben gibt es auch günstige Größen, die man mit einem Feng-Shui-Messband ermittelt. Solche Bänder sind bei Firmen erhältlich, die Feng-Shui-Bedarf liefern.

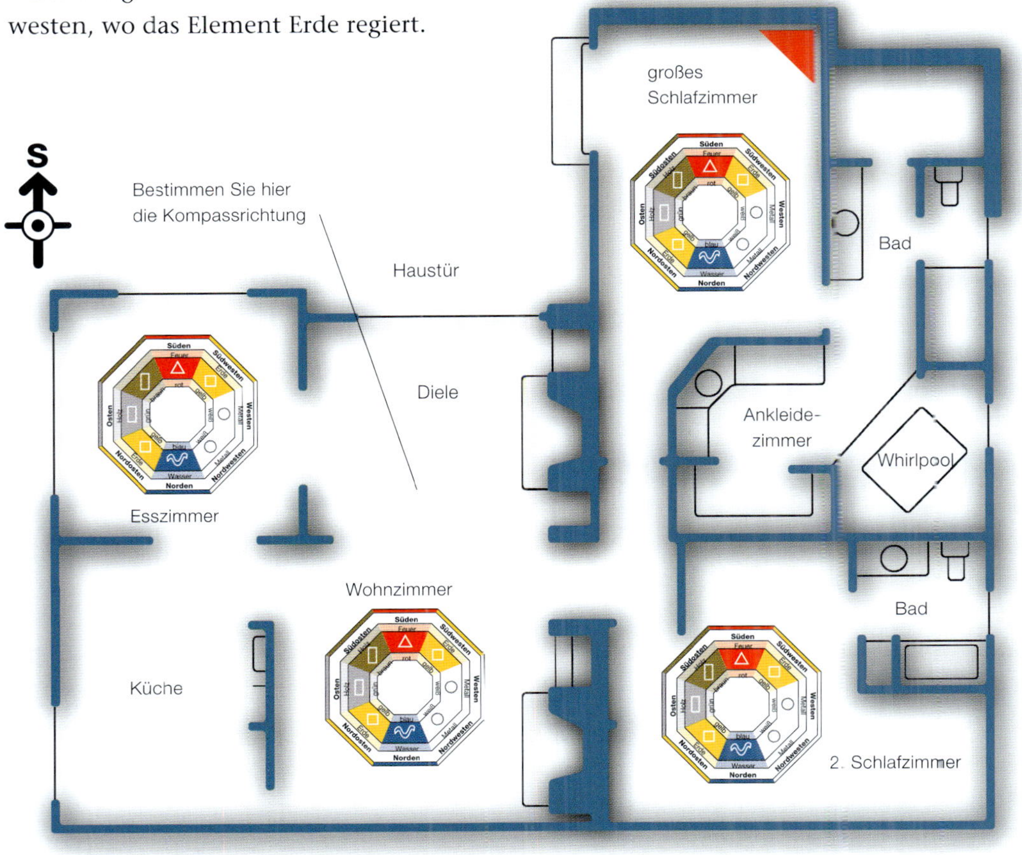

LINKS
Farben und Formen sollten die Richtungen jedes Zimmers und jeder Ecke ergänzen. Merken Sie sich diese komplementären Attribute, damit Sie Ihr Feng Shui planen können.

Persönliche Elemente

Neben den Richtungselementen des Pa Kua können Sie Ihr Feng Shui auch mit Ihrem persönlichen Element verbessern.

OBEN
Pflanzen im Zimmer sind für Menschen vorteilhaft, deren Element das Holz ist.

Viele Menschen sind verwirrt, wenn man sie auf ihr persönliches Element anspricht. Das ist verständlich, weil jedes Individuum von mehr als einem Element beeinflusst wird. Aber Sie können tatsächlich die Elemente des Jahres, des Monats und der Stunde Ihrer Geburt ermitteln!

So entsteht der »Korb der Elemente«, dessen Quelle das Path-Chee-Horoskop (auch Horoskop der acht Charaktere genannt) ist. In Verbindung mit der Purple-Star-Astrology (»Purpurstern-Astrologie«) können Wahrsager daraus die Zyklen Ihres Schicksals ersehen. Das Element, das Sie brauchen, um Ihr persönliches Feng Shui zu planen, hängt jedoch von Ihrem Sternzeichen ab. Die Gegenstände in Ihrer Wohnung sollten dieses Element stärken. Schlagen Sie in der Tabelle auf Seite 24–25 Ihr Sternzeichen nach, und suchen Sie dann in der nachfolgenden Tabelle Ihr persönliches Element:

Zodiac Tiere und Elemente	
Ratte – Wasser	**Pferd** – Feuer
Ochse – Erde	**Schaf** – Erde
Tiger – Holz	**Affe** – Metall
Hase – Holz	**Hahn** – Metall
Drachen – Erde	**Hund** – Erde
Schlange – Feuer	**Schwein** – Wasser

Nutzen Sie Ihr Element, um von Ihren Möbeln das günstigste Chi zu empfangen, vor allem vom Bett und vom Schlafzimmer. Die Planung mit dem persönlichen Element sollte sich jedoch vor allem auf das Schlafzimmer beschränken, wenn das Haus noch andere Bewohner hat, die wiederum eigene Elemente haben.

Kua-Zahlen

Sie können Ihr persönliches Element auch anhand der Kua-Zahl (siehe Seite 59–60) ermitteln und danach das Bett, die Schlafzimmermöbel und vor allem auch die Farbe der Kleidung, den Schmuck und das Make-up planen.

Feng Shui im Schlafzimmer

Mit Feng Shui können Sie sehr viel für Ihr Schlafzimmer tun – aber auch einige Tabus sind dort zu beachten.

Diese Tabus sind zwar wichtig, aber eine gute Schlafrichtung trägt erheblich zu Ihrem Wohlbefinden bei. Dabei kommt es darauf an, in welche Richtung der Kopf zeigt, weil das Chi eines Schlafenden durch das Kronenchakra ganz oben am Kopf einströmt. Es ist ein großer Vorteil, wenn der Kopf der Richtung zugewandt ist, aus der Ihr Glück kommt. Wenn Sie Wohlstand und finanziellen Erfolg anstreben, profitieren Sie enorm von einem Schlafzimmer, das der Richtung Ihres Wohlstandes entspricht, und von einem Bett in Ihrer günstigen Schlafrichtung – Sie können dann im Schlaf reich werden! Natürlich ist perfektes Feng Shui nicht immer erreichbar.

In der Abbildung unten liegt das große Schlafzimmer im Nordwesten; es passt also zu Menschen der Westgruppe. Wenn Ihre Kua-Zahl die 6 ist, ist der Nordwesten Ihre beste Richtung für Erfolg im persönlichen Wachstum. Darum ist diese Richtung für West-Typen akzeptabel, obwohl sie nicht die Richtung ist, aus der ihre Gesundheit kommt. Das Bett zeigt nach Westen, also in die Richtung Ihres Wohlstandes. Dieses Schlafzimmer ist für einen Ost-Typ ungünstig; aber er kann das Bett so umstellen, dass sein Kopf nach Norden zeigt, also in eine Richtung der Ostgruppe.

UNTEN
Dieses Schlafzimmer und das Bett passen vorzüglich zu einem Menschen mit der Kua-Zahl 6. Wenn der Patriarch darin schläft, ist es doppelt gut, weil der Nordwesten seine Richtung ist.

Schlafzimmer-Tabus

- Das Bett darf nicht mitten im Zimmer »treiben«. Es braucht eine solide Wand hinter sich; sonst wird der Schlaf gestört.
- Die Füße sollten nicht direkt zur Tür zeigen – das ist die Todesposition.
- Spiegel sollten nicht dem Bett zugewandt sein.
- Das Bett darf keine Wand mit der Toilette teilen; sonst dringt gestörtes Chi in den Kopf ein.
- Wenn Sie schlafen, sollte sich hinter Ihnen kein Fenster befinden.

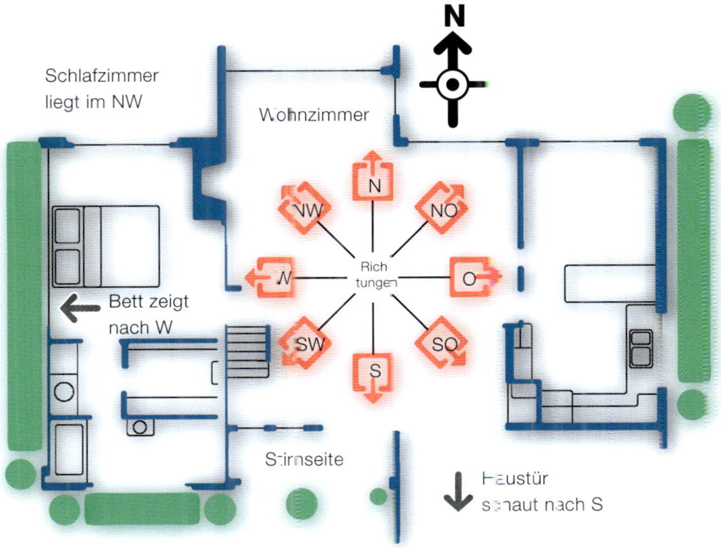

Schlafzimmermöbel

RECHTS
Baldachinbetten symbolisieren Schutz während des Schlafes.

Baldachinbetten sind sehr zu empfehlen, weil sie einen Schutzschirm andeuten, wenn Sie darin schlafen. Ein ganzer Baldachin ist besser als ein halber. Das Bett sollte ein Kopfbrett haben und unabhängig vom Typ so solide sein, dass es Sie im Schlaf gut stützt. Wenn dann noch das Symbol des langen Lebens in das Bett geschnitzt wurde, profitiert Ihre Gesundheit sehr davon.

Stellen Sie Ihr Bett nie in die Mitte des Zimmers. Dabei entsteht ein Ungleichgewicht, das unsicher macht. Ich habe es auf Anraten eines Feng-Shui-Meisters ausprobiert, der ein Experte der Acht Häuser war. Er empfahl mir, die persönliche Sheng-Chi-Richtung auf jeden Fall zu beachten. Doch selbst wenn ich in dieser Richtung schlief, war die Wirkung ungünstig, sofern keine solide Wand vorhanden war (zur Not genügt ein Fenster, das jedoch nachts mit Vorhängen verschlossen sein muss). Es ist besser, mit dem Kopf in einer unvorteilhaften Richtung zu schlafen, aber eine Stütze hinter dem Kopf zu haben. Günstige Betten haben immer eine solide Stütze hinter sich und werden nicht von einem offenen Bücherregal in der Nähe gestört.

Harmonie mit Ihrem Sternzeichen

Mit dem produktiven Zyklus (siehe Seite 20–21) finden Sie das Bett, das zu Ihrem Element passt.

Schlange und **Pferd** gehören zum Element Feuer. Für beide sind Holzbetten am besten. Ihr Chi wird erschöpft, wenn sie in einem niedrigen Bett auf Zementboden schlafen, weil Zement ein Symbol der Erde ist. Meiden Sie Wasserbetten.

Hund, **Drache**, **Ochse** und **Schaf** gehören zum Element Erde. Ihr Chi wird erschöpft, wenn sie auf Holzböden schlafen, und sie müssen Messingbetten meiden.

Schwein und **Ratte** gehören zum Element Wasser. Sie profitieren von Messingbetten, sollten aber zu viele Möbel aus Holz meiden.

Tiger und **Hase** gehören zum Element Holz. Wasserbetten destabilisieren; aber Sie können Wasser mit blauen Bettüchern und Bettdecken aus Ledersamt symbolisieren. Meiden Sie Feuer-Energie. Rote Bettwäsche raubt Ihnen Energie.

Affe und **Hahn** gehören zum Element Metall. Sie sollten immer weiße Betttücher verwenden. Wasserbetten sind sehr schädlich für sie.

Glück und Chic im Schlafzimmer

Auch ein attraktives Schlafzimmer kann alle Anforderungen des Feng Shui erfüllen. Wenn das Bett in eine Ihrer günstigen Kua-Richtungen zeigt und das Zimmer den Prinzipien des Feng Shui entspricht, können Sie wenig Fehler machen.

Die folgenden Tipps helfen Ihnen bei der Planung Ihres Schlafzimmers.

■ Das Schlafzimmer sollte eine regelmäßige Form haben. Selbst wenn ein unregelmäßiges Zimmer Ihnen gefällt, sollten Sie ein L-förmiges, U-förmiges oder dreieckiges Schlafzimmer ablehnen. Eine regelmäßige Form und eine normale Größe sind günstiger.

■ Pflanzen und Blumen gehören nicht ins Schlafzimmer, weil sie Ihnen Energie rauben.

■ Das Bett darf weder zu klein noch zu groß sein. Zu kleine Betten hemmen Ihre Entwicklung, zu große können Beziehungsprobleme auslösen.

■ Meiden Sie abstrakte Muster mit Pfeilen und Dreiecken. Sie symbolisieren das Element Feuer, das im Schlafzimmer ungünstig ist, und Giftpfeile, die Sie im Schlaf attackieren.

■ Sanfte Pastellfarben sind besser als grelle Primärfarben. Ein Zimmer, in dem Rot dominiert, ist für junge Menschen geeignet; aber Rot ist sehr yang und fördert daher die Ruhe nicht. Dunkelrot und Rötlichbraun sind besser als Hellrot.

■ Götterfiguren und Himmelswesen passen nicht ins Schlafzimmer. Es ist nicht ratsam, dieses Zimmer mit Feng-Shui-Symbolen zu aktivieren. Der Drache hat im Schlafzimmer ohnehin nichts zu suchen.

UNTEN
Es ist keine gute Idee, vor einem Fenster zu schlafen – hier fehlt die Unterstützung. Blumen gehören nicht ins Schlafzimmer, weil sie Ihnen Energie rauben.

Die Feng-Shui-Küche

Die Küche sollte in einer der vier ungünstigen Richtungen des Patriarchen liegen und Unglück »unterdrücken«.

Die Energie, die beim Kochen entsteht, ist oft so stark, dass sie Glück verhindert. Es ist viel besser, wenn die Küche die ungünstigen Richtungen des Patriarchen dämpft! Das gilt selbst dann, wenn die Matriarchin die Geldverdienerin ist. Der Herd sollte jedoch einer seiner vorteilhaften Richtungen zugewandt sein.

Beachten Sie:

- Wenn die Küche sich in Ihrer Wohlstandsrichtung (Sheng Chi) befindet, sind Unbeliebtheit, Fehlgeburten und Geldmangel die Folge, weil die Küche Ihren Erfolg unterdrückt.

- Wenn die Küche in Ihrer Gesundheitsrichtung (Tien Yi) liegt, werden Sie oft krank und sind schnell erschöpft, weil sie all Ihre Energie und Ihr dynamisches Chi absorbiert.

- Liegt die Küche in der Richtung der Fünf Geister (Lui Shar), bleiben Sie gesund und erfolgreich.

- Wenn die Küche sich in Ihrer romantischen Richtung (Nien Yen) befindet, sind Ihre Heiratschancen gering, und wenn Sie verheiratet sind, gibt es Missverständnisse und Streit. Die starke Feuer-Energie (yang) verbrennt Ihre Beziehung, anstatt sie zu ernähren.

- Liegt die Küche in der Richtung Ihres Wachstums (Fu Wei), bleiben Sie immer arm und unzufrieden. Dies ist der schädlichste aller Plätze für die Küche, weil er Glück und Erfolg verhindert.

- In der Richtung Ihres Totalverlustes (Chueh Ming) unterdrückt die Küche dagegen Unglück aller Art und hält Sie gesund.

- Wenn die Küche sich in der Richtung Ihrer Sechs Tode (Wu Kwei) befindet, genießt die Familie dauerhaftes Glück, denn jedes Unglück wird aufgelöst.

- Eine Küche in der Unglücksrichtung (Ho Hai) schützt Sie vor finanziellen Verlusten und vor Betrug. Außerdem sind Sie widerstandsfähiger gegen Krankheiten.

Richten Sie die Küche nie im Nordwesten des Hauses ein. Sollte sich das nicht vermeiden lassen, müssen Sie das gefährliche Feng Shui dämpfen, indem Sie eine große Vase (45 cm tief und 30 cm breit) mit stillem Wasser (yin) in die Küche stellen, um die erzeugte Feuer-Energie zu entschärfen.

LINKS
Die Küche sollte gut gelüftet und beleuchtet sein und darf kein Gerümpel enthalten. Eine Küche gehört nicht in den Nordwesten des Hauses.

Richtlinien für die Küche

- Der Mund des Herdes sollte in eine der vier günstigsten Richtungen des Patriarchen zeigen (der Mund ist meiner Meinung nach die Tür, so wie die Haustür der Mund des Hauses ist).
- Der Spültisch sollte dem Herd nicht gegenüberstehen, weil sonst die Elemente Wasser und Feuer aufeinander prallen.
- Deshalb sollten auch der Kühlschrank und der Geschirrspüler nicht beim Herd stehen.
- Der Herd darf nicht in der Nordwestecke der Küche stehen – das wäre »Feuer am Himmelstor«.
- Alle Schränke sollten mit Türen aus Glas, Holz oder Kunststoff verschlossen sein.
- Die Farben sollten mit dem Element harmonieren, das die Richtung der Küche regiert.
- Weiße Küchen sind sehr vorteilhaft, sofern sie im Westen liegen. Dort sollten Sie Rot vermeiden.
- Gelbe Küchen passen in die Erd-Ecken Nordosten oder Südwesten. Meiden Sie dort dominierende Grün- und Blautöne.
- Küchen im Norden dürfen blau oder schwarzweiß sein, nicht aber gelb, beige oder cremefarben.
- Küchen im Osten und Südosten profitieren von Grüntönen. Meiden Sie dort Rot und Weiß.
- Küchen im Süden dürfen nicht rot sein, obwohl der Süden dem Element Feuer zugeordnet ist. Besser sind Rosa und Beige, weil Rot in der Küche Gefahr (exzessive Feuer-Energie) symbolisiert.
- Der Küchenboden muss gekachelt sein, damit Sie gut geerdet sind. Holz, Teppiche und Linoleum sind ungeeignet. Eine Küche mit Fenster ist günstiger. Küchendüfte dürfen nicht zu stark sein, und Speisereste dürfen sich nie in der Küche ansammeln.

Esszimmer, die Glück bringen

Alle Mitglieder der Familie sollten beim Essen in die für sie günstigste Richtung schauen. Bestimmen Sie mit einem Kompass, welchen Richtungen die Stühle zugewandt sind, und weisen Sie jedem Anwesenden den richtigen Platz zu.

Wenn Sie einen Pa-Kua-Tisch mit acht Seiten benutzen, sind Sie flexibler; aber jeder andere Tisch ist ebenfalls geeignet, und runde Tische gelten als sehr vorteilhaft. Auch quadratische und rechteckige Tische sind akzeptabel; aber es ist etwas schwieriger, an Tischen mit vier Ecken die günstigen Richtungen zu verteilen. Wenn Ihr Tisch rechteckig ist, sollte niemand an einer Ecke sitzen, und eine Ecke darf nie auf einen Essenden zeigen. Entscheidend ist die Richtung, in die Sie beim Essen schauen. Wenn der Süden Ihre günstige Richtung ist, setzen Sie sich also so hin, dass Sie dem Süden zugewandt sind. Die Richtung beim Essen muss nicht immer die des Wohlstandes sein. Ich schaue lieber in die Richtung, die meine Familie und die Romantik begünstigt, und das empfehle ich auch meinen Angehörigen. Das fördert die Harmonie der Familie, weil diese Richtung zugleich die Richtung der nährenden mütterlichen Energie ist. Wenn Sie gemeinsam essen und dabei jeder in seine Nien-Yen-Richtung schaut, gibt es am Tisch weniger Streit.

Wenn alle ihrer Wohlstandsrichtung zugewandt sind, entsteht viel aggressive Yang-Energie, die bisweilen hitzige Diskussionen auslöst. Selbstverständlich sollten Sie beim Essen nie in eine Ihrer vier ungünstigen Richtungen blicken, vor allem nicht in die Chueh-Ming-Richtung (Totalverlust) – das bringt großes Unglück.

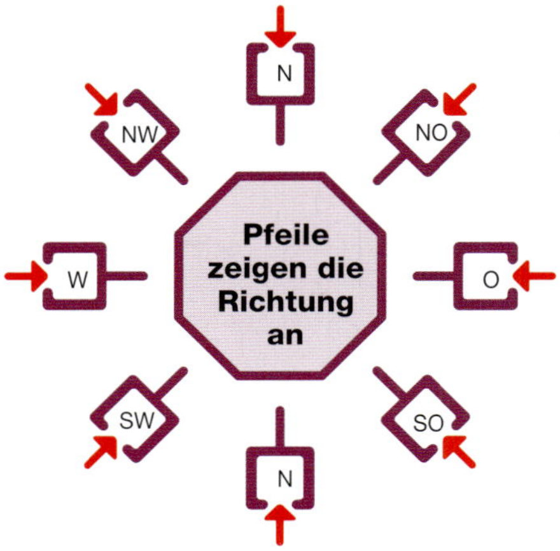

Schauen Sie am Esstisch in Ihre günstigste Richtung.

UNTEN
Spiegel im Esszimmer verdoppeln die Speisen auf dem Tisch und symbolisieren Fülle. Kronleuchter bringen positives Yang-Chi in den Raum.

OBEN
Rechteckige Tische sind besser als ovale. Sitzen Sie aber nie vor einer Ecke. Geräumigkeit fördert den Chi-Strom.

Beachten Sie im Esszimmer auch die Grundregeln des Feng Shui. Die folgende Checkliste hilft Ihnen dabei:

- Die Toilette sollte sich nicht zur Küche hin öffnen und keine Wand mit ihr teilen. Zumindest muss die Toilettentür immer geschlossen sein, damit keine negative Energie ins Haus fließt.

- Essen Sie auch nicht direkt unter einer Toilette im oberen Stock. Das bringt mit Sicherheit Unglück!

- Ein Wandspiegel, der das Essen auf dem Tisch reflektiert, verdoppelt Ihr Glück.

- Essen Sie nicht im Keller oder im tiefsten Teil des Hauses.

- Das Esszimmer sollte weiter innen liegen. Wenn es sich in der Nähe der Haustür befindet, sickert Ihr Wohlstand nach draußen.

Im oben abgebildeten Esszimmer ergänzen gute Farben die Helligkeit des Raumes. Im Feng Shui können Sie fast alle Farbschattierungen (außer vielleicht den dunkleren Tönen) verwenden – es kommt darauf an, wo das Esszimmer sich befindet. Der Spiegel und der Kronleuchter im Wohnzimmer verbessern das Feng Shui des Essbereichs zusätzlich, da beide Bereiche nicht durch Wände getrennt sind. Das ist im Feng Shui akzeptabel.

Beachten Sie den einzelnen Pfeiler zwischen dem Wohn- und dem Essbereich. Pfeiler oder Säulen in der Wohnung schaden nicht, es sei denn, sie sehen bedrohlich aus. Eine dickere Säule können Sie mit Spiegeln verkleiden und dadurch entschärfen.

So gestalten Sie ein Feng-Shui-Esszimmer

OBEN
Ein geräumiges, offen angelegtes Esszimmer fördert das Glück der Familie.

Sorgen Sie für gutes Feng Shui im Esszimmer, wenn Sie ein Haus bauen. Es sollte im Zentrum des Hauses oder in dessen Nähe liegen, weil dort das Herz des Hauses schlägt. Je geräumiger das Esszimmer ist, desto größer ist das Glück der Familie. Es ist am besten, wenn sich hinter dem Platz des Vaters oder der Mutter eine solide Wand befindet. Ein Esszimmer als Teil des Wohnzimmers ist sehr zu empfehlen, weil es dann optisch größer erscheint.

Im Idealfall zeigt das Stern-Diagramm in der Mitte des Hauses außerdem günstige Zahlen an.

Ist die Küche dem Esszimmer benachbart, sollte sie auf gleicher Höhe oder tiefer liegen. Essen Sie nie in einem abgesenkten Teil des Hauses. Wenn sich Ihre Wohnung auf zwei Ebenen befindet, sollten Sie den Essbereich auf der höheren Ebene einrichten. Ein Zwischenstock eignet sich jedoch nicht für das Esszimmer, denn er bringt Unglück.

Vorstehende Ecken und frei liegende Balken an der Decke sind ebenfalls ungünstig, denn wenn Sie beim Essen von Giftpfeilen getroffen werden, ist Ihnen eine schwere Krankheit sicher. Wenn Ecken – auch die von Pfeilern – den Esstisch mit Giftpfeilen bedrohen, können Sie Ecken und Pfeile entschärfen, zum Beispiel mit Pflanzen, mit einem facettierten Kristall, der genau über der Ecke hängt, oder mit einem Windspiel an der gleichen Stelle.

Wirkungen von Giftpfeilen im Esszimmer

Giftpfeile haben unterschiedliche Wirkungen, je nachdem, aus welcher Richtung sie kommen:

Aus **Südwesten** schädigen Sie den Magen und den Unterleib und verursachen Verdauungsstörungen und Fehlgeburten.

Aus **Norden** schaden sie den Nieren und Ohren.

Aus **Osten** machen sie die Lungen und die Füße krank.

Aus **Nordwesten** lösen sie Kopfschmerzen und schwere Migräne aus.

Aus **Westen** gefährden sie die Lungen und den Kopf.

Aus **Nordosten** lösen sie Rückenbeschwerden aus und machen anfällig für Verletzungen der Hände und Finger.

Aus **Südosten** verursachen sie Beschwerden, die mit den Schenkeln und dem Gesäß zu tun haben, und machen anfällig für Schnupfen und Grippe.

Aus **Süden** schaden sie dem Herzen und den Augen.

So entschärfen Sie negatives Chi im Esszimmer

- Stellen Sie eine Topfpflanze vor scharfe, vorstehende Ecken und eckige Pfeiler.
- Stellen Sie den Esstisch nicht unter freiliegende Balken an der Decke.
- Dämpfen Sie die schwere Energie, die aus nackten Deckenbalken strömt, indem Sie ein Paar Bambusflöten in Form eines A an der Kante des Balkens befestigen.
- Vorhänge oder Jalousien am Fenster verbergen eine hässliche Aussicht.
- Schützen Sie das Esszimmer vor dem grellen Licht der westlichen Sonne.
- Überprüfen Sie die Zahlen des Geburtshoroskops für das Esszimmer, und dämpfen Sie die Wirkung ungünstiger Zahlen mithilfe der Elemente.

So verbessern Sie das Feng Shui

Stellen Sie eine Reihe von Fuk, Luk und Sau (Die drei Weisen) ins Esszimmer. Kaufen Sie die besten Figuren, die Sie sich leisten können, denn diese Symbole sind im Esszimmer wirklich wichtig. Die Chinesen glauben, dass Fuk, Luk und Sau alle Wünsche der Menschheit symbolisieren, und in der Tat bringen diese Figuren viel Glück ins Haus. In Hongkong sehe ich in vielen Wohnungen wundervolle Versionen dieser wirksamen Glückssymbole. Sie bestehen aus Jade oder kostbarem Aventurin, manche sogar aus Diamanten und Gold.

Sie können auch ein Symbol der Langlebigkeit ins Esszimmer stellen. Da es viele Symbole dieser Art gibt, sollten Sie eines aussuchen, das Ihnen besonders gut gefällt: eine Pfirsichpflanze in Jadeit, eine Figur des Gottes der Langlebigkeit oder eine antike Vase mit Bildern von Kranichen, Bambus oder Pinien.

Um Fülle anzulocken, hängen Sie ein Bild auf, das eine üppige Mahlzeit, das Einbringen einer reichen Ernte oder ähnliche Symbole darstellt. Bilder von Tieren oder unglücklichen Gesichtern sind im Esszimmer ebenso ungeeignet wie abstrakte Kunst, denn hier sollen die Familienmitglieder miteinander fröhlich sein. Die Wände müssen daher positive Schwingungen erzeugen.

UNTEN
Stellen Sie im Esszimmer Figuren der Fuk Luk Sau auf, um den Wohlstand zu fördern.

Das Feng Shui des Wohnzimmers

Das Wohnzimmer ist das »Gesicht«, das Sie der Welt zeigen. Es ist der Teil des Hauses, den Gäste am häufigsten sehen; darum ist es der öffentliche Bereich Ihres Heimes. Ein Wohnzimmer sollte geräumig und gut gelüftet sein, damit das Chi frei fließen kann.

OBEN
Dank des soliden Sofas und der Sessel fühlt man sich in diesem Wohnzimmer wohl. Allerdings beherrschen die große Pflanze auf dem Kaffeetisch und das Quadratmuster des Fußbodens den Raum zu sehr.

Die Möbel sollten bequem sein und nicht bedrohlich wirken. Leder- und Stoffsofas mit guter Schulterlehne vor einer soliden Wand sind vorzügliches Feng Shui.Das Wohnzimmer lässt sich wohl am besten mit positiven Objekten und Glückssymbolen dekorieren, denn diesen Raum sehen Sie, sobald Sie nach Hause kommen.

Ein Bild der Acht Unsterblichen, die als taoistische Heilige verehrt werden, ist im Wohnzimmer sehr vorteilhaft. Die Chinesen glauben, dass Bilder der Unsterblichen im Haus die acht Arten von Glück bringen. Auf den meisten Gemälde sind auch die Glückssymbole zu sehen, die jeder Unsterbliche bei sich trägt, zum Beispiel den Kranich, die roten Fledermäuse, die Pinie, der Pfirsich, der Fächer, das Wu Lou (ein Symbol für Gesundheit) und der Fliegenwedel.

Andere günstige Gegenstände sind das Pi Yao, ein Himmelswesen, dem man die Fähigkeit zuschreibt, den Großherzog Jupiter zu besänftigen, mitten auf dem Kaffeetisch, und ein Tributpferd, gezogen vom Gott des Reichtums, auf einem kleinen Nebentisch. Ein großes Modellsegelschiff, gefüllt mit Goldbarren, das aus Ihrer günstigsten Sheng-Chi-Richtung kommt, passt gut auf den Fußboden. Eine kleine Schale mit wachsendem Bambus auf einem Glastisch in der Ecke des Wohlstands erfüllt das Zimmer mit Energie.

Sie brauchen keine antiken oder chinesischen Objekte zu besorgen, wenn sie Ihnen nicht gefallen. Ich kenne wunderschöne, gut geplante moderne Häuser, die das Feng Shui auf subtile Weise verbessern. Seien Sie so modern, wie Sie wollen!

Wohnzimmermöbel

Die gesamte Einrichtung sollte dazu beitragen, dass das Feng Shui in Ihrer Wohnung für Ihre Kua-Richtungen optimal ist. Farben, Bilder, Vorhänge und Sessel müssen mit dem Element harmonieren, das Ihrer Kua-Zahl zugeordnet ist. Sofas und Sessel sollten Ihren günstigen Richtungen zugewandt sein.

Angenommen, der Osten ist die Richtung Ihres Wohlstandes. Dann stellen Sie das Sofa und die Sessel so auf, dass Sie beim Sitzen nach Osten oder zumindest in eine Ihrer vier positiven Richtungen schauen. Noch besser ist es, wenn Sie in einer Ihrer günstigen Ecken sitzen und dabei einer Ihrer günstigen Richtungen zugewandt sind – das bringt doppelten Nutzen.

Es ist aber auch wichtig, dass niemand auf der »Linie des Feuers« (Shar Chi) sitzt und der tötenden Energie scharfer Ecken oder Pfeiler ausgesetzt ist. Verdecken Sie solche Stellen mit Pflanzen. Pfeiler können Sie mit Spiegeln verkleiden, so dass sie visuell verschwinden und keine Probleme mehr verursachen. Einbauschränke mit frei liegenden Brettern gleichen Messern, die tödliches Chi aussenden.

Verschließen oder entfernen Sie solche Schränke.

LINKS
In diesem Zimmer gibt es keine tödlichen Giftpfeile. Er ist geräumig, warm und freundlich; aber das Bild eines Hauses über dem Kamin ist keine gute Idee und sollte entfernt werden.

Die Elemente im Wohnzimmer

UNTEN
Rohrmöbel eignen sich vorzüglich für Ecken im Osten und Südosten des Hauses. Hier lässt das Fenster Sonnenlicht aus dem Garten ins Zimmer. Das ist sehr gutes Feng Shui.

Die Element-Therapie im Wohnzimmer ist eine der einfachsten Feng-Shui-Methoden. Fördern Sie den Chi-Fluss mit einem produktiven Farbzyklus. Wenn Sie Sofas und Vorhänge auswählen, dürfen Sie Ihrer Kreativität freien Lauf lassen; aber denken Sie auch an die Verteilung des Chi im Wohnzimmer gemäß den fünf Elementen und der ihnen zugeordneten Farben: Osten und Südosten sind Holz (grün), Süden ist Feuer (rot), Westen und Nordwesten sind Metall (weiß), Südwesten und Nordosten sind Erde (gelb), und Norden ist Wasser (blau oder schwarz). Mit den Elementen und Farben können Sie wundervolles Feng Shui erzeugen.

Wohnzimmer im Ostsektor

Ein Wohnzimmer im Osten des Hauses profitiert davon, wenn Holz dominiert. Dadurch entsteht Harmonie im Raum. Die Farbe Grün ist ebenfalls günstig, und Sie sollten in diesem Teil des Hauses immer Blumen aufstellen, weil sie erfolgreiche Projekte und Unternehmen symbolisieren. In Holzecken sind auch Gegenstände nützlich, die das Element Wasser andeuten. Darum sind blaue Vorhänge oder ein blauer Teppich sehr vorteilhaft.

Besseres Chi für Wohnzimmer im Nordsektor

Ein Ölgemälde, das einen Wasserfall darstellt, an der Nordwand symbolisiert Wasser von Norden. Das ist sehr günstig, und es fördert das Holz im Raum. Noch positiver ist dieses Bild, wenn das Stern-Diagramm dem Zimmer einen günstigen Wasserstern zuweist. So können Sie das Feng Shui der Richtungen mit symbolischem Feng Shui verbinden, um das Chi im Wohnzimmer erheblich zu verbessern.

Rot für den Süden

Wenn das Wohnzimmer im Süden des Hauses liegt, ist die Farbe Rot sehr nützlich. Das Rot sollte zwar nicht überwältigend, aber dominierend sein. Im oben abgebildeten südlich gelegenen Raum

aktivieren die roten Vorhänge und Kissen das Element Feuer, und wer sich hier aufhält, darf sich auf größere Anerkennung freuen. Ost-Typen (mit den Kua-Zahlen 1, 3, 4 oder 9) profitieren doppelt von diesem Raum. Beachten Sie auch die rosa Teppiche.

Aktivieren Sie den Südwesten

Ein gepolstertes rotes Sofa im Wohnzimmer im Südwesten des Hauses (dem Element Erde zugeordnet) symbolisiert Feuer, und weil das Feuer im Zyklus der Elemente Erde hervorbringt, hat Rot hier eine positive Wirkung. Die Vorhänge im Hintergrund sind ocker, also erdfarben. Dieses Farbspektrum wäre in einer Metall-Richtung (West und Nordwest) oder in einer Holz-Richtung (Ost und Südost) weniger günstig.

OBEN
Diese Farben passen in ein Wohnzimmer im Süden des Hauses. Die beiden Sofas, die sich direkt gegenüberstehen, lösen jedoch Streit aus. Sechs Kristallkugeln auf dem Kaffeetisch dämpfen diese Wirkung und fördern die Harmonie in der Beziehung.

Feng-Shui-Kunst

Kunst ist etwas sehr Persönliches. Sie spiegelt die Stimmung, den Geschmack und die Einstellungen der Menschen wider. Darum ist es unmöglich zu sagen, was gute oder schlechte Kunst ist.

RECHTS
Impressionistische Gemälde enthalten atemberaubende Licht-Energie, die jeden Raum reichlich mit Yang-Chi versorgt.

Unabhängig vom Geschmack sollten Sie Kunstwerke aber auch unter Feng-Shui-Aspekten beurteilen. Das Chi, das feindselige Bilder ausstrahlen, kann nämlich sehr schädlich sein und Unglück bringen – und Sie wissen nicht einmal, warum.

Bilder an den Wänden der Wohnung oder des Büros üben ihre Wirkung schnell und unbemerkt aus. Ich denke vor allem an Kunstwerke, die alt sind, in unglücklichen Häusern hingen, Kummer ausdrücken oder wilde Tiere oder verdrießliche Gesichter darstellen. Viele Aspekte spielen eine Rolle: Farben, Farbtöne, die Herkunft des Stückes und so weiter. Selbst Bilder mit positiven Motiven können Ihnen schaden.

Nehmen wir Bilder von Pferden als Beispiel. Das sind sehr positive Symbole – aber ein sich aufbäumendes Pferd hinter Ihrem Sessel hätte eine verheerende Wirkung. Ein trauriges Arbeitspferd erzeugt Schwingungen der Armut, und ein Pferd, das in panischer Angst flieht, kündigt eine Katastrophe an. Solche Bilder gehören nicht in Ihre Wohnung!

Viele Leute stellen mir Fragen über Feng Shui und Kunst, und ich versichere Ihnen, dass ich gerne Museen in Paris, New York, Petersburg oder London besuche. Ich liebe die Impressionisten und die Art, wie sie Licht, Wasser und Blumen darstellen – voller Farben und Yang-Energie. Das sind glückliche Kunstwerke, die positiv schwingen. Aber ich mache mir oft Gedanken über die düsteren Meisterwerke von Picasso – möchten Sie einen Nachdruck seiner »Weinenden« zu Hause haben? Die Bilder aus seiner »blauen Periode« sind dagegen positiv und symbolisieren oft eine glückliche Familie. Feng Shui ist also auf die westliche Kunst ebenso anwendbar wie auf die östliche. Prüfen Sie die Farben und Symbole, und entscheiden Sie dann.

Das mächtigste Kunstobjekt, das Sie in Ihre Wohnung oder in Ihr Büro hängen können, ist wahrscheinlich ein Bild mit Gebirgsmotiv. Nichts ist so stärkend wie ein schönes Gemälde, das eine Gebirgskette darstellt und hinter Ihnen hängt – es symbolisiert die schützende himmlische Schildkröte oder den Drachen, eine starke Yang-Kreatur.

Wählen Sie Ihr Bergbild sorgfältig aus. Es sollte majestätisch, unerschütterlich und freundlich aussehen und mit seinem Elementspektrum zu den Wänden passen, wo es hängen soll.

Gebirgsmotive stärken den Rücken

Der gewaltige Mount Everest ist ein sehr gutes Symbol für das Element Erde. Er passt an Wände im Südwesten, Nordosten, Westen und Nordwesten. Berge mit üppiger Vegetation gehören an Wände im Osten, Süden und Südosten des Wohnzimmers. Verschneite Berge sind ideal im Osten, Südosten und Norden des Hauses oder Zimmers. Kahle oder sehr schroffe Berge mit vielen dreieckigen Formen sind nicht zu empfehlen. Gelbe und braune Berge mit Felsen oder Granit passen in den Südwesten, Nordosten, Nordwesten und Westen jedes Raumes.

Auf dem Bild sollte der Berg das Tal dominieren. Wenn das Tal im Vordergrund liegt und der Berg weit entfernt ist, deutet das Bild an, dass Sie rückwärts umfallen werden, denn der Berg ist dem Tal untertan. Wenn das Bild hinter Ihnen hängt, ist das im Feng Shui ungünstig; wenn es vor Ihnen hängt, kann es günstig sein. Wichtig ist, welche Energie Sie aufnehmen.

Flüsse und Wasserfälle sollten nicht zu sehen sein, außer wenn sie im Vergleich zum Berg winzig wirken. Die Berg-Energie muss stärker sein als die Wasser-Energie.

Sie können auch Bilder von heiligen Bergen aufhängen, um bei der Arbeit eine solide Stütze zu haben. Mir gefällt das Bild des Berges Kailash besonders gut. Hindus und Buddhisten halten ihn für den Wohnsitz der Götter. Dieser mächtige Gipfel gehört zum Himalaja und ist eine bekannte Pilgerstätte.

UNTEN
Hängen Sie hinter sich kein Bild auf, das sowohl Berge als auch Wasser darstellt – es löst einen Streit der Symbole aus. Wenn es vorne hängt, kann es jedoch einen günstigen Berg-Stern 8 stärken.

Kunst, die Glück bringt

RECHTS
Das dynamische Spiel des Lichts und des Schattens auf dem Wasser macht Monets *Seerosenteich* zu einem vorzüglichen Energiespender.

UNTEN
Bilder von Segelschiffen auf ruhigem Wasser sind immer gutes Feng Shui, weil sie Glück ankündigen.

RECHTS
Dieses Gemälde von Renoir zeigt eine Gruppe fröhlicher Menschen. Im Südwesten bringt es Ihnen viele gute Freunde und ein geselliges Leben.

Rechts sehen Sie drei impressionistische Gemälde, die im richtigen Sektor das Feng Shui mit Sicherheit stark positiv beeinflussen und somit verbessern würden.

Auf dem ersten Bild des berühmten Malers Claude Monet fällt Sonnenlicht auf üppig wachsende Pflanzen und erzeugt eine wundervolle, dynamische Yang-Energie. Die Bäume sehen lebendig und gesund aus. Darum ist die Energie eines solchen Bildes mit Sicherheit positiv; sie fördert das Wachstum in Holz- und Feuer-Ecken. Das Bild passt in den Osten, Südosten und Süden, jedoch nicht in den Norden, weil die Pflanzen die Wasser-Energie des Nordens absorbieren würden, so dass ein Mangel an diesem lebenswichtigen Element entstünde.

Auf dem zweiten Bild von Monet sind bereits die Symbole – Segelschiffe – vielversprechend, weil sie das Glück des Windes und des Wassers mitbringen.

Aber auch das herrliche Wasser, der blaue Himmel und der helle Sonnenschein erzeugen Yang-Energie. Hängen Sie Bilder dieser Art in den Norden, Osten und Südosten.

Das dritte Bild hat Renoir gemalt, ebenfalls ein französischer Impressionist.

Die Energie dieser glücklichen Szene im Freien passt vorzüglich ins Wohnzimmer. Die Menschen auf dem Bild amüsieren sich an einem warmen, gemütlichen Sommernachmittag. Das Motiv, die Atmosphäre und die Energie des Gemäldes sind positiv und fröhlich. Als ich studierte, hängte ich eine Reproduktion dieses Bildes in mein Zimmer, weil es mir so gut gefiel. Deshalb, erklärte mir ein Feng-Shui-Meister, hatte ich eine Menge Freunde!

Kunst, die Unglück bringt

Es ist ebenso wichtig, Kunstwerke zu meiden, die Unglück bringen.

- Verzichten Sie auf Kunstwerke mit dunklen, unheilvollen Farben – ihr Chi ist sehr yin.

- Meiden Sie Kriegsszenen und Kämpfe – sie lösen Streit aus.

- Porträts von alten, runzligen Menschen erzeugen Krankheits-Chi.

- Bilder von wilden Tieren gehören nicht in die Wohnung. Tiger und Leoparden können gefährlich werden.

- Bilder mit spitzen Winkeln symbolisieren Messer und Waffen – ihr Chi kann töten.

- Stille, geisterhafte Szenen, zum Beispiel Sümpfe und Wälder, sind nicht zu empfehlen.

- Meiden Sie Bilder von Häusern, die spukhaft, arm oder schmutzig aussehen.

- Verzichten Sie auch auf alte Porträts. Die Chinesen glauben, dass unheimliche Geister sich gerne hinter gemalten Gesichtern verbergen, vor allem wenn sie einen durchdringenden Blick haben. Hier können Sie gar nicht vorsichtig genug sein.

Mein Pferdebild

Vor vielen Jahren ließen wir unser geliebtes Pferd Justy Boy von einem modernen chinesischen Künstler malen. Wir gaben ihm ein Foto von meiner Tochter Jennifer,

LINKS
Dieses Bild eines grimmig aussehenden Tigers, der den Rachen aufsperrt, ist sehr schlechtes Feng Shui, das man meiden sollte.

die sich an das Tier lehnte. Beide lächelten und sahen glücklich aus. Wir wussten nicht, dass der Künstler auf alle seine Bilder eine kleine Wolke malte – auf unserem Bild befand sie sich genau über dem Kopf des Pferdes. Kurz nach Fertigstellung hängten wir das Gemälde stolz im Wohnzimmer auf.

Bald danach lahmte Justy Boy und erholte sich jahrelang nicht. Eines Tages saß ich im Wohnzimmer und bemerkte plötzlich die Wolke auf dem Bild. Sollte ich das Bild von der Wand nehmen? Ich tat es – und noch in diesem Monat – nach einer jahrelangen Therapie und hohen Tierarztkosten – wurde Justy Boy gesund! Jetzt ist er alt und leidet an steifen Gelenken; aber er lahmt wenigstens nicht mehr. Das Bild bleibt in einer Schublade, und seither achte ich genau auf Details.

Als ich dieses Erlebnis einem alten taoistischen Feng-Shui-Meister aus Hongkong erzählte, nickte er weise. Nichts in der Wohnung, sagte er, dürfe aussehen, als befände es sich unter einer Wolke. Wolken sind nicht negativ – aber wenn Sie direkt über Ihnen schweben, blockieren sie die Sonne.

Traditionelle Glückssymbole

RECHTS
Die mächtigen Fu-Hunde sind vorzügliche Wächter des Hauses. Dieser riesige Hund schützt eine der Hallen in Pekings verbotener Stadt.

In chinesischen Häusern findet man zahlreiche Glückssymbole aller Art. Darum sind unser Porzellan, die Bilder und Skulpturen, die Teller und das Geschirr, die Möbel, Wandschirme und Trennwände sowie fast alle anderen Dinge mit schönen Gemälden, Schnitzereien und Stickereien geschmückt, die traditionelle Glückssymbole zeigen.

Ich habe die Macht dieser Symbole so oft erlebt, dass ich mich nicht mehr wundere, wenn ich sie in jeder chinesischen Stadt, die ich besuche, überall sehe. Als ich in den Achtzigerjahren des letzten Jahrhunderts zum ersten Mal in China war, staunte ich über die Bilder in Pekings verbotener Stadt – riesige Kraniche, Schildkröten, Drachen und Glücksblumen aller Art. Heute öffnet China seine Tore für die ganze Welt, und jeder kann chinesische Städte besuchen und selbst sehen, was für eine große Rolle Glückssymbole im Leben der Chinesen spielen. Häuser und Gärten werden mit traditionellen Glücksbringern dekoriert, und das himmlischste von ihnen ist natürlich der Drache.

Es ist eine vorzügliche Idee, geliebten Menschen Glückssymbole zu schenken, zum Beispiel den lachenden Buddha mit seinen dynamischen Schwingungen. Und es ist immer empfehlenswert, den Eltern oder Großeltern zum Geburtstag Pfirsiche oder den Gott der Langlebigkeit zu schenken. Diese Figur wirkt wie ein Amulett, das vor unnatürlichem Tod schützt. Figuren sollten gut gemacht und dekorativ sein, damit sie der Wohnung Glanz verleihen. Kaufen Sie keine billigen Kunststoffimitationen – je wertvoller das Material ist, desto besser. Symbole, die als Schmuck dienen oder aus Edelsteinen gemacht wurden, sind am wirksamsten.

Vier Jahreszeiten des Glücks

Chinesische Kunstwerke enthalten immer Glückssymbole. Beliebt sind fünf rote Fledermäuse, die ein Symbol für langes Leben umringen, weil sie Glück anziehen. Der Gott der Langlebigkeit steht in vielen Häusern, weil er Gesundheit verspricht. Der Hirsch, der Pfirsich und der Bambus sind ebenfalls günstig. Hier ist eine Liste von empfehlenswerten Glückssymbolen:

- Blumen der vier Jahreszeiten – Chrysanthemen, Pflaumenblüten, Magnolien, Pfingstrosen und Orchideen – haben jeweils ihre eigene glückliche Bedeutung. Häuser, in denen junge Mädchen wohnen, profitieren von Blumenbildern, vor allem wenn Schmetterlinge dabei sind, weil sie viele ehrbare Freier ankündigen.

  Die Pfingstrose ist in dieser Hinsicht die Königin der Blume; aber Lotosblüten und Seerosen verschaffen jungen Damen ebenfalls gute Partner. Die Blumen dürfen jedoch keine Dornen haben und keinesfalls welk sein.

- Bestimmte Tiere sind in der Kunst besonders gute Glücksbringer. Pferde sind beispielsweise ein hervorragendes Motiv, weil sie Anerkennung, Kraft, Mut und Abenteuerlust symbolisieren – sofern sie nicht verängstigt fliehen. Auch herumtollende Pferde in selbstsicheren Posen und preisgekrönte Pferde bringen Glück.

  Arbeitspferde und verletzte Pferde sind keine Glückssymbole. Hirsche, Elefanten, Kamele sowie Himmelswesen (Drache und Schildkröte) gelten im Feng Shui ebenfalls als Glücksboten.

- Auf Blumenbildern sind meist auch Vögel zu sehen, und fast jede Vogelart bringt Glück. Vogelfiguren oder -federn im Auto schützen vor Unfällen. Das Bild eines Vogels am Eingang sorgt dafür, dass das Haus rasch verkauft wird, sobald Sie es anbieten. Phönix, Pfau und Hahn sind typische Feng-Shui-Vögel mit vielen positiven Bedeutungen. Vogelpaare, vor allem Mandarinenten, symbolisieren Romantik.

LINKS
Pflaumenblüten symbolisieren Erfolg trotz widriger Umstände, Widerstandskraft und frische Yang-Energie, die sich vorteilhaft mit Altersweisheit verbindet.

Traditionelle chinesische Kunst

Die traditionelle chinesische Kunst kennt so viele Glücksbringer, dass Sie immer etwas Passendes für Ihr Heim finden, obwohl nicht jedes antike Kunstwerk mit einer modernen Wohnung harmoniert. Folgen Sie einfach Ihrem Gefühl. Sie können unter vielen Glückssymbolen wählen und brauchen daher nichts zu kaufen, was Ihnen nicht gefällt.

Das links abgebildete Gemälde von Kuan Kung, dem Gott des Wohlstandes, passt in jedes Geschäft. Ich habe es bei einem aufstrebenden chinesischen Künstler in Auftrag gegeben, nachdem ich viele Monate lang einen geeigneten Maler gesucht hatte. Sie sehen, warum das Ergebnis mich so begeistert: Das Bild strahlt geradezu Fülle aus, und es enthält so viele Glückssymbole, dass jedes Haus von seiner Energie profitieren würde. Kuan Kung hilft Geschäftsleuten, Konkurrenten zu übertrumpfen.

Es ist einfach, chinesische Bilder zu finden, die Glück bringen, da die Chinesen in dieser Hinsicht sehr wählerisch sind. An Kunstschulen lernen die Maler auch die symbolischen Bedeutungen von Objekten, Tieren, Blumen, Vögeln und Fischen kennen. Suchen Sie nach Kunstwerken, die starkes Chi ausstrahlen. Wenn Sie kräftige Pinselstriche oder vorzügliche Kalligrafie sehen, ist das Stück noch wertvoller.

LINKS
Kuan Kung ist ein majestätischer Triumphator. Chinesische Geschäftsleute schätzen ihn vor allem deshalb, weil er den Sieg über Konkurrenten symbolisiert.

Bilder, die Reichtum anziehen

Ein anderes Gemälde vom selben Künstler stellt die Sage von der dreibeinigen Kröte dar, ein beliebtes Motiv bei Kaufleuten, die mit der positiven Symbolik dieser bescheidenen Kreatur vertraut sind. Die Münzen symbolisieren Gold, und hier vertreiben sie die Kröte, die Gemahlin eines der Acht Unsterblichen, die dafür bestraft wurde, dass sie den Pfirsich der Unsterblichkeit stahl.

Dank dieser Sage wurde die Kröte zur Favoritin unter den Symbolen des Reichtums. Die Chinesen glauben, das Bild dieser Kreatur im Haus eröffne ihnen gute Verdienstmöglichkeiten.

Hängen Sie dieses Bild im Wohnzimmer auf, und legen Sie Krötenfiguren unters Sofa und unter niedrige Regale, die zur Tür schauen – aber nicht direkt vor die Haustür.

LINKS
Dieses Gemälde zeigt, wie die dreibeinige Kröte dazu gebracht wird, dem Haus Reichtum zu bringen. Hängen Sie dieses berühmte Bild in Ihrem Haus auf, um seinen Wohlstand zu fördern.

Kuan Kung

Bei Feng-Shui-Freunden ist Kuan Kung der beliebteste Schutzgott im Haus und im Büro. Er ist zugleich der Gott des Krieges und des Reichtums. Die Polizei und die Gangsterbanden in Hongkong suchen bei dieser mächtigen Gottheit Schutz, und Geschäftsleute, die Firmen übernehmen, haben diese Figur immer bei sich, um ihre Konkurrenten auszustechen.

Politiker glauben ebenfalls an Kuan Kung. Wenn diese Figur im Büro steht – am besten hinter Ihnen –, hilft sie Ihnen, Macht und Status zu bewahren.

Man glaubt, Kuan Kung mit den neun Drachen sei noch mächtiger und vorteilhafter. Welchen Kuan Kung Sie aufstellen, hängt davon ab, welche Art Glück Sie anziehen wollen. Sie können auch das Bild eines westlichen Generals in Siegerpose oder eines siegreichen Rennpferdes aufhängen. Entscheidend ist, dass das Bild den Sieg über Konkurrenten symbolisiert. Dann hilft es Ihnen, Hindernisse auf dem Weg zum Wohlstand zu überwinden.

Kunstwerke für die Liebe

OBEN
Gustav Klimts berühmtes Gemälde *Der Kuss* eignet sich vorzüglich dafür, Liebe anzuziehen, vor allem wenn es im Schlafzimmer hängt.

Wenn Sie Liebe und Romantik anlocken wollen, sollten Sie zu Hause romantische Bilder aufhängen. Geeignet sind traditionelle Bilder, die Mandarinenten, das Doppelte Glück, einen Drachen oder den Phönix darstellen; aber Sie können sich auch für ein westliches Kunstwerk entscheiden.

Der österreichische Künstler Gustav Klimt hat viele faszinierende romantische Bilder gemalt. Sein Gemälde *Der Kuss* (siehe oben) ist wohl das bekannteste moderne Bild dieser Art. Hängen Sie eine Kopie in Ihr Schlafzimmer. Es gibt noch andere schöne europäische Skulpturen und Gemälde, die sehr starke Liebesschwingungen aussenden. Ein Liebessymbol sollte in der Ecke hängen, die Romantik fördert, also in der Südwestecke des Schlaf- oder Wohnzimmers. Aber es gibt zwei Alternativen:

1 Ihre Nien-Yen-Richtung im Acht-Häuser-Diagramm, weil sie Ihre persönliche Romantik-Richtung ist.

2 Die Richtung, die Ihren Status in der Familie symbolisiert. Das ist der Südosten, wenn Sie die älteste oder einzige Tochter sind, der Westen, wenn Sie die jüngste Tochter sind, der Süden, wenn Sie die mittlere Tochter sind, der Osten, wenn Sie der älteste Sohn sind, der Nordosten, wenn Sie der jüngste Sohn sind, und der Norden, wenn Sie der mittlere Sohn sind.

Sie können alle Wände und Räume Ihres Hauses aktivieren, die Ihr Liebesleben unterstützen. Das sollten Sie auch tun, wenn Sie verzweifelt nach einem Partner suchen. In diesem Fall empfehle ich Ihnen aber dringend die Figur des Doppelten Glücks, ein Paar Mandarinenten, den Drachen oder den Phönix, entweder als Schmuckstück zum Tragen oder als dekoratives Kunstwerk an der Romantik-Wand oder auf dem Nachttisch.

Entfernen Sie alle Bilder von Menschen und Tieren, die einsam sind. Paare ziehen das Chi eines Paares an. Frauen sollten einige kleine Bilder von Männern, Männer einige Bilder von Frauen verwenden.

Wichtig ist, dass Sie die Yin- und die Yang-Energie im Haus harmonisieren, um einen Partner anzulocken.

Kunst im Kinderzimmer

Bilder im Kinderzimmer sollten etwas mit Lernen und mit praktischen Fähigkeiten zu tun haben oder dafür sorgen, dass der Lerneifer der Kleinen anerkannt wird. Kinder brauchen Kunstwerke und Feng-Shui-Symbole, die ihnen zu guten Noten und erfolgreichen Prüfungen verhelfen. Geeignete Motive sind das Drachentor – mit einem Karpfen, der über das Tor hüpft (siehe Seite 55) –, drei Karpfen, die eine Kristallkugel halten, oder der Fischer, der einem Knaben beibringt, wie man seinen Lebensunterhalt verdient. Die Chinesen, die dekorative Bilder mögen, haben den Fischer immer am meisten geschätzt.

Das hier abgedruckte Bild eines Fischers passt vorzüglich in ein Kinderzimmer. Seine Bedeutung ist einfach und doch tief: Wer sein Auskommen haben will, sollte etwas lernen, anstatt sich durchfüttern zu lassen.

Jungen profitieren auch von einem glücklichen Pferd. Das Pferd ist ein Symbol des Mutes, der Schnelligkeit und der Ausdauer; es steht für den jugendlichen Überschwang und die Abenteuerlust junger Burschen. Die Farbe des Pferdes ist im Feng Shui wichtig. Ein weißes Pferd symbolisiert Fröhlichkeit und Führungsqualitäten. Schwarze Pferde stehen für Reichtum, kastanienbraune für Anerkennung.

Kaufen Sie nur Bilder von Pferden, die tapfer aussehen, und hängen Sie keine Bilder von verängstigten oder fliehenden Tieren auf. Herumtollende Pferde sind glücklich, durchgehende fürchten sich.

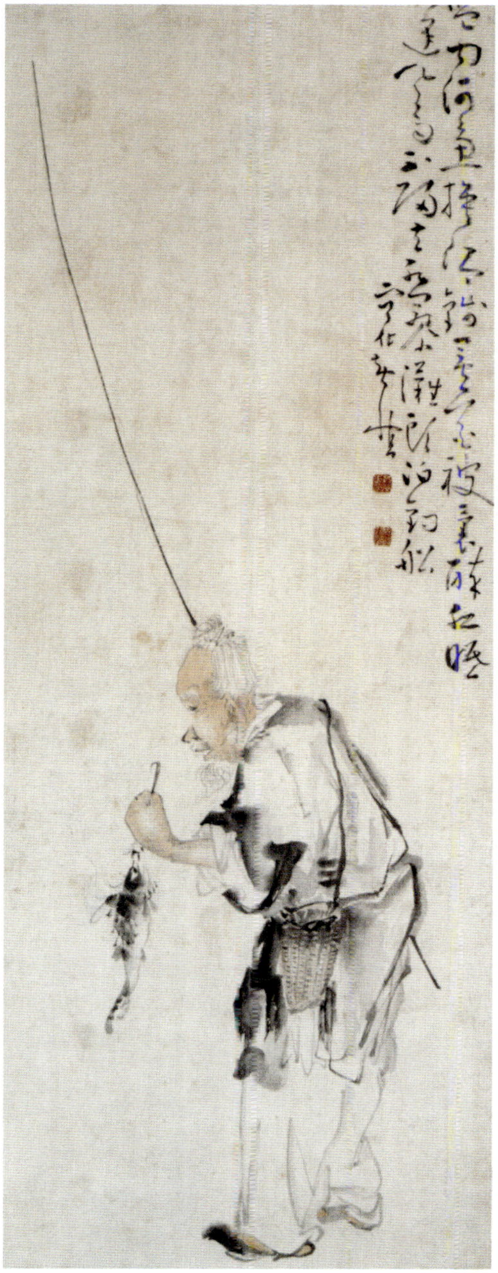

LINKS
Hängen Sie keine Bilder mit Kriegswaffen, wilden Tieren oder Furcht einflößenden Kreaturen ins Kinderzimmer, auch nicht, wenn es Filmplakate sind. Am besten sind Kunstwerke, die dem Kind eine wichtige Botschaft vermitteln. Dieses Bild eines Fischers symbolisiert das Erlernen einer Fertigkeit, mit der man seinen Lebensunterhalt verdienen kann.

Ungünstiges Chi

In jedem Haus ist eine subtile Energie zu spüren, deren Quelle der Geist des Hauses, seine verborgene Geschichte, die verbliebene Energie früherer Besitzer und die Erd-Energie des Grundstücks ist. Manchmal lauert in einem Haus die Energie von Geistern, deren Heimat andere Ebenen sind. Wenn das Chi gesund ist, bringt es Glück, wenn es krank oder verbraucht ist, bringt es Unglück. Negatives Chi verhindert, dass harmonisches Chi frei fließen kann.

Es gibt viele Ursachen für negatives Chi. Häuser, die jahrelang vernachlässigt wurden und schmutzig oder mit Gerümpel vollgestopft sind, enthalten schädliches Chi. Häuser, die Krankheiten, Verluste, unglückliche Bewohner, Gewalt, Wut und Selbstmorde erlebt haben, leiden an der Energie, die nach solchen Ereignissen zurückbleibt. Negatives Chi müssen wir unbedingt beseitigen.

In diesem Kapitel geht es um ungünstiges Chi. Wenn Sie alle Zimmer regelmäßig reinigen, erzeugen Sie eine starke, heilende Energie, die Krankheiten vertreibt, für Harmonie sorgt, wo einst gestritten wurde, und Schwäche durch neue Kraft ersetzt. Dann hört das Unglück auf, und das Glück fließt ungehindert ins Heim.

Negatives Chi aus der Nachbarschaft

UNTEN
Dieses Wohnzimmer hat einen runden Spiegel, der einen anderen Raum reflektiert. Gehen Sie mit Spiegeln vorsichtig um – sie dürfen nie das Haus eines unfreundlichen Nachbarns reflektieren, weil sie sonst negatives Chi anziehen.

Leider kann negatives Chi auch von den Nachbarn kommen. Wenn die Nachbarn freundlich sind, wirkt ihre Energie kräftigend; wenn sie feindselig sind, kann ihre Energie schaden. Falls Sie dieser negativen Energie ständig ausgesetzt sind, fallen Sie ihr zum Opfer, es sei denn, Sie verstehen, was vorgeht, und unternehmen etwas dagegen.

Feindseliges, aber harmloses Chi in Form von frivolem Klatsch und alltäglichem Neid können Sie ignorieren und mit Ihrer eigenen, stärkeren Energie leicht auflösen. Wenn das Chi Ihnen auf die Nerven geht, etwa weil beim Nachbarn andauernd Kinder kreischen und Ihre Ruhe stören oder Ihre Sachen zertrümmern, stellen Sie eine große Vase mit stillem Wasser (yin) an die Seite Ihres Hauses. Die Vase sollte eine weite Öffnung und einen engen Boden haben. Lassen Sie eine Kerze auf dem Wasser treiben, und sorgen Sie mit Wasserpflanzen oder kleinen Fischen dafür, dass Yang-Energie entsteht. Die Urne absorbiert alle lästigen und lauten Geräusche.

Wenn giftige Eifersucht, Hass oder böse Gerüchte auf Sie abgefeuert werden, ist eine stärkere Abwehr erforderlich. Ein runder Spiegel reflektiert diese schädliche feindselige Energie sehr wirksam.

Achten Sie aber darauf, dass Sie beim Blick in den Spiegel nicht das Haus eines bösen Nachbarn sehen.

Die Energie früherer Bewohner

Bevor Sie ein Haus oder eine Wohnung kaufen oder mieten, sollten Sie sich über seine Geschichte und seine früheren Bewohner informieren. Negatives Chi ist nämlich hartnäckig, wenn man es nicht vertreibt.

Bewohner, die unter Wut, Verbitterung und Gewalt litten, lassen negatives Chi zurück. Solche Emotionen sind manchmal derart stark, dass man sie durch Schrubben und Streichen nicht los wird. Auch eine tödliche Krankheit erzeugt »klebriges« Chi. Wände, Fußböden und Decken speichern Trauer und Schmerzen, die man entfernen muss.

Zum Glück gibt es gute Reinigungsmethoden, zum Beispiel mit Glocken, Becken und Klangschalen, deren Töne das negative Chi absorbieren. Der Klang von Metall auf Metall ist sehr wirksam. Am besten sind Objekte aus den sieben Metallarten, denn sie symbolisieren die sieben Chakren des Körpers und die sieben Planeten, welche die Energie unserer Welt beeinflussen.

Glocken sind wohl der einfachste Weg zu besserem Chi. Sie werden meist von Hand gemacht und haben innen einen Holzschlegel. Lassen Sie die Glocke rhythmisch läuten, damit harmonische Töne entstehen, und gehen Sie drei Mal im Uhrzeigersinn durch jedes Zimmer. Die Töne werden klarer und reiner, wenn die Energie leichter und sauberer wird.

Eine Klangschale ist noch wirksamer als eine Glocke, weil die negative Energie in die Schale gezogen und dann in positives Chi umgewandelt wird. Der Klang ist wundervoll, und sobald Sie wissen, wie man ihn erzeugt, können Sie damit Wunder wirken.

Stellen Sie die Klangschale auf ein weiches Kissen auf Ihrer Handfläche – dann werden die Töne harmonischer –, und streichen Sie drei Mal über die Schale, um sie zu »wecken«. Gehen Sie dann drei Mal im Uhrzeigersinn durchs Zimmer.

Streichen Sie die Schale weiter, oder reiben Sie sie mit einem Holzschlegel, damit der Klang möglichst lange im Raum schwebt. Mit der Energie des Zimmers wird auch der Klang reiner.

Klangschalen werden von Hand gemacht; darum klingt jede anders. Stimmen Sie sich auf die Schale ein, um herauszufinden, ob sie zu Ihnen passt. Wenn Sie eine geeignete Klangschale gefunden haben, müssen Sie sie gut pflegen. Sie darf nie auf eine harte Fläche fallen. Eine Schale, die Sie jahrelang verwendet haben, wird immer wirksamer und ist bald eine vertrauenswürdige Verbündete.

OBEN
Die Klangschale ist ein vorzügliches Mittel, um übrig gebliebene negative Energie zu entfernen. Lassen Sie Ihre Klangschale nie fallen – sonst verliert sie ihre reinigende Wirkung.

Problemzonen

Balken, Pfeiler und vorstehende Ecken erzeugen ungünstiges Chi im Haus. Auch mit solchen Problemzonen muss Feng Shui fertig werden.

Giftpfeile

Schädliches Chi wird meist von vorstehenden Ecken und frei liegenden Deckenbalken erzeugt.

Am gefährlichsten ist die Energie von tragenden Balken. Wenn Sie solche Balken im Haus haben, sollten Sie nie unter ihnen sitzen. Setzen Sie sich auch nicht vor das schlechte Chi, das vorstehende Ecken aussenden. Stellen Sie die Möbel so auf, dass Balken und Ecken nicht einem Sitz- oder Schlafplatz zugewandt sind, denn ihre negative Wirkung manifestiert sich meist als Krankheit.

Ältere und kränkliche Menschen sind besonders gefährdet. Ihr Bett darf nie unter Balken stehen. Wenn es nicht anders geht, verhüllen Sie den Balken mit Bambus, festgehalten von rotem Zwirn, oder befestigen davor zwei Flöten mit dem Mundstück nach unten in Form eines A. Das dämpft die negative Wirkung.

Wenn Sie die Wohnung mit Balken oder dekorativen Linien an der Decke verschönern wollen, fügen Sie am besten Glückssymbole hinzu, etwa das Trigramm Chien, das aus drei Linien besteht.

RECHTS
Ein Pfeiler kann einen Raum negativ beeinflussen. Pfeiler passen am besten neben Eingänge; aber mitten in einem Raum sind sie nie positiv.

Pfeiler und Ecken

Runde Pfeiler sind in der Regel besser als eckige, denn sie symbolisieren nach oben fließendes Chi, das Fülle verspricht. Hohe runde Pfeiler können ein modernes Haus in einen Palast verwandeln und dabei das Chi des Wohlstandes erzeugen. Wenn Sie in einem Haus mit mehreren Wohnungen wohnen, sind runde Pfeiler für das ganze Gebäude vorteilhaft.

Pfeiler dürfen jedoch nicht überhand nehmen, sonst erzeugen sie zu viel Yin-Energie. Außerdem ist Ausgewogenheit wichtig. In einem bescheidenen Heim sollten sich die Pfeiler, was Höhe und Dicke anbelangt, harmonisch ins Interieur einfügen. Sie dürfen nie das Wohnzimmer oder den Eingang beherrschen, anderenfalls wird das Chi gestört.

Spiegel

Spiegel sind sehr wirksame Feng-Shui-Werkzeuge, weil sie Wohlstand und Glück »verdoppeln«. Aber am falschen Platz angebracht, können sie auch Chaos in Ihr Leben bringen.

Ob Spiegel Glück oder Unglück bringen, hängt sehr davon ab, was sie reflektieren – es darf nichts sein, was fortfließenden Reichtum oder, schlimmer noch, eindringende Gefahr symbolisiert.

LINKS
Ein Spiegel, der den Esstisch reflektiert, gilt als positiv, weil er die Speisen verdoppelt. Ungünstig ist es dagegen, wenn er das Essen auf dem Herd reflektiert.

- Spiegel, welche die Haustür reflektieren, lassen Glück und Wohlstand herein- und gleich wieder hinausfließen, denn sie reflektieren jedes Mal, wenn die Tür aufgeht, die äußere Welt.

- Spiegel, die das Bett reflektieren, schaden der Ehe. Feng-Shui-Meister warnen davor, die Yin-Energie des Schlafzimmers zu verdoppeln und den Schlaf zu stören. Wenn ein Spiegel einen der Partner reflektiert, lässt dieser sich möglicherweise auf eine Affäre ein. Reflektiert er sowohl das Bett als auch die Tür, ist das doppelt so schlimm.

- Spiegel, die den Herd oder Kocher reflektieren, sind ebenfalls ungünstig. Davor bin ich schon immer gewarnt worden. Es ist gefährlich, eine nackte Flamme zu reflektieren, weil das Unfälle auslöst. Das Spiegelbild des Essens im Speisezimmer ist dagegen sehr positiv.

Küchenkummer

Obwohl die Küche vom Feng Shui profitiert, brauchen Sie ihr Chi nicht zu aktivieren.

Es ist wichtiger, die Feng-Shui-Tabus zu beachten:

- Hängen Sie keine Familienporträts, Spiegel oder grimmige Tiere in die Küche. Die Feuer-Energie ist dort viel zu intensiv, und wenn sie noch verstärkt wird, schadet sie den Bewohnern. Tierbilder gehören nicht in die Küche, weil sie im Feng Shui meist Schutzsymbole sind.

In der Nähe des Feuers stören sie die Aura des Heimes, so dass die Energie der Küche schädlich wird.

- Die Farbe Rot darf die Küche nicht dominieren. Dort gibt es bereits genug Feuer-Energie, und ein Zuviel kann gefährlich sein. Exzessive Yang-Energie ist immer eine Gefahr. Wählen Sie also Pastellfarben.

- Die Köchin oder der Koch sollte den Rücken bei der Arbeit nicht der Tür zuwenden – das bringt Unglück in die Küche.

- Die Küche sollte sich nicht im Zentrum des Hauses befinden, denn Feuer im Herzen eines Gebäudes ist nie gut. Liegt die Küche in der Mitte des Hauses, sollten Sie möglichst wenig mit nackter Flamme kochen, damit die Feuer-Energie nicht überhand nimmt.

RECHTS
»Inseln« in der Küche sind eine vorzügliche Möglichkeit, den Chi-Fluss zu verbessern.

Toilettenprobleme

In Toiletten und Badezimmern entsteht meist negatives Chi und sammelt sich dort an. Jede Pa-Kua-Richtung, auf einen Grundriss gelegt, zeigt eine bestimmte Art von Glück an, das gestört wird, wenn eine Toilette oder ein Bad sich dort befindet. Feng Shui scheint diese modernen Einrichtungen nicht zu mögen. Zum Glück gibt es Heilmittel:

- Eine Toilette im Süden schadet Ihrem Ruf und macht Sie unbeliebt. Kommen weitere ungünstige Faktoren hinzu, drohen sogar Rechtsstreit und Gefängnis. Stellen Sie daher einen Krug oder eine Vase mit stillem Wasser (yin) in den Raum.

- Eine Toilette im Norden schadet Ihrer Karriere und hemmt berufliche Fortschritte. Eine Pflanze dämpft das negative Chi.

- Eine Toilette im Osten schadet der Gesundheit und dem Wachstum der Persönlichkeit. Bringen Sie in der Toilette eine rote Lampe an, oder – besser noch – hängen Sie ein winziges gekrümmtes Messer (etwa 7,5 cm lang) auf, um das gestörte Chi zu zerschneiden.

- Eine Toilette im Westen bringt den Kindern Unglück. Bringen Sie eine rote Lampe an, oder stellen Sie eine Schale mit stillem Wasser (yin) auf, um das schlechte Chi zu entschärfen.

- Eine Toilette im Südwesten schadet der Ehe und den Heiratschancen. Dämpfen Sie die negative Energie mit einer Pflanze oder mit einem Windspiel aus fünf soliden Röhren.

LINKS
Toiletten sollte man nie mit Glückssymbolen aktivieren. Sie müssen klein und sauber sein. Wenn sie in einer Glücksecke liegen, aktivieren Sie den Raum vor der Toilette, um den negativen Einfluss der Toilette zu dämpfen.

- Eine Toilette im Nordosten bedeutet Unglück in der Ausbildung und bei Prüfungen. Eine Pflanze beseitigt die Störung.

- Eine Toilette im Südosten verursacht finanzielle Verluste. Hier hilft ein kleines gekrümmtes Messer oder ein helles Licht.

- Eine Toilette im Nordwesten verscheucht Gönner der Familie und stört das Glück des Patriarchen. Dies ist eine ernste Gefahr, die Sie am besten mit hellem Licht und einer Vase Wasser entschärfen.

Es bringt auch Unglück, wenn Toiletten der Haustür zugewandt sind oder wenn ihre Tür sich ins Schlaf- oder Esszimmer öffnet. Verbergen Sie die Toilette mit einem Wandbehang, oder bringen Sie außen an der Toilettentür einen Spiegel an, oder streichen Sie den Raum hellrot. Das stärkt das Yang-Chi. Liegt eine Toilette im ersten Stock über der Haustür, sollte der Eingangsbereich oder das Esszimmer gut beleuchtet sein, um das Chi nach oben zu drücken.

Unregelmäßige Zimmer

Quadratische und rechteckige Räume enthalten ausgewogenes Chi und sind leicht zu aktivieren. Unregelmäßige Räume sind dagegen eine Herausforderung.

Sie machen das Haus unausgewogen, und fehlende Ecken sind schwer einzuschätzen und zu verbessern. Es ist schwierig, das Lo-Shu-Quadrat auf unregelmäßige Grundrisse zu legen und die Zimmer mit dem Fliegenden Stern zu bewerten. Und es ist schwieriger, mit den acht Richtungen des Pa Kua die günstigen und ungünstigen Ecken zu entdecken.

UNTEN
Dreieckige Schlafzimmer sind eine Herausforderung. Versperren Sie die Ecke mit Möbeln, so dass das Zimmer symmetrischer aussieht.

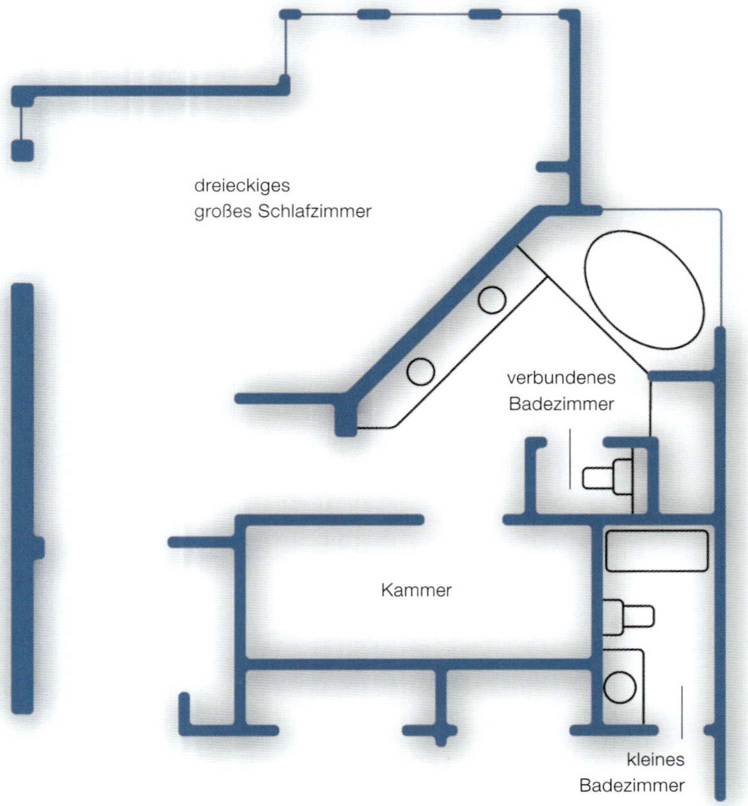

L-förmige Zimmer

Die meisten unregelmäßigen Räume haben eine L-Form. In der Regel sind es Schlafzimmer mit angeschlossenem Bad. Dieser Mangel ist leicht zu beheben. Sie brauchen dafür nur eine Barriere – Wandschirm, Sideboard oder Vorhang – für eine visuelle Trennung. Dann hat das Schlafzimmer klare Grenzen, und es ist einfach, das Bett und andere Möbel aufzustellen. Liegt das Bad in einer fehlenden Ecke, harmonisieren Sie den Raum, wie auf Seite 151 beschrieben.

Dreieckige Zimmer

Auf der Abbildung links ist die Position des Bettes wegen der beiden Türen zum Schlafzimmer ein Problem. Steht das Bett an der Wand – vor den Waschbecken auf der anderen Seite – leiden die Schlafenden unter extrem schlechtem Feng Shui. Hier schließen Sie am besten eine Tür – vielleicht jene, die zur Terrasse führt –, damit Sie das Bett an diese Wand stellen können.

Dreieckige Räume sind als Büro oder Schlafzimmer ganz ungeeignet. Es wäre besser, in ein anderes Zimmer umzuziehen.

Wenn das nicht geht, können Sie eine Ecke mit einem Möbelstück oder Vorhang versperren und darin Kleider, Koffer und dergleichen aufbewahren. Auch so können Sie den Schlafbereich klar abgrenzen und ihm optisch eine regelmäßige Form geben.

Enge Räume und Flure

Dunkle Ecken und enge Räume sind zwei der wichtigsten Merkmale, nach denen Sie in einem Haus suchen müssen. Dort sammelt sich stagnierendes Chi an, das Krankheiten, Lethargie, Müdigkeit und Apathie auslösen kann. Enge Zimmer deuten an, dass das Leben nicht glatt verläuft. Die Bewegungsfreiheit ist eingeschränkt, und das Chi steht still.

Ein enges Zimmer ist entweder zu klein, oder es hat eine niedrige Decke.

Enge Flure und Treppenhäuser sind ebenfalls schädlich. In der unten abgebildeten Wohnung ist der Flur, der den Eingangsbereich mit dem Schlafzimmer verbindet, zu klein, so dass das Chi stagniert, wenn der Gang nicht ständig gut beleuchtet wird. Da Flure das Chi leiten, darf man sie nicht ignorieren. Es ist auch ratsam, hübsche Bilder und sogar einen Wandspiegel aufzuhängen, um den Raum visuell zu verbessern und optisch zu vergrößern. Enge Treppenhäuser lassen sich auf ähnliche Weise aktivieren.

Die besten Mittel gegen enge Räume sind Sauberkeit, weiße Farbe und Licht. Suchen Sie in Ihrem Haus nach Ecken, in denen sich stagnierendes Chi ansammelt, und putzen Sie dort gründlich. Wenn eine Ecke sich »tot« anfühlt, können Sie das Chi mit Klängen und Räucherwerk wieder beleben. Streichen Sie die Ecke dann weiß, denn dies ist eine sehr starke Yang-Farbe, die alle anderen Farben ergänzt. Wenn man enge Räume weiß streicht, sehen sie sofort besser und heller aus, und auch die Energie verbessert sich fast sofort. Sanftes, warmes Licht fördert den Energiefluss zusätzlich. Lassen Sie die Lampen, wenn nötig, den ganzen Tag brennen.

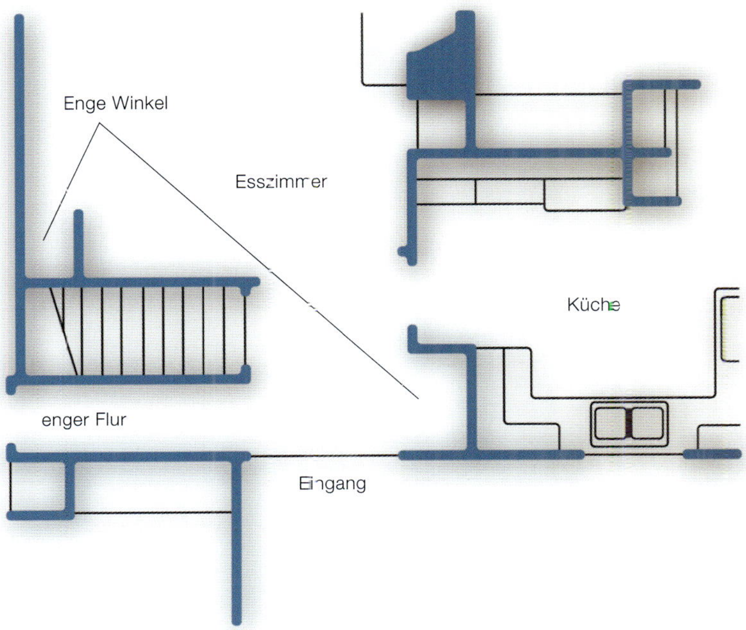

LINKS
Verschließen Sie kleine Ecken mit Einbauschränken, damit sich dort kein stagnierendes Chi ansammelt

Gute Ideen fürs Treppenhaus

Die Treppe im Haus oder in der Wohnung leitet Chi von einem Stockwerk zum nächsten und lenkt es sozusagen durch das Treppenhaus ebenso nach oben wie nach unten. Sie verteilt sowohl gutes Feng Shui, das dem ganzen Heim Glück bringt, als auch schlechtes Feng Shui, das zu Krankheiten, Einbrüchen und Verlusten führt.

UNTEN
Breite, gewundene Treppen sind am besten – allerdings sollten sie nicht wie Korkenzieher aussehen.

Es gibt mehrere Möglichkeiten, das Chi der Treppe zu prüfen. Halten Sie sich an die allgemeinen Regeln, die für gutes Feng Shui im Treppenhaus sorgen. Eine gut geplante Treppe am richtigen Ort hat eine positive Wirkung. Den Ort bewerten Sie mit dem Stern-Diagramm oder mit den acht Richtungen des Pa Kua. Die allgemeinen Regeln für Treppen lauten:

- Eine Treppe darf keiner Tür zugewandt sein. Wenn Sie direkt auf die Haustür zuläuft, stellen Sie am besten einen Wandschirm oder eine Trennwand zwischen Treppe und Tür. Falls das nicht geht, können Sie die drei letzten Stufen drehen. Wenn das ebenfalls nicht möglich ist, installieren Sie eine sehr helle und kunstvolle Beleuchtung im Zwischenraum, damit das Chi, das ins Haus dringt, langsamer wird, ehe es die Treppe hinaufströmt. Ein Kristallleuchter ist dafür am besten geeignet. Im Obergeschoss gilt das Gleiche. Das obere Ende der Treppe sollte nicht der Schlafzimmertür zugewandt sein. Falls doch, entschärft helles Licht die Situation.

■ Es darf keine »Löcher« in den Stufen geben, denn sie symbolisieren versickernden Wohlstand. Wenn Sie eine Wohnung mit diesem Fehler gemietet haben, lohnt es sich, die Lücken mit Teppichen oder Sperrholz zu schließen.

Eine solide aussehende Treppe erzeugt kräftiges Chi in allen Stockwerken. Holztreppen symbolisieren Wachstum und sind daher besonders günstig.

■ Breite, leicht gewundene Treppen sind am besten, denn sie sorgen für einen gesunden Chi-Fluss. Wendeltreppen sind im Haus nicht zu empfehlen, aber wenn Sie unbedingt eine spiralige Treppe haben wollen, die zu einem Zwischenstock führt, sollte sie nicht aus Metall, sondern aus Holz bestehen. Gerade und steile Treppen beschleunigen das Chi zu stark. An den Seiten des Hauses sind sie weniger schädlich, aber in der Mitte können sie schwere Störungen, Verluste und Krankheiten auslösen.

Geschützte Treppen

Sehr enge Treppen sollten Sie den ganzen Tag beleuchten. Flure und Treppen leiten Chi und müssen deshalb hell und attraktiv sein. Auch eine Schutzvorrichtung ist zu empfehlen, damit schlechtes Chi nicht hinauf ins Schlafzimmer fließt.

■ Der beste Schutz ist ein Bild. Die Chinesen glauben an schützende Bilder von Chung Kwei und Kwan Kung. Hängen Sie Gemälde dieser Götter unten an die Treppe.

■ Zwei kleine Chi Lin oder Fu-Hunde an beiden Seiten der Treppe sind ebenfalls wirksam. Auch ein sehr helles Licht am Fuße der Treppe stärkt Glück bringendes Chi und lenkt es nach oben.

■ Der Raum unter der Treppe sollte nicht leer sein. Benutzen Sie ihn als Lagerraum, aber stellen Sie nichts dorthin, was den Wohlstand der Familie symbolisiert. Auch Lehrbücher haben dort nichts zu suchen, denn Sie wollen gewiss nicht, dass man Symbole Ihrer großen Ziele mit Füßen tritt.

■ Wasser unter der Treppe schadet der zweiten Generation. Ein Wasserelement oder ein dekorativer Teich passen also nicht an diese Stelle – sie hemmen den Erfolg Ihrer Kinder.

■ Treppen können aus Holz, Metall oder Zement bestehen, um diese drei soliden Elemente zu symbolisieren. Nutzen Sie den produktiven Zyklus der fünf Elemente, wenn Sie eine Treppe planen. Holz passt in den Süden, Metall in den Norden und Zement in den Westen und Nordwesten.

■ Die Treppe sollte dem Zentrum des Hauses nicht zu nahe und auch nicht direkt der Haustür zugewandt sein.

OBEN
Enge Treppen hemmen den Chi-Fluss. Bauen Sie überall, wo es möglich ist, breite Treppen ein

Im Falle einer Krankheit ...

Feng Shui lehrt, dass Krankheiten oft von Krankheitssternen ausgelöst werden. Sie bedrohen Kinder unter 12 Jahren und ältere Menschen, die empfindlich auf Energieveränderungen reagieren. Wenn die Familie erkrankt, sind Metall und der Klang von Metall die besten Heilmittel.

Klangschalen erzeugen eine starke metallische Resonanz, die krankes Chi im Haus absorbiert. Wie beim Reinigen von Zimmern (siehe Seite 147) sollten Sie dreimal im Uhrzeigersinn durch die Räume gehen und gegen eine Klangschale schlagen oder ihre Ränder mit einem Holzschlegel reiben. Die Schale gibt dann Schwingungen ab, die krankes Chi aus der Luft entfernen. Sie spüren innerhalb von Minuten, dass der Raum leichter und heller wird. Die Krankheitssterne werden erheblich schwächer.

RECHTS
Schicken Sie einem Kranken nie rote Blumen. Am besten sind weiße und blaue Blumen, weil sie die Genesung beschleunigen.

Sie können auch ein metallenes Windspiel aus fünf Röhren aufhängen. Wie auf Seite 94 erwähnt, gibt es im Fliegenden Stern mehrere Zahlenkombinationen, die auf krank machende Energie hinweisen, und dagegen sind metallene Windspiele eine wirksame Arznei.

Kurzfristig sind metallene Klangschalen und Windspiele ein sehr gutes Mittel, selbst wenn Sie sich mit dem Fliegenden Stern nicht auskennen. Es ist jedoch ratsam, weiter nach einer langfristigen Abhilfe zu suchen. Wenn Sie wissen, dass die Krankheitssterne Erd-Sterne sind, wissen Sie, dass Metall-Energie sie schwächt.

Eine weitere wirksame Maßnahme gegen Krankheitssterne sind weiße Wände. Nur wenige Menschen kennen die enorme Wirkung dieser Farbe. Weiß ist die Farbe des Metalls, und da es zugleich alle sieben Farben des Regenbogens enthält, ist seine Macht groß. Deshalb ist es sinnvoll, Kranke in weiß gestrichene Räume zu bringen.

Weiße oder blaue Blumen sind das beste Geschenk für Kranke. Schicken Sie Kranken keine roten Blumen, auch nicht rote und weiße, denn diese Kombination ist sehr schädlich.

Sonnenwasser vertreibt die Schwingungen des Todes

Nach einem Todesfall im Haus ist eine rituelle Reinigung mit Glocken und Räucherwerk sehr zu empfehlen. Nach dem siebten Tag sollte eine gründliche Säuberung mit Sonnenwasser folgen.

Man glaubt, dass die Seele eines Verstorbenen am siebten Tag das Haus verlassen hat und sich im Bardo befindet – im Zustand zwischen Tod und Wiedergeburt. Am 49. Tag ist die Seele wieder geboren, oder sie befindet sich im Reinen Land. Dieser Glaube gehört zur spirituellen Tradition Chinas und vieler anderer asiatischer Länder. Rituale rund um die drei wichtigsten Ereignisse des Lebens – Geburt, Heirat und Tod – basieren auf diesem Glauben. Nach dem Tod unterstützt die rituelle Reinigung die Seele auf ihrem Weg. Zum Nutzen der Lebenden sollte man das hinterlassene Zimmer mit lebendiger Yang-Energie füllen.

Sonnenwasser ist Wasser, das mindestens drei Stunden lang in der Morgensonne gestanden hat. Die Chinesen stellen Vasen mit Wasser ins Freie, damit sie die Energie der Sonne, des Mondes, des Windes und des Regens absorbieren. Heute drehen wir einfach den Wasserhahn auf, aber es ist dennoch vernünftig, Wasser eine Weile in die Sonne zu stellen, damit gefährliche Chemikalien wie Chlor verdampfen. Dadurch wird das Wasser erheblich weicher und für verschiedene Zwecke besser verwendbar.

LINKS
Stellen Sie einen Behälter mit Wasser drei Stunden lang in die Sonne, damit es Sonnenenergie absorbiert. Wenn Sie das Haus mit diesem Wasser säubern, revitalisieren Sie stagnierende Energie.

Wenn Sie Ihr Haus mit Sonnenwasser reinigen, sollte der Boden des Erdgeschosses ganz mit Wasser bedeckt sein. Sonnenwasser sickert ins Fundament, revitalisiert es und befreit es von der Energie des Todes.

Wenn Sie eine Wohnung bewohnen, ist das nicht möglich. Wischen Sie in diesem Fall den Boden und die Tische mit einem Tuch ab, das Sie in Sonnenwasser getaucht haben. So können Sie die Energie symbolisch regenerieren.

Reinigen mit duftendem Rauch

In vielen Kulturen ist es üblich, die Energie von Räumen mit Aromen zu revitalisieren, und in letzter Zeit ist diese Therapie wieder populär geworden.

RECHTS
Räucherwerk und duftender Rauch haben die Macht, negatives Chi aufzulösen. Reinigen Sie Ihr Heim regelmäßig damit.

Wenn Sie mit Energie arbeiten, wissen Sie, dass Aromen den Charakter eines Raumes verändern; sie machen ihn leichter und lösen negative Energie auf. Es ist eine Frage des Geschmacks, welchen Duft Sie verwenden; aber manche sind wirksamer als andere.

Sandelholz ist besonders belebend. Es ist ein sehr spiritueller Duft, und das Holz wird in China und Indien verehrt. Es absorbiert negative Energie, die an Oberflächen, Wänden und Böden haftet und sogar die Luft erfüllt. Es ist wundervoll, einen Frühjahrsputz mit dem Duft brennenden Sandelholzes zu beenden. Zünden Sie ein Stäbchen Sandelholz an, wenn Sie krank sind, eine verstopfte Nase haben oder an Grippe leiden – sie spüren die Aura der heilenden Energie sofort.

Lavendel beseitigt Schwere in der Luft ebenfalls sehr gut. Man sagt, er helfe Meditierenden, höhere Bewusstseinszustände zu erreichen.

Heute lässt sich die Aromatherapie leicht mit vielen Feng-Shui-Ritualen verbinden. Beim Verbrennen des Räucherwerks werden natürliche Düfte freigesetzt, die subtile Energiefelder erzeugen und dadurch die Qualität des Chi beeinflussen. Ich bin davon überzeugt, dass Düfte und Duftöle eine enorme Heilwirkung haben, die jeder beim Reinigen von Räumen nutzen kann.

Beruhigen Sie zunächst den Geist, und nehmen Sie sich vor, die Energie des Raumes zu verbessern und Krankheit und Unglück zu vertreiben. Öffnen Sie Türen und Fenster, um frische Luft einzulassen, und vollziehen Sie dann das Ritual des heiligen Rauches. Lassen Sie den Rauch, der von Aromastäbchen oder Räucherwerk aufsteigt, in alle Zimmer des Hauses dringen. Verwenden Sie Untertassen, in denen Räucherwerk brennt, Metallschalen, die mit Glückssymbolen geschmückt sind, etwa mit dem schützenden Pi Yao, oder lotosförmige Brenner. Ich benutze die neun Drachen, um das Chi des Mutes und der Kraft zu erzeugen, und den Lotosbrenner, wenn ich mir eine spirituellere Atmosphäre wünsche.

Yang-Klänge als Therapie

Die Energie eines Hauses wird durch Klangtherapie sofort lebendiger. Musik, Menschen, Kinder, Haustiere, Windspiele, Glocken, Klangschalen, Trommeln und Becken können Yang-Klänge erzeugen.

Jede Tradition nutzt die rhythmischen Klänge von Instrumenten, um einen besonderen Tag, eine Feier oder ein glückliches Ereignis mit lebendigem Yang zu erfüllen. Für die Chinesen waren Geräusche immer wichtig, zum Beispiel krachende Feuerwerkskörper an Neujahr oder Trommeln, die bei Festen die farbenprächtigen Löwen mit ihrer Yang-Energie begleiten. Glocken und Becken wecken das Chi in Räumen. Wenn reiche Leute in ein Haus ziehen, absolvieren sie ein Ritual, zu dem Trommeln, Glocken und schmetternde Becken gehören. Oft tanzen und hüpfen sogar Löwen!

Einen solchen Aufwand brauchen Sie nicht zu treiben, denn die Energie eines Hauses muss nicht so stark sein.

Windspiele sind daher ein gutes Mittel, um das natürliche Geräusch des Windes einzufangen. Sie können aus Metall, aber auch aus Bambus bestehen, und ihr Klang ist ganz unterschiedlich. Sie können Metall im Westen und Nordwesten und Bambus in den Holzecken des Ostens und Südostens verwenden. Diese beiden Elemente hängen am engsten mit materiellem Erfolg zusammen; denn Holz bringt Wohlstand und Metall bringt Gold und Erfolg.

OBEN
Wenn die Chinesen das neue Jahr feiern, wecken und beleben Trommelschläge und schmetternde Becken das Chi der Umgebung.

Hängen Sie die Windspiele in den Ecken des Hauses auf, aber sorgen Sie auch so oft wie möglich für Gelächter. Fröhliche Menschen erzeugen eine sehr starke Yang-Energie – also laden Sie oft Freunde ein, und feiern Sie mit Ihnen

Und lassen Sie Löwen tanzen, wenn Sie ein Geschäft eröffnen, heiraten, umziehen oder Neujahr feiern. Becken, Trommeln und ein paar fröhlich herumhüpfende rote und goldene Löwen erzeugen mächtiges Yang-Chi.

Wenn Unfälle sich häufen

Negative Energie im Haus verursacht oft eine unzusammenhängende, aber erkennbare Kette von Unfällen. Jemand fährt Ihnen eine Delle ins Auto, oder Sie fahren beim Zurückstoßen in einen Graben. Sie schlagen sich den Kopf an einem Balken an. Sie stolpern und stürzen.

Wenn Sie eine Reihe von kleinen Unfällen dieser Art haben, kommen dafür mehrere Gründe in Betracht:

- Vielleicht haben die Jahres- oder Monatssterne der Haustür oder dem Schlafzimmer Unglück gebracht. Überprüfen Sie die Zahlen, um Schlimmeres zu verhindern. Die Sternzahlen 5 und 2, einzeln oder zusammen, können am Eingang einen ganzen Monat lang Unglück bringen. Hängen Sie ein kleines Windspiel mit sechs Röhren – ganz aus Metall – draußen vor die Haustür, und lassen Sie es etwa 30 Tage hängen.

UNTEN
Wenn Sie eine ganze Serie von Unfällen erleben, sollten Sie ein kleines Windspiel mit sechs Röhren, alles aus Metall, draußen vor die Haustür hängen.

- Der Hauseingang wird von dem Element gestört, welches das Element der Haustür vernichtet. Das kann auch im Schlafzimmer der Fall sein. Sie müssen mit den Richtungen Ihres Hauses und den Elementen jedes Sektors vertraut sein, damit Sie feststellen können, ob ein Konflikt zwischen Elementen besteht. Wenn Sie beispielsweise einen Baum in die Südwestecke des Hauses (Erde) stellen und sich dort die Haustür befindet, wird das Chi der Tür absorbiert. Entfernen Sie den Baum! Alles, was in Ihrer Wohnung geschieht, beeinflusst das Chi.

- Der Eingang wird von Kisten, eben gelieferten Möbeln oder anderen Dingen blockiert. Das kann eine Reihe von Unfällen auslösen. Lassen Sie also nie Gerümpel im Eingangsbereich stehen.

- Wenn Sie die Ursache der Unfälle nicht finden, hat möglicherweise ein Familienmitglied »unreine Energie« mitgebracht. In diesem Fall hilft das Reinigungsritual (siehe Seite 156–158). Lassen Sie das Räucherwerk jeden Tag in einem Pi Yao brennen – es aktiviert diese schützende Kreatur.

Beziehungsprobleme

Wenn Sie Schwierigkeiten mit Angehörigen, Freunden oder Kollegen haben, könnte negative Energie in Ihrem Haus daran schuld sein.

Die Ursache ist meist gestörte Erd-Energie, und daran kann wiederum der bloße Ablauf der Zeit Schuld sein (etwa schlechte Fliegende Sterne im Schlafzimmer oder am Eingang), aber auch Pflanzen am falschen Ort. Pflanzen symbolisieren Holz-Energie, und wenn man sie in Erd-Ecken (Südwesten und Nordosten) stellt, absorbieren sie diese Energie.

Wenn Sie in nicht benutzten Ecken Müll abladen, um ihn später zu beseitigen, wird das Feng Shui gestört, vor allem wenn die Haustür oder das Schlafzimmer betroffen ist. Wenn plötzlich alles schief geht, müssen Sie also prüfen, ob der Chi-Fluss behindert wird.

Es kann auch sein, dass Ihre Fliegenden Sterne die Sünder sind. Hängen Sie ein kleines Windspiel an die Tür, und warten Sie ab, ob die Lage sich bessert.

Wenn ja, sind Sie auf der richtigen Spur und können die Therapie mit einem zweiten Windspiel noch wirksamer machen.

Gestörtes Chi kann auch Streitereien auslösen. Wenn Ehepartner sich ohne ersichtlichen Grund zu zanken beginnen, wird meist das Schlafzimmer von einer ungünstigen Sternzahl gestört. Die beste Abhilfe ist ein rot-goldener Gegenstand.

LINKS
Ein rot-goldenes Objekt im Schlafzimmer entschärft den streitlustigen Fliegenden Stern, der Ihre Beziehungen stört.

Wenn in meiner Familie Konflikte ausbrechen, liegt es fast immer daran, dass der Stern des Streites ins Esszimmer oder in den Familienraum geflogen ist. Abhilfe schafft dann ein Bild, das Mandarinenten und Lotosblumen oder Goldfische und Lotosblumen darstellt, denn es symbolisiert Reinheit und Liebe. Zusammen mit dem sanften Yin-Wasser dämpft es den Streitstern. Reduzieren Sie außerdem den Lärm in Räumen, in denen die Familie sich versammelt, denn Lärm aktiviert den feindseligen Stern.

Spannungen und Wut abbauen

Verteilen Sie sechs Kristallkugeln in der Wohnung, vor allem im Südwesten oder Nordwesten, um Spannungen und Wut abzubauen. Diese Kugeln symbolisieren harmonische Beziehungen. Die Zahl 6 steht für den Himmel, die Kristallkugeln verbinden Himmel und Erde – die Trigramme Chien und Kun.

Ein großer, einspitziger natürlicher Kristall in der Mitte des Hauses, auf den eine Lampe scheint, dämpft Spannungen und die Neigung zu Wutanfällen, Gewalt und Feindseligkeit erheblich.

Wenn ständiger Ärger zu Gewalt und lautem Streit führt, hilft Yin-Wasser in einer Vase. Das chinesische Wort für Vase ist Ping, das auch Frieden bedeutet, und in vielen chinesischen Häusern stehen schöne Vasen, die für eine harmonische Atmosphäre sorgen. Vasen wirken jedoch nur, wenn sich im Haus kein Gerümpel befindet und wenn man sie mit stillem Wasser (yin) füllt, das Wut absorbiert und verdünnt.

Einbrüche

Nach einem Einbruch muss ein Haus sofort von negativer Energie gereinigt werden. Wenn bei Ihnen eingebrochen wurde, sollten Sie alle Türen und Fenster mit einer Mischung aus Salz- und Safranwasser säubern. Wischen Sie die Türen und Fenster drei Mal im Uhrzeigersinn ab. Lassen Sie dann eine Lösung mit Salz und Safran drei Tage lang an der Haustür stehen. Die Lichter sollten mindestens drei Tage brennen.

Auch eine Klangschale ist ein wirksames Heilmittel, denn sie absorbiert übrig gebliebene negative Energie. Nach einem Einbruch fürchten sich die Bewohner meist noch wochenlang, und diese Wolke aus Angst oder negativer Energie muss aufgelöst werden, weil sie weiteres Unglück auslösen kann.

Ein wirksames Mittel gegen Einbrüche ist ein umgekehrter Besen, den Sie an die Wand neben die Tür stellen. Man sagt, er wehre das Chi des Einbruchs ab. Die Chinesen glauben, dass Chi Lin oder Löwen am Eingang ebenfalls ein starkes Abschreckungsmittel sind.

Rechtsstreit

Yin-Wasser absorbiert streitlustige Schwingungen, die juristische Konflikte auslösen. Entfernen Sie alle Windspiele, Uhren und andere sich bewegende Gegenstände aus dem Eingangsbereich. Hängen Sie ein Bild eines Vogels so neben die Tür, dass der Vogel ins Freie zu fliegen scheint. Dieses Bild – oder auch die Figurine eines Vogels

– dämpft die negative Wirkung von Rechtsstreitigkeiten und löst bisweilen sogar das Problem. Vögel sind vorzügliche Symbole der Versöhnung, und zugleich verhindern sie Unfälle. Wenn Sie in einen Prozess verstrickt sind, sollten Sie Schmuck in Form von fliegenden Vögeln tragen.

Klatsch

Wenn Sie unter dem Klatsch von Kollegen oder Bekannten leiden, können Sie diese negative Energie beseitigen oder ihre Wirkung dämpfen, indem Sie den Teufel des Geplappers mit Klängen vertreiben. Ein Paar metallene Becken innen am Eingang des Hauses überwältigt die negative Wirkung des dummen Geredes. Sie können auch einen grünen mystischen Knoten aus einfacher Jade tragen, um Verleumdungen abzuwehren, die Ihrem Geschäft schaden. Der goldene Knoten dämpft frivoles Geschwätz, und der diamantene entschärft Klatsch, der Ihre Karriere gefährdet. Es hilft auch, wenn Sie bunte Kristalle tragen.

Neid

Eine Hahnfigur heilt Eifersucht am Arbeitsplatz, die zu wirklich verletzendem Klatsch führt. Stellen Sie einen weißen (oder golden-roten) Hahn auf Ihren Schreibtisch, damit er alle Ihre Probleme aufpickt. Diese Methode eignet sich vor allem für Schreibtische, die in einer engen Ecke oder in zwei Reihen hintereinander stehen – diese »Tausendfüßler-Formation« beschwört ätzenden Klatsch und bösartiges Lästern herauf.

Um ausreichend geschützt zu sein, stellen Sie in der Ecke, die der Hautür diagonal gegenüberliegt, einen Messingspiegel auf. Die Chinesen legen großen Wert auf Amulette und Talismane (siehe Seite 178). Drachen, Schildkröte, Chi Lin oder mystische Symbole schützen Sie vor Giftpfeilen.

Schwerter mit alten chinesischen Münzen, mit rotem Zwirn zusammengebunden, durchtrennen negative Energie, und gekrümmte Messer aus Metall befreien ein Zimmer ebenfalls von schädlichen Schwingungen, die dem Wohlbefinden schaden.

OBEN
Glatte weiße Porzellanvasen sind ein guter Ersatz für Kristallkugeln. Sie sorgen für harmonische Beziehungen und erfolgreiche Projekte, da sie Hindernisse beseitigen.

Taoistisches Feng Shui

Das taoistische Feng Shui nutzt das innere Chi der Menschheit und verwendet dabei geheime Methoden, die Himmel, Erde und Menschen vereinigen und uns auf Veränderungen im subtilen Chi hinweisen. Diese Bewegungen beeinflussen das Wohlbefinden und erleichtern die Kommunikation mit der Natur, dem Wind und dem Wasser. Sie ermöglichen es uns, die Zeichen der Umwelt, der Tiere, des Wetters, der Wolken und des Kosmos zu verstehen, die alle als Aspekte des Raum-Zeit-Gefüges gelten.

Das innere Feng Shui nutzt Meditation, Atmung und Visualisierung, um Kleider und Schmuck mit hochwirksamem Chi zu sättigen, damit wir ganz gewöhnliche Symbole der Natur, des Tierreiches und der Traditionen einer rätselhaften Vergangenheit in Amulette und Talismane transformieren können, die zwar von Menschen gemacht, aber vom Himmel gesegnet wurden.

Die Einstimmung auf das Universum

Einer der aufregendsten Aspekte des taoistischen Feng Shui ist die mysteriöse Verbindung zwischen dem menschlichen Körper und dem kosmischen Chi. Das taoistische Feng Shui ist ein inneres Feng Shui, eine Reihe von Prinzipien und Übungen, die das Bewusstsein verändern und dadurch unsere Kommunikation mit der Umwelt verbessern. Der Faden, der den Menschen mit seiner Umwelt verbindet, ist das Chi, die Lebenskraft.

Das taoistische Feng Shui umfasst die rätselhafte Welt des Chi Kung – den Umgang mit Energie. Chi Kung (oder Qigong) macht Körper und Geist durch Bewegungen, Stellungen und Visualisieren empfänglich für Veränderungen des Chi. Auf der höheren Ebene gehört auch Meditation zur Ausbildung. Nach jahrelangem Üben können wir Energien spüren und interpretieren. Das Chi hat zehntausend Erscheinungsformen, und das taoistische Feng Shui stimmt sich auf das Chi ein, um das Universum und seine Phänomene zu verstehen: die Umwelt, die Natur und ihre Wirkungen auf das Schicksal der Menschen. Diese Einsichten können so verblüffend sein, dass sie uns manchmal wie Magie erscheinen. Immerhin wurzeln sie im Schamanismus des alten China. Es gibt viele uralte Geschichten über himmlische Lehrer mit erstaunlichen yogischen Fähigkeiten. Sie konnten fliegen, an mehreren Orten gleichzeitig sein, nach Belieben erscheinen und verschwinden und mit den Kreaturen der himmlischen und höllischen Ebenen Kontakt aufnehmen. Feng Shui kratzt im Grunde nur an der Oberfläche der mystischen und magischen Überlieferungen Chinas.

Alles, was der Mensch normalerweise nicht beeinflussen kann, wird dem Chi zugeschrieben – ein fallendes Blatt, ein weinendes Kind, die Begegnung mit dem Mann Ihrer Träume, ein großartiges Stellenangebot. Gewinnen ist Chi, und Verlieren ist Chi.

RECHTS
Dieses Gemälde zeigt die Acht Unsterblichen beim »Überqueren des großen Wassers«. Sie verkörpern die höchsten Manifestationen des Chi, und ihr Bild im Haus symbolisiert die Quintessenz des guten Chi.

Die sieben Arten des Bewusstseins

Ohne Chi wären wir tot. Wenn wir Chi in Fülle haben, ist das Leben eine Freude. Das taoistische Feng Shui befasst sich allein mit dem Chi. Die taoistischen Meister verstehen die Sprache der Natur und die Zeichen, die künftige Ereignisse ankündigen. Sie wissen auch, wann das Chi erneuert werden muss und wann es negativ geworden ist.

Das taoistische Feng Shui führt uns auf eine höhere Ebene, weil es mit dem Geist arbeitet und die Körperzentren als Sensoren benutzt. Dabei spiegeln die sieben Arten des Bewusstseins die sieben Energiezentren des Körpers wider.

Die Ausweitung des Bewusstseins auf diesen Ebenen ist etwas anderes als die sieben Chakras. Die Chinesen glauben, dass die Energiequelle sich in der Mitte des Körpers knapp unter dem Nabel befindet.

Die sieben Arten des Bewusstseins

Visuelles Bewusstsein	nutzt das Sehvermögen
Hörbewusstsein	nutzt das Gehör
Geschmacksbewusstsein	nutzt das Essen
Tastbewusstsein	nutzt das Fühlen
Sensorisches Bewusstsein	nutzt die Fähigkeit der Einstimmung
Einatmendes Bewusstsein	nutzt die Atmung
Transzendentes Bewusstsein	nutzt den meditierenden Geist

LINKS
Eine Reihe von langsamen Bewegungsübungen, Chi Kung oder Qigong genannt, bringt das Chi im Körper zum Fließen und entwickelt die sieben Arten des Bewusstseins.

Die Energie fließt durch die senkrechte Achse und die Meridiane, und dabei entsteht ein Energiefeld. Taoistische Meister sprechen vom solaren und lunaren Chi Kung.

Das solare Chi Kung aktiviert die neun Körperöffnungen mit Sonnenenergie, so dass sie die Energie spüren und mit ihr die Gesundheit und die geistige Klarheit verbessern. Diese Energie entgiftet zugleich den Körper und stärkt das Immunsystem. Das lunare Chi Kung bringt die beiden vertikalen Körperachsen ins Gleichgewicht. Diese Methode reguliert den Strom der Körperflüssigkeiten und öffnet die fünf übersinnlichen Kanäle.

Um die Übungen nebst Atmung, Visualisierung und Meditation korrekt zu erlernen, brauchen Sie einen erfahrenen Chi-Kung-Meister.

Gleiches mit Gleichem bringt immer Glück

Eine der wichtigsten Lehren des taoistischen Feng Shui ist der Grundsatz »Gleich und Gleich gesellt sich gern«. Es geht im Wesentlichen darum, das persönliche Chi mit dem Chi der unmittelbaren Umwelt in Einklang zu bringen. Wie Sie das machen, liegt an Ihnen. Sie können ganz einfache, aber auch sehr komplexe Methoden wählen. In jedem Fall nutzen Sie die symbolischen Assoziationen des Geistes. Stellen Sie sich folgende Fragen:

Harmonieren meine Richtungen?

Bei dieser einfachen Methode bestimmt die Jahreszeit Ihrer Geburt die Richtungen, die Ihnen Glück bringen. Taoisten verbinden den Osten mit dem Frühling, den Süden mit dem Sommer, den Westen mit dem Herbst und den Norden mit dem Winter. Wenn Sie von Ihrem Geburtsort aus in Ihre günstige Richtung gehen, haben Sie Glück. Bei der komplexen Methode nutzen Sie Ihre Kua-Richtungen (siehe Seite 58–61) und verbinden Gleiches mit Gleichem.

RECHTS
Ihr Geburtsdatum ist der Schlüssel zu Ihren Glückszahlen. Wenn Sie z. B. am 11. Tag eines Monats geboren wurden, ist die 11 meist Ihre Glückszahl. Gleiches mit Gleichem bringt immer Glück.

Harmonieren meine Tage?

Wenn Sie beispielsweise am 25. eines Monats geboren wurden, ist die Zahl 25 gut für Sie. Dann bringt Ihnen die Hausnummer 25 Glück – und so weiter. Und wenn Sie an einem Donnerstag geboren wurden, bringt der Donnerstag Ihnen Glück. Das ist eine einfache Numerologie mit den Zahlen, die wir uns am besten merken können.

Harmonieren meine Zahlen?

Ihre Zahlen basieren auf Ihrem Geburtsdatum (dabei identifiziert sich Ihr inneres Chi mit dem westlichen Geburtsdatum). Wenn Sie am 18. März 1976 geboren wurden, haben Sie die Zahlen 18, 3 und 1976, und jede dieser Zahlen, die in Ihrer Anschrift, Ihrer Telefonnummer oder Ihrem Führerschein auftaucht, ist positiv.

Harmonieren meine Farben?

Auch hier geht es um Jahreszeiten. Ihre Farbe ist Grün, wenn Sie im Frühling geboren wurden, Rot, wenn Sie im Sommer geboren wurden, Schwarz, wenn Sie im Winter geboren wurden, Weiß, wenn Sie im Herbst geboren wurden, und Gelb, wenn Sie zwischen zwei Jahreszeiten geboren wurden. Tragen Sie Ihre Farbe, um Glück anzulocken. Rote oder rosa Kleider helfen Ihnen, einen Partner zu finden. Gelb zieht Reichtum an, Grün lindert Stress und Ärger, Weiß beschleunigt die Genesung, wenn Sie krank waren. Man sagt, diese einfache Methode sei ebenso wirksam wie die Fünf-Elemente-Lehre.

Das doppelte Glück

Die taoistische Idee vom doppelten Glück wurde auch vom Feng Shui übernommen. Wenn Sie eine Zahl, eine Farbe oder ein Element bestimmen und verdoppeln, haben Sie doppelt so viel Glück. Denken Sie an all die guten Dinge im Leben, die Sie letztlich auch verdoppeln können: Ihren Wohlstand, Ihren Erfolg – und Ihre Großzügigkeit!

OBEN
Wählen Sie den Tag sorgfältig aus, wenn Sie in ein neues Heim ziehen. Benutzen Sie dafür entweder den Almanach oder die Methode des doppelten Glücks.

Doppelt gute Tage

Wenn die 8 gut für Sie ist, bringt der 8. Tag des 8. Monats Ihnen doppeltes Glück. Ein solcher Tag ist doppelt günstig für einen Umzug, eine Renovierung, eine Hochzeit oder ein anderes glückliches Ereignis. Es ist einfach, nach dieser Methode einen Tag auszuwählen, der sich im Einklang mit Ihrem Chi befindet.

Doppelt günstige Richtungen

Sie können diese Methode auch mit den Acht Häusern verbinden. Wenn eine bestimmte Richtung für Sie günstig ist, bringt es Ihnen doppeltes Glück, in diese Richtung zu schauen und zu sitzen.

Angenommen, der Norden ist die Richtung Ihrer Romantik, Ihr Haus schaut nach Norden, und Ihr Schlafzimmer befindet sich im Nordsektor Ihres Hauses. Dann dürfen Sie sich auf doppeltes romantisches Glück freuen. Wenn der Südwesten Ihnen romantisches Glück bringt, Ihr Schlafzimmer sich im Südwesten befindet und Ihr Kopf beim Schlafen nach Südwesten zeigt, verdoppelt sich Ihre Chance auf eine Romanze.

Dieses Prinzip ist auch auf die Richtungen der Geburtsjahreszeit anwendbar. Wenn Sie im Frühling geboren wurden, ist der Osten Ihre günstige Richtung, und wenn Ihr Haus nach Osten schaut und Sie im Ostsektor des Hauses schlafen, genießen Sie ebenfalls doppeltes Glück.

Mit dem Strom schwimmen

Der Taoismus rät uns, immer der Natur zu folgen. Mit dem Strom zu schwimmen bedeutet hier, nicht gegen die Windrichtung anzukämpfen, nicht die Uhr zurückdrehen zu wollen und die Energie der Umgebung nicht aus dem Gleichgewicht zu bringen. Die Regel verlangt Symmetrie, eine natürliche Verteilung der Energie. Darum empfiehlt Feng Shui regelmäßige Formen anstatt unregelmäßige, Kurven statt Winkel oder scharfe Kanten, Schlangenlinien statt Geraden. Der Strom des Lebens, der Wechsel der Jahreszeiten und die Umwandlung von Yin in Yang und umgekehrt – alles ist Rhythmus.

Das einfachste Beispiel für das Schwimmen mit dem Strom ist unsere Reaktion auf die Jahreszeiten. Im Winter ist es kalt, und wir tragen warme Kleider. Im Sommer halten wir uns mit leichter Kleidung kühl.

Wenn wir ein Haus bauen, müssen wir darauf achten, dass die Maserung der Balken in die gleiche Richtung läuft, dass der Marmor auf den Böden in die gleiche Richtung fließt und dass die Dachziegel in die gleiche Richtung zeigen. Der Strom des Chi im Haus sollte so natürlich sein, dass die Bewohner sich ohne Hindernisse bewegen können und nicht abrupt aufgehalten werden.

Den Wind prüfen

Feng Shui fängt die Essenz des Windes und des Wassers ein. Sie müssen den Wind prüfen: Ist er trocken oder feucht, stürmisch oder sanft? Trockener Wind enthält keine Feuchtigkeit und bringt kein Glück. Schneller Wind weht das Glück fort.

Der Wind bringt auch Botschaften vom Kosmos, und Sie können sie lesen:

RECHTS
Für die Windprüfung braucht man Erfahrung. Wenn Sie es zum ersten Mal versuchen, sollten Sie sich mit geschlossenen Augen auf den Wind einstimmen. Mit der Zeit werden Sie immer empfindsamer, und Ihre Intuition hilft Ihnen, den Wind zu deuten.

1 Wählen Sie die richtige Stunde gemäß Ihrem Sternzeichen (siehe unten). Ihr Tierkreiszeichen finden Sie auf Seite 24–25.

Ratte – 23 bis 1 Uhr
Ochse – 1 bis 3 Uhr
Tiger – 3 bis 5 Uhr
Hase – 5 bis 7 Uhr
Drache – 7 bis 9 Uhr
Schlange 9 bis 11 Uhr
Pferd – 11 bis 13 Uhr
Schaf – 13 bis 15 Uhr
Affe – 15 bis 17 Uhr
Hahn – 17 bis 19 Uhr
Hund – 19 bis 21 Uhr
Schwein 21 bis 23 Uhr

Statt nächtlicher Stunden dürfen Sie auch die entgegengesetzte Phase nehmen.

Wenn Sie beispielsweise im Zeichen des Tigers geboren wurden, können Sie den Wind mit der Stunde des Affen prüfen (natürlich ist der Test viel genauer, wenn es Ihnen nichts ausmacht, um 3 Uhr aufzuwachen).

2 Prüfen Sie den Wind vor der Haustür. Gehen Sie drei große Schritte nach draußen, bestimmen Sie mit einem Kompass Ihre Richtung, und drehen Sie sich nach Süden. Entspannen Sie alle Sinne. Konzentrieren Sie sich auf die sieben Arten des Bewusstseins, und öffnen Sie sich dem Wind, der in diesem Moment weht. Bleiben Sie die ganze Zeit entspannt. Eine sanfte Brise ist ein sehr gutes Zeichen. Ein starker Wind pustet Ihr Glück fort, und je stärker er ist, desto besser muss Ihr Haus geschützt werden. Bei Windstille stagniert die Energie, und Sie sollten die Energie des Hauses wecken. Geräusche, Musik oder eine Party erzeugen reichlich Yang-Energie.

3 Wenn Sie nach Zeichen für romantisches Glück suchen, achten Sie auf das Element Erde – auf Vögel, Bienen, Schmetterlinge und andere Dinge in der Natur, die paarweise auftreten, auf rote oder gelbe Gegenstände.

Halten Sie Ausschau nach dem Mond, nach Frauen, lächelnden Gesichtern, Blüten. Alles in der Natur kann eine Antwort auf Ihre Fragen sein. Wenn Sie den Wind für einen Freund prüfen, muss die Stunde seinem Sternzeichen entsprechen.

4 Wenn Sie sich Wohlstand wünschen, suchen Sie nach Zeichen, die mit Wind oder Wasser zu tun haben.

Das bedeutsamste Zeichen für Wohlstand ist Regen. Ein leichter Regen ist sehr günstig. Nur vor Stürmen müssen Sie sich hüten. Donner und Blitz sind Applaus! Helle weiße Wolken sind immer ein gutes Zeichen. Achten Sie auch auf vorbeifahrende Autos.

Wenn eines von ihnen auf Geld oder Ernte hindeutet oder wenn Sie einen voll beladenen LKW sehen, ist das ebenso günstig wie Segelschiffe, ein Bus voller Kinder oder die Katze des Nachbarn.

OBEN
Blitze bringen oft Botschaften, sofern wir die Zeichen der Natur deuten können. Wenn Sie nach Zeichen Ausschau halten und der Himmel plötzlich von Blitzen erhellt wird, kommt meist eine günstige Gelegenheit auf Sie zu.

Das Chi spüren

Chi ist Wind, so wie Geld Wasser ist. Chi bringt Glück und befreit die Macht des Wassers, die Wohlstand bringt. Wasser ist lebenswichtig, aber Chi ist noch wichtiger. Wenn Sie den Wind prüfen, spüren Sie in Wahrheit das Chi der Umgebung.

Achten Sie auf die folgenden bedeutsamen Zeichen.

Gesundheit

Zeichen, die Gesundheit symbolisieren, sind Bewegungen voller Yang-Energie, zum Beispiel eine sanfte Brise; die Farbe Weiß, die immer Heilung und Erneuerung bedeutet; oder die Sonne, die plötzlich hinter den Wolken hervorbricht. Letzteres ist ein derart starkes Yang-Symbol, dass die Genesung gewiss ist. Jedes Mal, wenn die Sonne plötzlich zwischen den Bäumen oder Wolken auftaucht, dürfen Sie mit Heilung rechnen.

UNTEN
Achten Sie genau auf die Farben, damit Blumen Ihnen Glück bringen. Gelbe Blumen symbolisieren Geld, rosa Blumen Glück in der Liebe.

Geschäftlicher Erfolg

Zeichen für geschäftliches Glück haben etwas mit dem Element Holz zu tun. Wenn Sie einen LKW mit Baumstämmen oder Möbeln sehen, ist das sehr günstig. Blumen, Pflanzen, Wasser oder das Bild eines Baumes, eines Waldes oder einer Blumenwiese nach dem Einschalten des Fernsehers verheißen Erfolg. Neulich untersuchte ich das Feng Shui im Haus einer Freundin. Sie hatte ein Geschäft gegründet und wollte sicher sein, dass ihr Feng Shui gut war. Kaum hatte ich begonnen, nach Zeichen Ausschau zu halten, bemerkte ich eine sehr günstige Wolkenformation über dem Haus: Die Wolken sahen aus wie Drachen! Das war wirklich ein gutes Zeichen, und im taoistischen Feng Shui bedeutet es Glück und Erfolg im Geschäft.

Finanzielles Glück

Zeichen des Wohlstandes sind Münzen, das Bild eines Flusses nach dem Einschalten des Fernsehers oder nach dem Umblättern einer Seite, plötzlich einsetzender Regen oder ein Vogel, der auf Sie zufliegt. Vögel sind die besten Boten für finanzielles Glück. Wenn Sie Bilder von Vögeln aufhängen, kommt ein großes Vermögen auf Sie zu. Auch Bilder von Kranichen (Symbole für langes Leben) bringen plötzlich Geld, wenn sie als Schwarm über den Himmel fliegen.

OBEN
Sonnenlicht, das durch Bäume fällt, bringt helle Yang-Energie und bedeutet Wohlstand. Hier erhellt diese Energie einen Wald aus kahlen Bäumen. Es ist ein gutes Omen, von einem Sonnenaufgang im Wald zu träumen.

Zeichen von Blumen

Wenn eine selten blühende Pflanze plötzlich in Blüte steht, ist das ein sehr positives Zeichen. Auch wenn Sie wissen wollen, ob ein neues Geschäft Erfolg haben wird, sind Blumen überaus viel versprechend. Blüten symbolisieren ein erfolgreiches Projekt. Gelbe Blumen bedeuten Geld, weiße Blumen kündigen an, dass eine schlechte Situation oder der Gesundheitszustand sich bessert. Rosa Blumen versprechen romantisches Glück – sie sind viel positiver als rote Blumen. Feng-Shui-Kenner runzeln die Stirn, wenn Sie einem geliebten Mensch rote Blumen schicken; denn sie können das Ende der Beziehung herbeiführen. Das gilt vor allem für Rosen mit Dornen. Schenken Sie lieber rosa oder pfirsichfarbene Rosen ohne Dornen.

Diese Regeln gelten auch für Rosen, die zu Hause in der Vase stehen. Wenn Sie frühstücken oder zu Bett gehen, sollten Sie Glück bringende Blumen sehen, denn sie erzeugen starke Schwingungen im Geist.

Zeichen von Kindern

OBEN
Kleine Kinder, vor allem Jungen unter neun Jahren, können Chi deutlich spüren. Wenn Sie Kinder beobachten, erfahren Sie also etwas über die Qualität des Chi in Ihrer Umgebung.

Kleine Kinder verkörpern »reines Yang-Chi«. Ihr Verhalten, ihre Reaktionen und ihre Kleidung sind Zeichen, die etwas über die Energie eines Raumes aussagen.

Jungen unter neun Jahren spiegeln die gute und die schlechte Seite der Energie wider, die in einem Haus vorherrscht. Die Natur spricht durch kleine Jungen zu uns; achten Sie also auf ihr Benehmen, falls sie genau dann auftauchen, wenn Sie den Wind prüfen. Beobachten Sie Kinder und ihre Spiele. Sind es stabile oder instabile Spiele? Lesen die Kinder, oder bauen sie etwas? Hat das etwas mit Ihnen zu tun? Wenn Sie beispielsweise ein Geschäft haben, sind Kinder, die etwas bauen oder essen, ein gutes Zeichen. Wenn sie Ihnen etwas anbieten – Bonbons, Münzen oder Papier –, ist auch das sehr positiv.

Sind die Kinder glücklich, lächeln oder lachen sie? Oder sind sie unruhig und unglücklich? Ein fröhliches Kind bringt immer gutes Feng Shui, während Zorn und Tränen auf negative Energie hindeuten, die Sie beseitigen müssen. Wenn ein Kind nach Hause gehen will, ist die Energie fast immer ungünstig.

Tragen die Kinder zu enge oder zu lockere Kleider? Ist die Kleidung bequem? Passen die Farben zu Ihrem Haus? Kinder, die weiße, grüne, gelbe, rote oder hellblaue Kleider tragen, bringen die Yang-Energie der vier Richtungen ins Haus. Wenn Kinder in schwarzer Kleidung zu Ihnen kommen, ist Yang in Yin gefangen – ein sehr schlechtes Zeichen.

Betrachten Sie Fotos von Kindern oder Bilder, die sie gemalt haben. Kaum etwas ist positiver als Kinder, die übers ganze Gesicht lachen, denn sie strahlen pure Yang-Energie aus. Meiden Sie Bilder von unglücklichen Kindern.

Zeichen von Vögeln

Wie viele Vögel sehen Sie?

- Ein einzelner schwarzer Vogel bringt eine wichtige Nachricht.
- Ein Vogelpaar kündigt Liebe an.
- Eine Vogelfamilie symbolisiert Nachwuchs oder ein Familientreffen. Beides bedeutet Glück.

Sehen Sie gesunde oder verletzte Vögel?

- Ein verletzter Vogel ist eine Warnung. Seien Sie an diesem Tag auf der Hut. Fahren Sie langsam.
- Ein gesunder, lebhafter Vogel bringt Glück.
- Mehrere fröhlich zwitschernde Vögel versprechen mehr Partys.
- Singende Vögel bedeuten, dass Ihr Leben geselliger wird.

Welche Farbe haben die Vögel?

- Ein weißer Vogel bringt Heilung. Wenn ein Mensch, den Sie lieben, schwer krank ist, wird er gesund.
- Ein Vogel mit roten Flecken bedeutet, dass eine Ehrung auf Sie zukommt.
- Ein gelber Vogel bedeutet plötzlichen Reichtum oder ein freudiges Ereignis (z. B. Schwangerschaft).
- Ein blauer Vogel bringt eine Beförderung.

Welche Vogelarten sehen Sie?

- Elstern kündigen neue Freunde an.
- Raubvögel bedeuten immer Reichtum. Der Adler symbolisiert Glück.
- Kleine Vögel, z. B. Sperlinge, bringen gute Nachrichten – sie sind Glücksboten.
- Turteltauben kündigen eine Romanze oder einen Seelengefährten an.
- Krähen symbolisieren eine himmlische Botschaft, vielleicht einen prophetischen Traum.
- Eulen sagen Ihnen, dass Sie einem wichtigen Lehrer begegnen werden.

OBEN
Vögel bedeuten fast immer Glück. Je mehr Vögel auf einem Bild zu sehen sind, desto besser! Vögel gelten als Boten der Unsterblichen, und Vögel im Haus bringen Glück. Sogar Vogelfedern sollen vor Unglück schützen.

Vögel sind im Feng Shui bedeutsame Symbole für neue Chancen. Der Purpurrote Phönix – der himmlische König aller gefiederten Kreaturen – ist das beste Symbol für gute Gelegenheiten in schlechten Zeiten. Ein Phönixbild im Haus zieht Wohlstand und Fülle an, und hundert Phönixe wären noch hundertmal besser.

Andere Vögel, ja sogar Vogelfedern, sind ebenfalls gute Zeichen. Vögel symbolisieren Schutz, wenn Sie finanzielle und geschäftliche Risiken eingehen. Im Süden wehren Vögel Unglück ab. Hähne schützen vor Klatsch und Intrigen. Raubvögel bringen Reichtum, Vogelfedern schützen auf Reisen vor Unfällen. Ein Spielzeugvogel mit echten Federn im Heck eines Autos ist ein starkes Amulett gegen Unfälle. Im taoistischen Feng Shui gelten Vögel als Boten des Kosmos.

Vögel, die auf Sie zufliegen, sind das beste Omen. Wenn sie von Ihnen wegfliegen, verpassen Sie eine Chance. Ein nach oben fliegender Vogel ist positiv. Vögel, die am Morgen singen, bringen gute Nachrichten. Wenn Vögel in Ihrem Garten nisten, ist das ein sehr gutes Zeichen für Wohlstand oder höheres Einkommen.

OBEN
Dieses klassische chinesische Landschaftsbild symbolisiert die Stärkung des Erd-Chi. Es ist ein beliebtes Motiv, das in vielen Häusern hängt, um gutes Feng Shui anzuziehen.

So stärken Sie das Erd-Chi

Wenn Sie das Erd-Chi stärken, können Sie die Energie im Haus auf einfache Weise verbessern. Das Erd-Chi ist so wichtig, dass es in der alten Zeit fast ein Synonym für gutes Feng Shui war.

Das taoistische Feng Shui lehrt, dass Himmel und Erde gemeinsam die natürlichen Phänomene hervorbringen, auf die der Mensch angewiesen ist. Tien, Ti und Ren – Himmel, Erde und Menschheit – bilden eine Trinität, in der die Erde den größten Einfluss auf unser Glück hat. Es gibt sechs Möglichkeiten, das Erd-Chi zu stärken:

- Der Fußboden im Erdgeschoss sollte aus Marmor, Granit oder Fliesen bestehen. Ganze Fliesen sind besser als Marmor- oder Zementmosaik. Was zerbrochen oder unregelmäßig ist, symbolisiert ein instabiles Fundament. Holz und Teppiche gehören nicht ins Erdgeschoss.

- Umgeben Sie Ihr Haus mit Steinen, um gute Schwingungen zu erzeugen. Einige Felsen an den vier Ecken stehen für starkes Erd-Chi. Ein symbolischer Berg aus Gold (ein Haufen Steine mit etwas Blattgold) verbindet das Haus mit der Achse Erde-Himmel.

- Errichten Sie hinter dem Haus eine Mauer als Schutzwall. Sie braucht nicht höher als 120 Zentimeter zu sein. Mauern sind wirksamer als Bäume.

- Füllen Sie einen quadratischen Rahmen mit Sand oder Kieseln, um das Erd-Chi und seine Symbolik vor dem Haus zu stärken.

- Manifestieren Sie die drei mächtigen Erdzahlen 2, 5 und 8. Sie können z. B. zwei runde Kristalle, fünf gelbe Steine und acht mittelgroße Kiesel verwenden. In der achten Periode (siehe Seite 84–85) bringt es Glück, die 8 zu stärken. Die Zahlen 2, 5 und 8 gelten im Fliegenden Stern als Elternzahlen; wenn sie gemeinsam auftauchen, bringen sie großes Glück.

- Hängen Sie das Bild eines mächtigen Berges ins Haus, um Ihre Pläne zu fördern. Im Fliegenden Stern bringt ein solches Bild in einer Ecke mit dem Bergstern 8 beste Gesundheit und glückliche Beziehungen. Es ist auch sehr wirksam, wenn es bei der Arbeit (und überall, wo Sie sitzen) hinter Ihnen hängt. Ein Berg symbolisiert das starke Erd-Chi, das Ihre Karriere fördert und Ihren Wohlstand schützt.

Mit mystischen Mudras Chi aufspüren

Mit mystischen Gesten, Mudras genannt, können Sie das Chi in Ihrem Haus überprüfen. Manchmal wirkt das Chi auf derart mysteriöse Weise, dass die Ursache eines familiären Problems verborgen bleibt. Wenn das Klima sich plötzlich verschlechtert und Sie spüren, dass mit Ihrem Feng Shui etwas nicht stimmt, sollten Sie die Ursache mit Mudras ergründen.

Beginnen Sie immer mit dem Schutzmudra (oberes Bild). Strecken Sie die Hände aus, ballen Sie die Finger zu Fäusten, und strecken Sie dann die Zeigefinger und kleinen Finger. Die Handflächen zeigen nach oben. Gehen Sie langsam durch die Zimmer. Zuerst merken Sie nichts; doch nach einer Weile spüren Sie ein leichtes Prickeln. Dieses Mudra verhindert, dass Sie mit negativer Energie zusammenprallen. Gehen Sie mit geradem Rücken, damit das Chi ungehindert durch den Körper strömt und Ihre Untersuchung erleichtert.

Negative Energie spüren

Um negative Energie zu entdecken, die Ihnen schaden kann, benutzen Sie das Mudra der Nachforschung (unteres Bild).

Führen Sie die Hände in der oben beschriebenen Position zusammen, und legen Sie die Finger aneinander – den Zeigefinger an den Zeigefinger, den kleinen Finger an den kleinen Finger und den Daumen an den Daumen. Gehen Sie nun zum zweiten Mal durch die Zimmer.

Wenn die Hände prickeln, haben Sie negative Energie aufgespürt. Bei genauerer Prüfung stellt sich oft heraus, dass ein Feng-Shui-Symbol beschädigt ist.

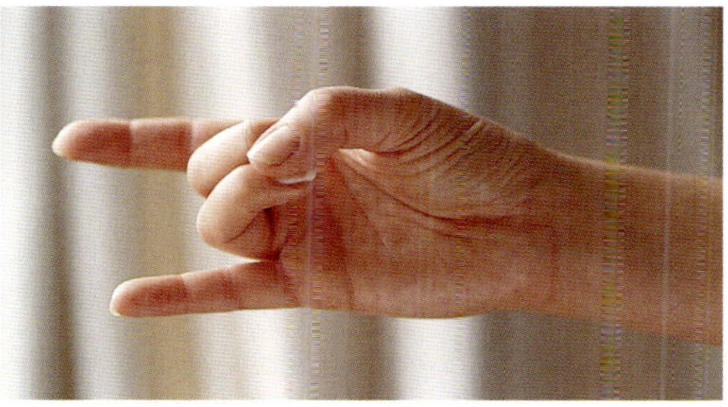

LINKS
Dies sind zwei sehr wirksame Mudras, mit denen Sie das Feng Shui im Haus untersuchen und negative Energie aufspüren können. Mudras erlernen Sie am besten bei einem Meister.

OBEN
Dieses mächtige Feng-Shui-Symbol, der mystische Knoten, besteht aus zusammengebundenen Münzen. Es ist so wirksam, dass es schlechte Energie in gute umwandeln kann.

Mystische Symbole

Es gibt so viele Symbole, dass man ein Buch darüber schreiben könnte. Am häufigsten benutzt werden Symbole der Langlebigkeit – z. B. der Gott des langen Lebens –, der mystische endlose Knoten und das Ru Yi, das Symbol der Macht und der Autorität. Man stellt sie aus verschiedenen Substanzen her, aber sie sind wirksamer, wenn sie aus Kristallen oder Halbedelsteinen bestehen. Ein taoistischer Meister kann Symbole mit zusätzlicher Energie erfüllen.

Das taoistische Feng Shui kennt viele mystische Symbole, aus denen man Talismane und Amulette herstellen kann. Früher trugen die Männer und Frauen der Oberschicht solche Symbole. Für Mandarine und Hofbeamte waren sie ein Teil der Kleidung. Manche Symbole dienten als Ringe, Anstecknadeln oder Kopfschmuck, andere waren im Gewand oder in Gürteln verborgen.

Schützende Amulette wurden oft mit heiligen Gebeten in zierlicher Kalligrafie beschriftet und von Mönchen oder Heiligen geweiht. Besonders wirksame Edelsteine wie Lapislazuli, rote Korallen, Türkis, gelber Bernstein, grüne Jade und perlfarbener Mondstein benutzte man auch als Energiespender. Die Wahl der Steine hing von astrologischen Berechnungen ab. Bunte Steine waren ziemlich groß, weil sie häufig Symbole der Autorität waren und zugleich die fünf Elemente repräsentierten.

Beliebte Talismane am Kaiserhof und bei Generälen waren unter anderem das Ru Yi, der Gott des langen Lebens, und der mystische Knoten (er ist so wirksam, dass Sie ihn nur mit den Händen in die Luft zu malen brauchen, um negative in positive Energie umzuwandeln). Diese drei Symbole galten als sehr bedeutsam, und man glaubte, dass sie Gesundheit und Kraft schenkten und den Träger vor unnatürlichem Tod – etwa durch Unfall oder Hinrichtung – schützten. Mystische Symbole und mächtige Edelsteine sind zeitlos und wirken heute noch so wie in alten Zeiten.

RECHTS
Die Chinesen haben Halbedelsteine wie gelben Bernstein schon immer geschätzt. Er gilt als heiliger Stein und kann als schützendes Amulett getragen werden.

Symbole, die vor exzessivem Yin-Chi schützen

Yin-Kräfte können der Energie von Yang-Räumen schaden. In einem Haus lösen sie mitunter Krankheiten und Streit aus, am Arbeitsplatz Stress und Intrigen. Die Folge ist, dass Sie unerkannte Feinde haben und dass aus Freunden Gegner werden.

Yin-Kräfte sollte man in Schach halten, und sie dürfen in keinem Zimmer dominieren. Diese Störung – im Feng Shui Yin-Geist genannt – führt bestenfalls zu lästigen Beschwerden und kleinen Unfällen, schlimmstenfalls zu schweren Krankheiten. Rückenschmerzen, Arthritis und Ischias können ebenfalls die Folge von Yin-Kräften sein, auf die ältere Menschen viel empfindlicher reagieren. Darum müssen Sie den Yin-Geist vertreiben oder in Yang verwandeln. Füllen Sie Ihr Haus mit frischer Yang-Energie, indem Sie oft die Fenster und Türen öffnen. Musik, Partys und junge Leute im Haus sorgen ebenfalls für kostbare Yang-Energie.

Mobbing

Wenn die Yin-Kräfte zu stark sind und empfindliche Familienmitglieder oder Arbeitskollegen krank machen, brauchen Sie spezielle Heilmittel.

Viele Menschen leiden am Arbeitsplatz unter Büroklatsch und Mobbing. Die beliebteste Arznei ist die Figur eines Hahnes, der Klatsch »aufpickt«. Hähne bemalt man weiß oder rot und goldfarben, weil Feuer und Metall Streit und Krankheit besiegen.

Rote und goldfarbene Figuren des lachenden Buddha sind ebenfalls gute Mittel gegen die negativen Fliegenden Sterne 3 und besonders 3/2 und 2/3. Ein goldfarbener lachender Buddha ist ebenfalls geeignet, aber ein Tupfer Rot macht ihn stärker.

Die Figur sollte sich der Person zuwenden, die Ihnen Ärger bereitet – sie wandelt Kummer in Glück um.

Münzschwerter und schützende Symbole hinter Ihrem Schreibtisch ergänzen den Hahn sehr wirksam. Sie sollten an der Wand zu Ihrer Linken stehen. Hängen Sie ein Münzschwert mit der Schneide nach unten auf. Wenn man diese Symbolik respektvoll und klug anwendet, ist sie sehr wirksam.

Die mächtigsten schützenden Symbole sind die Kriegsgötter, zum Beispiel Kuan Kung, die Drachenschildkröte und natürlich Bilder, auf denen imposante Berge abgebildet sind.

MITTE
Nur wenige Symbole haben so viele positive Eigenschaften wie die mystische Schildkröte. Dieses Exemplar wurde aus weißem Marmor gefertigt. Im Haus aufgestellt, sorgt sie für vorzügliches Feng Shui.

Die Bedeutung der Bäume

Gesunde, gut gepflegte Bäume erzeugen Wachstums-Energie. Wer ohne Bäume lebt, kann sich nur schwer weiterentwickeln.

Das taoistische Feng Shui hält Bäume für einen sehr wichtigen Bestandteil des guten Feng Shui. Einige Regeln sollte man jedoch beachten.

- Bäume mit breiten Blättern sind besser als Bäume mit schmalen, spitzen Blättern. Ausnahmen Bambus und Kiefer, weil sie mächtige Symbole der Langlebigkeit sind. Pflanzen Sie Bambus immer vor dem Haus an, damit er ihm Glück bringt.

UNTEN
Bäume mit üppigen runden und breiten Blättern sind besser als Bäume mit dünnen, spitzen Blättern.

- Ein einzelner Baum in einem zentralen, offenen Hof bedeutet »Probleme« und ist nicht zu empfehlen.

- Fünf Bäume hinter dem Haus symbolisieren einen schützenden Berg. Obstbäume fügen eine nahrhafte Komponente hinzu. Diese Bäume müssen aber gesund und stark aussehen.

- Ein toter Baum hinter dem Haus bringt Unglück, und vor dem Haus ist er noch schlimmer. Entfernen Sie also abgestorbene Bäume. Alte Menschen sind für die Energie toter Bäume besonders anfällig.

- Bäume und Pflanzen an der linken Seite des Hauses dämpfen die Wut des Ehemannes und bringen ihm Glück. Pflanzen an der rechten Seite halten den Ärger der Ehefrau im Zaum und bringen ihr Glück.

Glück bringende Bäume

- Rote Dattelbäume und Granatapfelpflanzen bringen Schwangeren und Kranken Glück.
- Limonenbäume zerstreuen schlechte Energie, die der Familie schadet.
- Apfelbäume bringen Frieden und Harmonie ins Haus.
- Orangenbäume bringen Reichtum und Wohlstand.
- Weiden bringen Tränen und harte Arbeit.

Münzen für das Chi des Wohlstandes

Eine beliebte Methode, beim Bau eines neues Hauses das Chi des Wohlstandes zu aktivieren, sind Münzen, die mit roten Bändern zusammengebunden und unter dem Fußboden und an den Wänden angebracht werden. Dort erzeugen sie positive Erd-Energie, die Glück anzieht.

UNTEN Wenn Sie Ihr Haus renovieren, sollten Sie Münzen unter dem Gips und unter den Fußbodenfliesen anbringen, um das Chi des Wohlstandes zu aktivieren.

Das taoistische Feng Shui empfiehlt, das Glück des Wohlstandes mit vielen Münzen zu aktivieren. Wenn Sie ein Haus bauen oder renovieren, können Sie Münzen, die mit rotem Band oder Zwirn aktiviert wurden, vor dem Kacheln unter den Fußboden legen und vor dem Vergipsen an den Wänden befestigen. Verlegen Sie die Münzen von außen zum Zentrum hin, auch die Treppe entlang bis ins Schlafzimmer. Sie symbolisieren Reichtum, der ins Haus fließt.

Am besten binden Sie drei Münzen mit rotem oder gelbem Zwirn zusammen, um Yang-Energie zu symbolisieren. Die 3 steht für die Einheit des Himmels, der Erde und der Menschen. Legen Sie die aktivierten Münzen in die vier Ecken jeden Raumes. Wenn sie mit dem mystischen Knoten zusammengebunden wurden, sind die positiven Schwingungen noch stärker.

Verteilen Sie die Münzen auf dem Fußboden und an den Wänden des Wohnzimmers und des Esszimmers. Die Münzen sollten flach liegen. Wenn Sie echte Münzen aus dem kaiserlichen China verwenden, muss die Yang-Seite – die mit den vier Schriftzeichen – oben liegen. Sie können auch Münzen in den vier Ecken des Grundstücks vergraben. Dort symbolisieren sie nicht nur Einkommen, sondern auch wachsenden Reichtum und langfristiges Glück – das höchste Ziel des Feng Shui.

Das Auge des Drachens tüpfeln

Jede himmlische Kreatur enthält Lebenskraft, und wenn wir diese Geschöpfe durch das Tüpfeln Ihrer Augen wecken, werden sie noch mächtiger.

Beim Ritual »Das Auge des Drachens tüpfeln« geht es um das symbolische Wecken dieser himmlischen Kreatur, damit sie stärker wird. Sie können dafür Drachenbilder oder –figuren im Haus oder im Büro benutzen. Eine schlichte Zeremonie genügt. Wenn der Drache auf diese Weise aktiviert wird, bringt er Wohlstand, Schutz und freudige Ereignisse wie Geburten und Hochzeiten.

Um das Auge des Drachens zu tüpfeln, brauchen Sie nur einen schwarzen Pinsel und schwarze chinesische Tusche. Das Ritual kann einfach oder komplex sein; wichtig ist, dass die Yang-Energie zunimmt. Das erreichen Sie mit lauten Becken und Trommeln oder mit hellem Licht, das auf den Drachen scheint. Tüpfeln Sie das Auge während der Drachenstunde zwischen 7 und 9 Uhr morgens.

RECHTS
Man sagt, dass Drachen in der Nähe von Wasser oder Bildern mit Wassermotiven den Bewohnern des Hauses Glück bringen.

Die Macht der Kristallkugeln

Das taoistische Feng Shui weist gerne auf die vitale Schönheit und die positiven Eigenschaften von glatten und runden Kristallen hin. Im Haus symbolisieren sie Pläne, die glatt und mühelos verwirklicht werden. Am besten aktivieren Sie mit ihnen das Familienzimmer, das Esszimmer und das Wohnzimmer.

Das taoistische Feng Shui weiß auch, das glatte Kristallkugeln sehr wirksam sind, vor allem wenn sie aus natürlichem Bergkristall bestehen. In Gruppen zu je sechs oder neun Stück im Wohnzimmer erzeugen sie eine Energie, die liebevolle Beziehungen fördert und für einen Lebensweg ohne Schlaglöcher sorgt. Streitereien werden selten und kommen bald gar nicht mehr vor. Projekte sind erfolgreich, Siege sind oft in Reichweite.

Kristalle symbolisieren die nährende Energie der Mutter Erde, so dass auch die Patriarchin von ihnen profitiert. In Südwestecken bringen sie familiäres und romantisches Glück. Um Kristalle noch mehr zu aktivieren, lassen Sie helles Licht auf sie scheinen.

Sechs Kristallkugeln im Südwesten bringen Liebe und eine angenehme, stabile Beziehung.

Kristallkugeln mit der eingekerbten Weltkarte fördern das Glück beim Studium und bei Prüfungen, vor allem im Nordosten eines Zimmers. Hier genügt eine Kristallkugel, es sei denn, ein Kind braucht ständige Stimulierung.

Welchen Kristalltyp Sie verwenden, ist Geschmackssache. Wählen Sie einen Stein, der Sie anspricht. Natürliche, klare Kristalle sind aber am besten. Gelbe Zitrin- und Kalzitkugeln sollen sehr gut für den Wohlstand sein. Jeder gelbe Stein ist ein starkes Symbol des Erd-Chi.

UNTEN
Kugel- oder eiförmige Kristalle im Haus sorgen für ein Leben ohne Mühe und Ärger. Wählen Sie Kristalle, die Sie mögen. Traditionell eingestellte Taoisten bevorzugen perfekte Kugeln.

Wirksame Rituale mit Kristallen

Um gutes Chi im Haus zu erzeugen, können Sie eines der nachfolgend beschriebenen Rituale benutzen. Sie sind nicht schwierig; aber es ist wichtig, sie mit einem guten Herzen auszuführen.

■ Ein Amethystbaum ist ein beliebtes Symbol, das Beziehungen harmonisiert. Er besteht aus klaren Kristallen an einem »Baum«, der auf einem Amethyst steht. Wenn Sie einen solchen Baum kaufen, sollten Sie auf eine solide Basis achten, denn sie stärkt alle Ihre Beziehungen.

Diese taoistischen Feng-Shui-Rituale stärken die Energie in Ihrem Haus mit Kristallen.

■ Vergraben Sie drei als Dreieck angeordnete Kristalle (»Berggipfelform«) vor Ihrem Haus. Die Spitze des Dreiecks muss nach außen zeigen. Verwenden Sie Kristallkugeln oder einen einspitzigen Kristall. Dies ist eine hochwirksame geheime Methode, schlechte Energie vom Eindringen ins Haus abzuhalten.

■ Legen Sie sieben einspitzige Kristalle in Pfeilform so unter das Bett, dass die Spitzen zum Kopfende zeigen. Ein zentraler Kristall bildet den Schaft, drei weitere an beiden Seiten die Spitze des Pfeils.

■ Sechs Kristalle auf dem Schreibtisch sorgen dafür, dass Ihre Leistung anerkannt wird. Legen Sie die sechs Kristalle in die obere rechte Ecke des Tisches, um Ihre Konzentration und Kreativität zu fördern. Wenn Sie mächtige Mantras auf die Kristalle schreiben, bringen sie jedem Aspekt Ihrer Arbeit Glück.

UNTEN
Sie können einspitzige Kristalle durch Konzentration in mächtige Talismane verwandeln. Wenn Sie dabei Mantras rezitieren, aktivieren Sie die enorme spirituelle Kraft der Kristalle und füllen sie mit schützendem Chi.

Die Macht des Amethysts

Der Amethyst spielt im taoistischen Feng Shui eine wichtige Rolle. Er ist besonders nützlich, um eine Ehe zu stärken. Wenn man ihn unter das Bett legt – genau unter die Füße des schlafenden Paares –, symbolisiert er »zarte Bande«.

Amethystgeoden mit tiefen »Taschen« gelten ebenfalls als wirksame Glücksbringer. Um die Kraft der Kristalle in Ihrem Haus oder Büro zu aktivieren, können Sie aber auch Quarz verwenden. Es sollte aber immer eine dicke Kristallschicht sein. Geoden mit dünnem Kristallüberzug erzeugen Armutsschwingungen und sind wertlos.

Innen sollten die Kristalle tief purpurrot sein, denn diese Farbe steht für Reichtum. Amethyste können auch negative Energie in positive und Yin- in Yang-Schwingungen umwandeln.

Tiere als Symbole

Drache, Pferd, Löwe und Schildkröte sind starke Feng-Shui-Symbole. Die folgenden Hinweise helfen Ihnen, diese Kreaturen optimal zu nutzen.

Drachen bringen Wohlstand und Erfolg. Am wirksamsten sind sie in der Nähe von Wasser, z.B. vor einem Aquarium. Eine goldene Drachenfigur, die eine Perle trägt, ist am besten. Stellen Sie einen, zwei, fünf, sechs oder neun Drachen auf, denn diese Zahlen aktivieren die Symbole. Stellen Sie Drachen nie ans Feuer, in die Küche, ins Schlafzimmer oder auf den Fußboden, und sperren Sie die Figuren nicht in Glasbehälter. Drachen wollen frei sein und zum Himmel fliegen.

Tragen Sie einen Drachen als Broschennadel, um schlechte Energie und Betrug abzuwehren. Als Medaillon aktiviert er das Herzchakra und somit Ihre Überzeugungskraft. Die besten Drachenfiguren bestehen aus echtem Gold und sind mit Edelsteinen oder Diamanten geschmückt.

Pferde bringen Anerkennung und Ruhm. Sieghafte weiße Pferde, vom Gott des Reichtums geführt, sorgen für Wohlstand. Ein einzelnes schwarzes Pferd steht für Sieg. In Panik fliehende Pferde bringen große Furcht und Unglück. Arbeitspferde symbolisieren Arbeit ohne Anerkennung und sollten nie zu Hause aufgestellt werden. Pferde stellen Sie am besten einzeln oder in Achtergruppen auf. Vier Pferde kündigen einen schlimmen Unfall oder den Tod an.

Löwen können für Ihre Nachbarn gefährlich sein. Darum ist es besser, Chi Lin oder Fu-Hunde (siehe Seite 27) zu verwenden. Setzen Sie schützende Löwen auf den Boden, nie auf Torpfosten.

Schildkröten bringen eine Menge gute Energie, unabhängig von ihrer Zahl. Eine einzelne Schildkröte ist meist das beste Schutzsymbol. Man stellt sie hinter das Haus oder in den Nordteil des Gartens. Goldene Schildkröten mit Drachenkopf sind noch wirksamer

UNTEN
Tsai Shen Yeh, der Gott des Reichtums, führt ein siegreiches Pferd in Ihr Haus – ein besonders wirksames Symbol für Wohlstand. Das Pferd ist mit Goldbarren beladen.

Glossar

Chen ist ein Trigramm. Sein Element ist großes Holz, seine Richtung der Osten. Es regiert unsere Wurzeln und Ahnen sowie den Geist des ersten männlichen Abkömmlings.

Chi ist eine Kraft in jedem Menschen und in allen Dingen. Es kann positiv sein, z. B. als Sheng Chi (Wachstums-Atem), oder negativ (z. B. als Shar Chi (tötender Atem).

Chi Kung oder Qigong ist eine Serie von Übungen, die das Chi in Bewegung bringen.

Chien ist ein Trigramm. Sein Element ist großes Metall, seine Richtung der Nordwesten. Es symbolisiert hilfreiche Mentoren und den Patriarchen.

Destruktiver Zyklus der Elemente: Holz verschlingt Erde; Erde zerstört Wasser; Wasser löscht Feuer; Feuer verzehrt Metall; Metall zerstört Holz. Diesem Zyklus müssen wir folgen, damit die Elemente von Dingen, Richtungen und Orten in einem Zimmer einander nicht vernichten.

Fuk, Luk, Sau sind drei Feng-Shui-Götter: der Gott des Reichtums und des Glücks, der Gott des hohen Ansehens und der Fülle sowie der Gott der Gesundheit und Langlebigkeit.

Giftpfeile sind gerade oder spitze Strukturen, an denen Chi in einem Winkel abprallt. Dabei entsteht schädliche Energie.

Kan ist ein Trigramm. Sein Element ist Wasser, seine Richtung der Norden. Es regiert die Karriere und symbolisiert den mittleren Sohn der Familie.

Ken ist ein Trigramm. Sein Element ist kleine Erde, seine Richtung der Nordosten. Es regiert die Ausbildung und symbolisiert den jüngsten Sohn der Familie.

Kua-Zahlen gehören zum Feng Shui der Acht Häuser. Sie sind vom Geburtsjahr und vom Geschlecht abgeleitet und bestimmen die günstigen und ungünstigen Richtungen eines Menschen.

Kun ist ein Trigramm. Sein Element ist große Erde, seine Richtung der Südwesten. Es regiert Beziehungen und symbolisiert die Matriarchin und die Mutter.

Li ist ein Trigramm. Sein Element ist Feuer, seine Richtung der Süden. Es regiert den guten Ruf und symbolisiert die zweite Tochter der Familie.

Lo-Shu-Quadrat: Ein Raster aus drei Mal drei Feldern mit neun Zahlen, auf dem das Kompass-Feng Shui basiert.

Negatives Feng Shui ist das Gegenteil des positiven. Mit geeigneten Maßnahmen lässt es sich meist dämpfen.

Pa Kua oder **Ba Gua**: Ein achtseitiges Symbol mit Trigrammen an jeder Seite. Die Trigramme verleihen den acht Hauptrichtungen des Kompasses ihre Bedeutung. Der Süden ist immer oben.

Positives Feng Shui nennt man die acht Lebensziele: Wohlstand, Gesundheit, ein gutes Familienleben, Langlebigkeit, Glück mit den Kindern, gute Mentoren, ein guter Ruf und eine gute Ausbildung.

Produktiver Zyklus der Elemente: Wasser speist Holz; Holz speist Feuer; Feuer erzeugt Erde; Erde enthält Wasser. Diesen Zyklus müssen wir berücksichtigen, damit die Elemente von Dingen, Richtungen und Orten in einem Zimmer einander nicht zerstören.

Sun ist ein Trigramm. Sein Element ist kleines Holz, seine Richtung der Südosten. Es regiert Reichtum und Wohlstand und symbolisiert die älteste Tochter der Familie.

Trigramme sind Symbole aus drei unterbrochenen oder ganzen Linien, die symbolisch zeigen, wie Yin und Yang sich verbinden und Chi erzeugen. Es gibt acht Trigramme, und jedes besteht aus einer anderen Kombination von Linien und hat seine eigenen Bedeutungen.

Tui ist ein Trigramm. Sein Element ist kleines Metall, seine Richtung der Westen. Es regiert die Kreativität und die Kinder und symbolisiert die jüngste Tochter der Familie.

Yang ist schöpferische, aktive, männliche Energie.

Yin ist empfangende, passive, weibliche Energie.

Weitere Informationen

Lillian Toos Website:
www.lillian-too.com

Lillian Toos Internet-Feng-Shui-Magazin:
www.wofs.com

Lillian Toos Feng-Shui-E-Commerce:
www.fsmegamall.com

Lillian Toos E-Mail-Anschrift:
ltoo@wofs.com

Register

G

H

I/J

K

Danksagungen

Bildnachweis

Corbis: S. 10 Brownie Harris, 13 Elizabeth Whiting & Associates, 20 Michael Nicholson, 22 ul Roger Tidman, 39 Elizabeth Whiting & Associates, 47 Owen Franken, 48 Gareth Brown, 49 Massimo Listri, 53 Peter Harholdt, 55 Chris Collins, 64 SIE Procuctions, 82 Gen Pau, 91 Michael Freeman, 113 Mark L Stephenson, 122 Chris Hellier, 123 Di Lewis/Elizabeth Whiting & Associates, 125 Elizabeth Whiting & Associatres, 126, 133 Michael Boys, 134 Christies Images, 136 o Alexander Burkatowski, 136 m Edimedia, 137 National Gallery Collection; mit freundlicher Erlaubnis der Treuhänder der Nationalgalerie London, 142 Austrian Archives/Österreichische Galerie Wien, 144 Keren Su, 146 Elizabeth Whiting & Associates, 151 Rodney Hyett/Elizabeth Whiting & Associates, 158 Scott Faulkner, 163 Gina Sabatella, 169 David Brooks, 174 Paul Barton, 182 Leonard de Selva

Getty Images: S. 7 Taxi/Rob Melnychuk, 29 Stone/Timothy Shonnard, 42 Stone/Paul Redman, 115 Taxi/Stephen Simpson, 120, 127 Taxi/Kit Latham, 154 Taxi/Peter Gridley, 155 Taxi/David Sacks, 171 Image Bank/A. T. Willet, 172 Taxi/Jeremy Samuelson, 180 Image Bank/John und Lisa Merrill

Dank auch an Wofs.com für die Erlaubnis, ihre Bilder auf folgenden Seiten abzudrucken: S. 5, 6, 8, 50, 95 or, 140, 185

Danksagungen der Autorin

Dieses Buch widme ich in Liebe meinen wundervollen Schülern auf der ganzen Welt, die großartige Arbeit leisten und Feng Shui populär machen, und meiner Familie – Jennifer, Wan Jin, Chris, Phillip, Honey und Han Jin; meinem jungen, superkreativen Team – Cheryl, Connie, Nickque, Kenji, Sky, Mavis, Liong, Stanley, Janice, Gopal, Loke sowie Peter und Jason. Was wäre mein Leben ohne euch alle? Danke, dass ihr mir so viel Glück und Erfüllung geschenkt habt.

Besonderer Dank gebührt

Tizz's, Lewes
Oriental Arts, Brighton
David und Alison Payne